THÉA

DU MÊME AUTEUR

Chez Julliard

Premier roman, 1998
Zeyn ou la reconquête, 2000
Ils m'ont dit qui j'étais, 2003
Bouche cousue, 2005
Le Cimetière des poupées, 2007
Mara, 2010
Pour mémoire, 2011
Bon petit soldat, 2012
La Part d'enfance (avec Jean-Michel Djian), 2013
Les Invasions quotidiennes, 2014

Chez Plon

Entretien avec René Descartes, 2011

Chez Robert Laffont

La Dictature de la transparence, 2016

MAZARINE PINGEOT

THÉA

roman

Julliard

Ouvrage publié sous la direction de Betty Mialet

© Éditions Julliard, Paris, 2017
ISBN 978-2-260-02944-1

Pour Did Luv

« Coule, caressante, âme que nul ne connaît, murmure que nul ne peut voir derrière les longues branches inclinées. »

Fernando Pessoa,
Le Livre de l'intranquillité

Prologue

Voix d'homme A : « Vas-y Miguel, reprends. »
Voix de B : « À toi l'honneur. »
Crissement, brouillage, puis le son devient clair.
Voix de femme, claire, limpide : « C'était à Córdoba, la veille de l'anniversaire de Cordobazo. Ils ont eu peur que les ouvriers et les étudiants manifestent, alors ils ont raflé. La veille. Il était dedans. C'est à ce moment que je suis arrivée à Buenos Aires. Je savais que j'avais un peu de temps avant qu'ils ne me retrouvent, et j'ai été tout de suite prise en charge par le mouvement. »
Voix de B : « Tu as eu des nouvelles de ton frère ? »
Voix de la fille : « Non. »
Voix de B : « Mais tu sais qui a fait ça ? »
Voix de la fille : « Bien sûr. Tout le monde connaissait déjà l'existence de la Triple A. Les commandos paramilitaires ont commencé les enlèvements avant 76. »
Voix de A : « Redis-le : le coup d'État, c'est en 76, mars 76, redis-le. Je monterai après. »
Voix de la fille : « Le coup d'État, c'est en mars 76, le 24. Mais déjà les commandos avaient commencé à

enlever des militants. Et les organisations politiques, surtout les plus petites, comme celle de Córdoba à laquelle j'appartenais, eh ben elles ont été très touchées. Les militants étaient complètement paumés, tous les camarades avaient disparu, ils étaient arrêtés. D'autres disent qu'ils sont morts. Je sais pas, moi. J'espère toujours. Il y a des morts, on sait qu'ils sont morts. Alors les autres, ceux dont on n'a plus de nouvelles, s'ils étaient morts, pourquoi on ne saurait pas ? »

I

1.

Finalement je les ai accompagnés. Pas jusque *là-bas*. Orly suffisait. Orly à deux heures du matin. En échange ils m'ont laissé la voiture, pour toute la durée de leur absence.

Ma mère craignait d'avoir oublié de fermer l'eau. Plusieurs fois, elle a insisté pour que je passe chez eux à Bourg-la-Reine vérifier. Et tant que j'y étais autant jeter un coup d'œil au gaz. *En voiture c'est pas loin.* Mon père, lui, ne disait rien. Il conduisait.

Vingt-trois ans qu'ils avaient quitté l'Algérie. Vingt-trois ans qu'ils parlaient d'y revenir. Et c'était aujourd'hui.

Après tout, ils n'étaient pas si mécontents que je reste. Quelqu'un pourrait veiller sur la maison. C'est ce qu'ils ont décrété, après une semaine de négociations, de hurlements et de plaintes. Ils n'avaient pas l'habitude que je leur résiste. Pas frontalement du moins. Ils s'étaient même étonnés quand je leur avais déclaré que je n'irais pas, pas question, *j'ai des examens à passer*. Ils n'y avaient pas cru.

Vingt-trois ans qu'ils préparaient ce voyage et je les lâchais, au dernier moment ! Mais moi j'en avais vingt-deux, et leurs préparatifs, ça avait été ma vie, toute ma vie. Je m'en foutais royalement de *l'avant*, de ce qui les avait fait partir, et du tombeau qu'ils allaient visiter.

Mon père s'est garé devant le hall 2. Il faisait nuit. Je les ai aidés à porter leurs bagages jusqu'à l'enregistrement. Je me suis félicitée qu'il fût aussi tard, nous avions l'excuse de la fatigue pour nous taire. C'était la toute première fois de leur vie qu'ils prenaient l'avion. L'aller vers la France s'était fait en bateau. Ils semblaient démunis, impressionnés par l'aéroport, les portiques, l'enregistrement, les stewards en tenue. Ils ont vérifié leurs passeports, reçus tout neufs quelques semaines auparavant. Ils ont hésité à enregistrer leurs bagages, comme si on allait les leur voler, puis ils se sont avancés vers la police des frontières et se sont retournés. Je leur ai fait un signe. Inutile de nous embrasser, nous ne le faisions jamais, et je n'avais pas l'intention de céder à la solennité du moment, de *leur* moment. Ce n'était pas le mien.

Quand je les ai vus disparaître, j'ai pourtant éprouvé ce vertige qui me prend parfois en cours, ou dans le métro : ce moment où le corps se dissout et s'absente. Mon cœur s'est emballé et j'ai dû toucher mes cuisses, mes bras, pour m'assurer que j'étais bien présente. Je les ai vus si petits, ces parents, si fragiles, que je me suis détournée et j'ai couru jusqu'à la voiture, allumé le contact, mis une cassette dans l'autoradio. J'en avais apporté quelques-unes en prévision du retour, pour me tenir éveillée. La seule chose que j'avais oubliée, c'étaient mes lentilles de contact. Kate Bush a envahi l'espace. J'ai hurlé avec elle « Coming / In with the golden light / In the morning. / Coming in with the golden light / Is the New Man. / Coming in with the golden light / Is my dented van… Woomera / Dree-ee-ee-ee-ee- / A-a-a-a-a- / M-m-m-m-m- / Ti-ti-ti-ti-ti- / I-i-i-i-i- / Me-me-me-me-me », *The Dreaming* venait de sortir.

Direction les beaux quartiers, à l'aveugle. Sophie et la bande s'étaient donné rendez-vous dans l'appartement de Juliette. Ses parents étaient absents, comme souvent. Il y aurait de l'alcool à volonté – la cave de son père. Et comme aucun d'entre nous n'avait jamais dégusté de grand vin, les petits crus bourgeois de M. Dacotta nous ravissaient. Ils nous ravissaient tout en nous révoltant – nous étions des gens de gauche, voire d'ultra-gauche. Les grands crus – ou ce que nous prenions pour tel – n'avaient pas d'autre vocation que d'être avalés au goulot. Juliette était la plus radicale d'entre nous. J'avais du mal à la comprendre quand je voyais ses yeux briller de nos larcins qui se terminaient invariablement en concours de vomi. Et me demandais comment elle expliquait à son père que régulièrement sa réserve se vidait, s'il savait qu'on terminait les bouteilles en insultant les bourgeois. Mais peut-être avait-il sa part de responsabilité là-dedans, après tout ça ne me regardait pas.

2.

J'ai longtemps tourné dans le quartier pour trouver la rue Miromesnil. J'espérais qu'ils seraient encore là, parce que je ne comptais pas me coucher. J'ai garé la voiture à moitié sur un passage clouté, pressée de sortir de la R5 et de quitter les fantômes de ses occupants. C'était au troisième étage. La musique s'entendait depuis la cour, et la porte était entrouverte sur des murs de fumée. Il était trois heures du matin, et j'étais définitivement mieux là que dans le hall 2 porte 15 à attendre que mes parents embarquent pendant d'interminables heures – ma mère avait exigé d'arriver en avance pour être sûre de ne pas rater l'avion. « À ce compte-là, autant reprendre le bateau », avais-je ironisé. Ça n'a pas vraiment plu à mes parents. « Si tu veux pas nous accompagner, on demandera à Roger. Et on lui demandera aussi pour mamie, puisque tu n'as pas l'air d'avoir envie de t'en occuper. » J'aurais mieux fait de me taire. « Oh, c'est bon, c'est pour vous que je dis ça ! » Quant à mamie, c'est sûr, j'aurais préféré que ce soit Roger – j'aime ma grand-mère, moins l'institution où elle finira bien par mourir. Mais c'est ma grand-mère. Et il est évident qu'elle préfère me voir moi que Roger, le voisin de mes parents – qui est par conséquent leur ami, puisque pour eux la proximité géographique est une garantie de longévité des relations.

J'ai cherché Sophie, plissant mes yeux fatigués d'avoir dû fixer la ligne de l'autoroute. Elle était là, sur un canapé, un verre à la main, discutant avec un type que je ne connaissais pas. Ça faisait un moment que je ne venais plus à leurs réunions. Il y avait nécessairement de nouveaux venus. Éric est un prosélyte hors pair, il attend les étudiants à la sortie de la fac et leur parle en marxien, jusqu'à ce qu'ils se sentent obligés non seulement de l'écouter, mais souvent de le suivre – « ces sales fils de bourgeois, qui croient qu'ils vont hériter tranquillement... Ils doivent payer, on va le leur apprendre ».

Je l'ai aperçu au fond, entouré d'une petite bande en train de fumer de l'herbe. Il m'a vue et m'a fait signe de les rejoindre, mais je me suis dirigée d'abord vers Sophie qui, m'apercevant à son tour, s'est levée et m'a prise dans ses bras, anormalement heureuse. L'alcool y était pour quelque chose, et j'ai décidé d'atteindre moi aussi cette anormalité heureuse en m'avançant vers la table poussée contre le mur, où restaient suffisamment de bouteilles pour terminer la nuit. Sophie m'a suivie, survoltée, *faut que je te raconte*. Elle avait une liaison avec un homme marié depuis quelques semaines et s'abîmait déjà dans les tourments attachés au rôle de maîtresse. « On a passé la journée ensemble de dix heures à vingt heures ! » J'essayais d'atteindre un verre. « L'inverse aurait été plus excitant, non ? » Sophie n'a pas relevé. « J'ai vu son fils, il m'a présentée à lui ! » « Comme sa nouvelle nounou ? » j'ai répondu, mais chacune parlait pour soi sans écouter l'autre. Elle poursuivait : « Je me suis retrouvée à dire des trucs épouvantables, *et qui je suis moi dans ta vie, c'est quoi ma place ?* et n'empêche, ça a mis les choses au point. » Je suis enfin arrivée à me servir un verre de rouge, me disant qu'elle allait mieux quand elle baisait, même si elle se fourrait toujours dans des plans merdiques – mais qui étais-je pour juger, moi qui me faisais soigner par deux dentistes différents parce que je n'osais pas dire à l'un que j'en voyais un autre, et que j'avais pris le deuxième parce qu'il était moins cher, résultat je payais deux fois et j'avais super mal aux dents ? Qui étais-je pour juger, moi qui avais ramené un pigeon blessé chez moi, qui lui avais caressé la tête, mais ça ne l'avait pas empêché de mourir, alors je l'avais balancé par la fenêtre – heureusement il n'avait tué aucun enfant passant par là ? Et puis cette histoire avec Éric... Je n'avais pas réussi à lui dire non, il avait gagné sur la durée, alors que sur le fond j'étais contre, et continuais de l'être, mais je trouvais un certain plaisir à être la préférée du « chef » – et ça me fait bien rire aujourd'hui de penser à lui en termes de chef, parce qu'il était aussi remarquable par ses cheveux filasse et son manque de charisme que par son statut. Mais nous étions ce groupe d'enfants qui avaient mal grandi, ce groupe qui avait besoin d'un sentiment d'appartenance.

On avait des slogans et des modes opératoires, des consignes et des banderoles. À l'intérieur de ce cadre on pouvait bien faire ce qu'on voulait, ça n'avait pas d'importance. Qui étais-je pour juger, moi qui préférais m'enterrer dans mon dix-sept mètres carrés pour terminer mon mémoire et évacuer toute forme de tentation qui m'en aurait détournée ?

« Y a du monde, je reconnais personne ! » Sophie m'éclaira : « Y a aussi des copains de Juliette, c'est son anniversaire (je ne savais pas) et puis Éric a ramené tous ses Américains... » « Ses Américains ? » Ça m'étonnait, je voyais mal Éric entouré de bons Texans en santiags alors que Ronald Reagan était sa bête noire. « Américains du Sud ! » précisa amusée, Sophie, « du Chilien, du Bolivien, du Péruvien, et... quoi encore ? » « Les damnés de la Terre du moment », résumai-je.

À peine mon verre bu, je m'en resservis un autre. J'avais envie de danser, certainement pas de discuter politique. Les AG, les précaires, la révolution, j'en avais marre. Ils s'amusaient beaucoup moins, les militants, depuis que Mitterrand était au pouvoir. Moi, j'avais juste envie de danser, un peu plus d'alcool m'était nécessaire. Ce qu'il fallait, c'était rentrer suffisamment ivre pour ne se rendre compte de rien, et se réveiller tard, à une heure où ils auraient sans doute atterri, sans moi.

Sophie me parlait mais je n'écoutais plus. Elle avait toujours besoin de me toucher, sa main dans mes cheveux, sur mes épaules, enlaçant ma taille. C'est elle qui m'a entraînée au milieu du salon pour danser quand

Duran Duran a surgi d'un coup – c'est notre groupe, notre chanson, celle sur laquelle on a fêté notre diplôme de licence, avec Éric et d'autres l'année précédente. Éric venait de lancer le disque sur la platine, un coup d'œil m'a suffi pour saisir la lourdeur de son geste : *souviens-toi, Jo, souviens-toi, c'est notre chanson*. Déjà je n'avais plus envie de danser. Il me regardait, avec ses yeux de chien battu. Ça m'a fait hésiter. J'avais beau ne plus supporter, les chiens battus ça me fait toujours de la peine.

D'autres personnes nous ont rejointes au milieu de la pièce, certaines que je connaissais, des filles de la fac, il y en avait même une avec qui j'ai passé de nombreuses soirées en compagnie de la bande dans des bars de Vincennes, mais à qui je n'avais rien à dire dès qu'on était seules. Il y a des gens comme ça qui s'animent en groupe, et qui, pris isolément, se montrent totalement démunis. Je crois que je suis le contraire, le groupe m'impressionne. Je regardais autour de moi, beaucoup de gens que je ne connaissais pas, des garçons surtout, des Latinos. C'était agréable, ce sentiment de regagner un peu d'anonymat. Ils restaient hors de la piste, regardaient, on devait je suppose assurer le spectacle des Occidentaux décadents – nous avions l'air joyeux et insouciants, ce qui est normalement incompatible avec des trotskistes en colère. Mais je n'en avais plus rien à foutre. Même à trois heures du matin je restais en dehors, en défense. Alors j'ai bu encore quelques verres, et les choses ont commencé à bouger.

Plus rien n'avait d'importance, et c'était précisément pour ça que j'étais là. Pour que plus rien n'ait d'importance.

C'est là que je l'ai vu. À cette distance précise où ma vue incertaine distingue d'un coup toute chose avec une parfaite netteté.

3.

C'est ennuyeux, souvent, les hommes qui se savent beaux. Lui était différent. Il s'en fichait. Peut-être qu'il ne s'en était pas toujours fichu, mais là il s'en fichait. Son jean épousait la forme de ses cuisses, longues, denses. Au-dessus, il portait un tee-shirt rayé. Genre Bowie, féminin comme Bowie, et Bowie avait sorti *Scary Monsters* et changé de coiffure. D'un coup, c'était plus facile pour les hommes androgynes. Mais ses cheveux à lui étaient noirs et mi-longs. Il avait un corps souple de félin, mais un félin civilisé, intégré déjà. Intégré dans le goût des autres, le goût parisien des beaux quartiers, un caméléon. J'ignorais alors qu'il n'avait mis que quelques mois, une année tout au plus, à comprendre les codes d'appartenance, au moins en surface. Il savait se trouver des familles, des bienveillances, il ne semblait pas perdu. Il était un centre. J'ai d'abord entendu les autres rire. J'ai voulu à mon tour m'approcher de ce cercle pour mieux entendre cette voix, rauque et musquée, aux accents hispanisants. J'essayai d'en deviner l'origine bien qu'il parlât français.

Il racontait une histoire qui lui était arrivée alors qu'il était fraîchement débarqué à Paris et qu'il prenait le rez-de-chaussée pour un quartier de la capitale. Moi qui suis un parfait satellite, je les flaire ceux qui ont besoin de lumière et me transforme en lampe torche. Alors lui, bien sûr, tellement visible et tellement évident, ressemblant au portrait du jeune homme au chapeau rouge de Filippo Lippi que j'avais accroché dans ma chambre d'ado pour servir de support à mes premières masturbations... eh bien, oui, je n'ai pas pu faire autrement que de braquer mon faisceau sur lui.

À cette époque, j'avais une vision *esthétique* du monde. Il fallait que j'habite un tableau, pour n'avoir plus rien à décider une fois devenue personnage. Et pire, personnage peint, qui ne peut plus bouger, dont le mouvement est figé à jamais. C'est pour ça que j'avais rejoint le groupe d'Éric. Éric donnait l'impression de participer à quelque chose de grand, d'important, quelque chose qui nous dépassait tous en nous soudant et en nous imposant des places. Depuis que nous couchions ensemble tous les deux, les places avaient bougé, n'apportant plus aucun réconfort. La « beauté » du tableau s'était écaillée, j'en voyais la structure.

Éric appartenait au groupe qui me servait de famille et je n'avais jamais pu l'en dissocier. À être toujours tous ensemble, nous n'étions pas seuls, mais nous n'étions pas intimes non plus. Éric et moi, ce n'était pas vraiment une histoire. Plutôt un squelette d'histoire, qui ne s'était jamais vraiment étoffé, qui n'avait pas pris vie, en était resté à l'état de schéma, d'esquisse, des notes éparses.

Nous nous retrouvions souvent, c'est vrai, mais toujours avec du monde, comme à cette soirée où j'étais venue les retrouver, Sophie, Éric et les autres. Sauf que ce soir je n'avais pas envie de terminer la nuit avec lui.

Pourtant Éric était là qui me regardait, en même temps que moi j'en regardais un autre, et j'aurais voulu qu'on échange les regards, qu'on trace d'autres lignes. Je voulais que l'autre me voie. Je voulais que ce type-là que tout le monde remarquait me remarque, moi, et me sorte du brouillard qui m'enveloppait. Je voulais qu'il me pointe du doigt et me fasse émerger, comme ça, *pfuit*, telle une fée surgissant d'un nuage tout habillée.

Mais j'étais gauche et sans baguette magique. Éric m'observait, j'avais l'impression d'être jugée. Éric partageait mes références. Il a grandi lui aussi en banlieue, c'est même à la MJC de Montreuil qu'il a commencé à se politiser, puis à devenir un petit leader, un leader de banlieue. Éric aurait pu m'écouter lui raconter Orly et les deux personnes grises que j'avais laissées dans un hall d'aéroport pour un monde bien différent de celui-là, un monde dont j'ignorais tout et n'avais pas envie d'entendre parler, un monde d'*avant moi*.

Mais j'avais le désir d'autre chose qu'une oreille attentive. Au contraire : il me fallait quelqu'un qui ne me comprenne pas, qui ne comprenne rien au monde dont je tentais tant bien que mal de m'arracher. J'avais besoin d'un Autre.

4.

Le garçon s'est approché de moi. Mes membres se sont progressivement paralysés. Il s'est approché comme ces prédateurs qui reniflent leur proie à des kilomètres à la ronde. Et moi aussi j'ai flairé l'âme blessée que je pourrais panser, recoudre, masser, baiser et cicatriser. Moi aussi j'étais un prédateur. J'aimais sentir l'odeur du sang, je me repaissais des blessures des autres, pour mesurer ma force. J'avais trouvé ma proie, j'avais trouvé mon prédateur.

Antoine s'est présenté. Je lui ai tendu la main, pas la joue. Ma main était moite. « Vous venez d'où ? » j'ai demandé. Ma question était politique. Mon atlas était ouvert et j'avais besoin de tracer d'une croix rouge : tyrannie, résistant, opprimé, Uruguay, Chili... alors que je n'y connaissais strictement rien. Des abscisses et des ordonnées, des données anthropométriques, du savoir qui fait écran.

Il aurait pu inventer n'importe quoi, on n'avait passé aucun contrat de sincérité. Mais il a répondu. « D'Argentine, tu sais où c'est ? » J'ai rougi, je voyais à peu près, quand même, mais pas sûr que j'aurais pu la dessiner sur une carte, ni même colorier au bon endroit. Mon oui était hésitant, ça l'a fait sourire. « L'Argentine, c'est de l'autre côté, tu vois, par là-bas. Tu traverses l'océan, tu descends en dessous de l'équateur, tu changes de saison, tu freines et t'y es. Sauf que si t'y es, tu risques de disparaître. » Je suivais mentalement le chemin qu'il esquissait – j'ai même freiné, c'est dire – mais une fois arrivée, j'ai reculé d'un pas : il ne plaisantait pas. J'essayai de me rappeler à la hâte les discussions de mon groupe, de remettre la main sur les informations au sujet de l'Argentine égrénées dans les réunions, mais plus je tendais vers elles plus elles m'échappaient, et c'est la ritournelle qui s'imposa : France, pays d'accueil, pays des droits de l'homme, lieu de naissance de la Révolution, et patati et patata.

« Vous êtes venu seul ? » C'est la seule chose que j'ai trouvée à dire, ça m'est sorti comme ça, comme la première question, *comme tout ce que j'allais continuer à dire comme sottises au long de la soirée ?* « Oui, m'a-t-il répondu, avec quelques amis. Ils sont pas là. Les Sud-Américains qui sont ici, je viens de les rencontrer. » Cette conversation au milieu des rires, des saouleries et de la musique me faisait l'effet d'un ralenti, comme quand Maria et Tony s'aperçoivent pour la première fois au bal dans *West Side Story*, et s'extraient de l'espace et du temps pour couvrir le brouhaha de leurs propres chants. Je ne voyais plus ce qui entourait Antoine, n'entendais plus les autres bruits, nous étions Tony et Maria, peu importe que ça se termine mal. Puis peu à peu la musique est revenue, la voix des autres a repris le même volume que les nôtres, les corps ont récupéré leur présence, une femme a enlacé Antoine et chuchoté un mot à son oreille, il a souri et acquiescé, mais il n'a pas bougé, il était là face à moi, qui déjà le perdais. « Vous ne vous appelez pas Antoine », j'ai crié, ou presque, pour qu'il entende, et ce n'était pas une question. Cet homme-là ne pouvait pas s'appeler Antoine. Un exilé ne s'appelle pas Antoine. Je savais bien que les militants se donnaient des noms de guerre, que la clandestinité impose des jeux d'identité, et qu'il y a même, sans doute, un plaisir à se faire naître. Mais pour moi qui m'appelle Josèphe, du nom de mon frère mort, on ne prend pas les prénoms à la légère. Qu'on ose ainsi s'autobaptiser...

Son sourire a disparu. « C'est mon nom français, c'est pas assez exotique pour vous ? » La femme l'entraînait vers l'arrière, et ma tête se secouait de gauche à droite, comme celle d'une poupée mécanique. D'autres corps se sont encore glissés entre nous, il a disparu. Je n'allais quand même pas lui courir après.

5.

Je me suis retrouvée seule. Sophie m'a rejointe au buffet où j'ai servi deux verres, déjà le cinquième de la soirée pour moi, et nous avons trinqué. Elle m'a regardée. « Qu'est-ce que t'as ? — ... — Hé Josèphe ? » Et comme à chaque fois qu'on m'appelle, d'autres me scrutent : Josèphe, c'est un prénom de garçon, ça ! Mes cheveux étaient coupés court, et depuis la puberté j'avais un corps masculin, inspirant parfois le doute. Pas bien longtemps quand même, car mes lèvres étaient épaisses et mes seins, sans soutien-gorge, pointaient sous le tissu de soie.

Sophie continuait de me pousser du coude, « Je te parle ! ». Sa possessivité à mon égard me pesait souvent, et à cet instant précis je n'avais pas envie de mots. Ils auraient été forcément inexacts : ce que j'éprouvais n'avait pas encore de forme, cela pouvait devenir un commencement, mais aussi s'évanouir. J'étais électrisée et absente, ou plutôt tellement présente mais autre part, pas à côté d'elle. Elle l'a compris.

« Viens, on va danser ! » Je l'ai suivie au milieu de la pièce.

J'ai alors senti un regard sur mon corps, un regard qui me redessinait. Le sien, celui du garçon. Je fermai les yeux et me déhanchai comme s'il frôlait mon ventre, mes seins, mes jambes. Je dansais pour lui, pour épouser la forme de ses paumes, dont j'éprouvais la caresse, dont j'appelais la caresse. En ouvrant les yeux, je l'ai vu devant moi, entouré de deux autres personnes qui lui parlaient mais qu'il n'écoutait pas : il me scrutait, et d'un coup, de le savoir là, mon corps a récupéré sa pesanteur, je me suis sentie gauche, mes jambes ne suivaient plus le rythme, je ne parvenais plus à synchroniser mes gestes, j'étais pétrifiée.

Je n'avais plus aucun pouvoir sur mes membres. La peur les glaçait quand l'instant d'avant le désir les avait mus. Je luttai pour reprendre possession de moi-même. En vain. Je m'étais offerte, sans arme ni défense, bêtement. La guerre commençait mal.

Ma mère aurait dit : qu'est-ce que tu crois, c'est toujours comme ça. Chaque expérience singulière que j'ai pu ne serait-ce qu'*imaginer* vivre se trouvait réduite à : « C'est toujours comme ça. » Quand je rentrais chez eux, au début de mes études, son plaisir consistait à m'observer en détail, son regard s'attardant sur chaque indice : des cernes plus violets que d'habitude, des yeux plus rouges, des lèvres trop sèches. Et si jamais j'avais l'air en forme – ce qui n'est pas fréquent –, c'était comme une insulte à sa philosophie : *c'est toujours comme ça*, et il fallait que cela reste comme avant.

Il faut dire qu'elle n'avait rien d'autre à faire, sinon vivre ma vie par procuration tout en s'acharnant à la rendre aussi peu intéressante que ce soit – aussi peu *personnelle* que ce soit. Ce qu'elle vivait par procuration, c'est que je n'avais pas de vie, c'est que je ne devais pas en avoir, pour lui rester fidèle, à elle qui s'était retrouvée au chômage à cinquante ans, et depuis fumait cigarette sur cigarette, se complaisant dans ce cliché de femme entre deux âges que la vie a suffisamment éprouvée et qui peut se permettre de se laisser aller, en abandonnant – et en le criant haut et fort – toute forme d'espoir. Alors lui parler d'un homme, d'une voix aussi incertaine que mon corps l'était sous son regard à cet instant, il n'en était pas question.

Et pourquoi pensais-je à ma mère ? Pourquoi ses yeux venaient-ils se superposer à ceux d'Antoine, bridant la dernière liberté que mes gestes s'acharnaient à reconquérir ? J'étais prise sous le double feu d'Antoine et de ma mère – une enfant tenue à l'invisibilité et une femme tenue à l'impossible.

Les lumières se rallumèrent et je finis par m'arrêter, transpirante, les yeux plantés dans ceux de l'Autre. Il me semblait avoir été transportée sous les néons d'un hôpital, auscultée sans aménité par des internes rapaces cherchant les anomalies pour plaire au médecin chef, une chose, un cobaye. J'étais nue. Les autres me bousculaient, gênés. Et je me rendis compte que je ne pensais qu'à moi, à mes bras ballants, à mes épaules, à mon cou agité par ma respiration en tumulte, à mes cheveux collés à mon front, à mon odeur que je sentais, mélange d'alcool et de transpiration, au lieu de voir la pièce autour de moi, et lui, cet homme que j'aurais voulu séduire, devant qui je me vidais de moi-même.

Il aurait fallu qu'il me parle, qu'il établisse un contact pour me sortir de cette prison dans laquelle je m'enfermais. Mais il ne m'aida pas. Non, il continuait de bavarder en me scrutant, quand mon amie est venue me tirer de l'engourdissement, une sorcellerie sans doute, et a interrompu l'échange de regards qui n'en était pas un, pour me dire *C'est qui celui-là ?* Je ne savais pas. *Quelqu'un*, j'ai dû lui répondre, et moi à cet instant, je n'étais plus sûre d'être quelqu'un.

J'étais sonnée. Sophie m'a entraînée vers la sortie. Je l'ai suivie sans force sans volonté sans énergie, avec une honte croissante qui entamait mes dernières forces. Ma mère avait gagné, encore gagné, c'est toujours pareil. Sauf que cette fois c'était différent. J'avais mal à la tête, mal aux jambes, je ne trouvais plus mon manteau dans le fourbi de la chambre à coucher où s'entassaient des sacs, des casques, des pulls. Sur la commode, des verres à moitié vides, des mégots dans l'un d'eux, je ne sais pas à qui appartenait la chambre, à Juliette peut-être, la fumée en imprégnait les murs tapissés de toile de Jouy.

Ce devait être loin de son monde à lui, le réfugié politique qui avait dû débarquer à Paris, quittant père mère, famille patrie, et pourtant il s'y mouvait comme un poisson dans l'eau, et moi j'étais ce bateau pneumatique qui avait pris l'eau, cette chose molle et informe qui cherchait son manteau acheté en solde. Dans ce foutoir, j'ai quand même eu la présence d'esprit de me demander quel était son manteau. Peut-être porterait-il un indice, ses nom prénom cousus à l'intérieur par sa mère, afin qu'il ne le perde pas – et afin que je le retrouve, lui. Sophie me tirait par la manche. « Allez, on y va, Josèphe », et je me demandais : mais lui, je ne connais même pas son nom – *Antoine ? Pas assez exotique !* J'entendais la voix d'Éric « Tu pars déjà, ça te ferait chier de me dire bonjour ? » et je répondis « Bonjour » comme dans un rêve, absente, ce qui le mit en colère. « Écoute, Josèphe, faut qu'on parle. » Non, non pas du tout, je n'avais absolument pas envie de parler, pourquoi faut-il toujours *parler* aux gens qu'on n'aime plus ? Sophie trépignait. Je cherchais à gagner du temps, pour qu'il se passe quelque chose d'autre que la colère d'Éric. Un tremblement de terre, peut-être, qui viendrait me sauver. Oui pourquoi pas un tremblement de terre, qui détruirait toute représentation de moi-même dans ce salon où je m'étais décomposée. Pour cela la Terre pouvait bien exploser, et moi avec, du moment que celui qui m'avait vue ainsi soit lui-même englouti sous les décombres.

À cet instant d'apocalypse, une main s'est posée sur mon épaule. Je savais. Je savais que c'était lui quand j'ai entendu Éric me dire « Ça va j'ai compris » et Sophie m'annoncer qu'elle ne m'attendrait pas une seconde de plus. Sans me retourner j'ai dit à Sophie « Vas-y, je te prête ma bagnole si tu veux », et lui ai tendu les clés. J'ai senti sa mauvaise humeur dans le courant d'air qu'a fait son corps en sortant. Elle n'a pas pris les clés, mais je m'en fichais royalement. Cette main sur mon épaule me redonnait vie. Non, tout n'était pas toujours pareil.

6.

Je me relevai. Il passa devant moi pour prendre un blouson de cuir, celui que j'avais jeté au-dessus du tas au cours de ma fouille. « Tu viens avec nous ? » J'étais prête à le suivre n'importe où, même si ce *nous* m'était désagréable – après tout j'avais échappé à un tremblement de terre. « Vous allez où ? » « Au Palace. » J'étais embêtée pour ma voiture. Si je la laissais là, elle risquait de se retrouver à la fourrière. Si je la prenais, vu mon état il était fort probable que je n'arrive pas à les suivre. Décidée à me laisser porter, je leur emboîtai le pas, à lui et aux trois autres personnes qui lui tournaient autour depuis le début de la soirée. Tant pis pour la R5 de mes parents. Demain serait un autre jour et je finirais bien par me souvenir où je l'avais garée.

Ils chantaient dans la rue, ivres et joyeux. J'avais froid. Antoine a hélé un taxi. Nous nous y sommes tous engouffrés. Je n'avais pas un franc sur moi, je ne savais pas comment le leur dire, et encore une fois décidai que ce n'était pas grave. De toute façon, quand le taxi nous a arrêtés devant la boîte, la femme blonde a sorti son porte-monnaie. Dans mon état normal j'aurais proposé de partager, promis d'envoyer l'argent dès le lendemain. Mais je n'étais pas dans mon état normal, et me fichais pas mal qu'elle me prenne pour une de ces militantes radines qui profitent de la générosité ou de la culpabilité des autres. C'est elle qui nous a fait entrer dans la boîte célèbre, saluant « Paquita » et « Alain » et « Caro », et d'autres encore dont je ne me souviens plus les noms. Je me serrai contre Antoine qui connaissait quelques personnes lui aussi, et me chuchota à propos de la femme blonde « Isabelle. Elle était membre du FAHR ». Je n'avais aucune idée de ce qu'était le FAHR, peut-être un groupuscule d'extrême gauche argentin. Ça m'excitait d'entrer au Palace pour la première fois. J'avais l'impression de visiter clandestinement un monde étranger qui ne tarderait pas à remarquer l'intruse. Mais personne ne faisait attention à moi. La musique hurlait, des couples s'enlaçaient sur des divans, d'autres dansaient. Jamais Éric ne se serait rendu dans un endroit pareil. Quand je lui raconterais il m'en voudrait un peu plus. Il m'envierait. Et je m'en réjouissais secrètement. « C'est quoi le FAHR ? » j'ai demandé à Antoine. « Le front homosexuel d'action révolutionnaire. » Je m'étonnai : « Mais pourquoi tu les connais ? » Ça l'a fait rire. « Quand tu baignes dans le militantisme, tu rencontres une MLF qui te fait rencontrer une FAHR, qui te fait rencontrer la CADHU, et de fil en aiguille tu trouves une piaule, et des gens avec qui faire la fête. »

Antoine et Isabelle se sont approchés du bar et ont commandé une bouteille de vodka pour tout le monde. Je n'osais même pas imaginer combien tout ça coûtait. Ils se sont avancés sur la piste de danse et je les ai suivis. La blonde s'est approchée de moi et a frotté son corps contre le mien, a posé ses bras autour de ma taille et m'a embrassée goulûment. Un homme l'a saisie et éloignée de moi pour profiter de ses libéralités, mais elle l'a rejeté sans pour autant revenir à moi. Je continuais de me trémousser, dorénavant indifférente à la façon dont mon corps pourrait se mouvoir devant Antoine. J'ignorais s'il m'observait. Il y avait des gens connus, mais j'étais incapable de mettre des noms sur les visages. Je continuais de me déhancher, fermant les yeux, puis les ouvrant à moitié, pour vérifier où il se trouvait. Je ne le voyais toujours pas. Je me laissais aller, inconsciente de l'heure, quand j'ai senti son corps contre le mien. Nous dansions sur le même rythme, nous frôlant. La musique a changé, il s'est écarté pour aller chercher un verre et m'en a rapporté un. Il m'a regardé le boire, cul sec, un sourire aux lèvres. A récupéré le verre, et l'a posé contre mon front – il était glacé. Je fermai à nouveau les yeux, et accueillis ses lèvres sur les miennes. Elles étaient douces, sa bouche profonde, et malgré le vin, la vodka, j'arrivais encore à en savourer le goût. Puis il s'est retiré, et a disparu dans la foule, provoquant chez moi un début de panique. Il allait disparaître. Cette nuit n'était qu'un simple rêve. J'arrêtai de danser et me mis à le chercher. Je retrouvai les deux acolytes. « Vous n'avez pas vu Antoine ? » Ils firent non de la tête. Pas sûr même qu'ils m'aient entendue. Ils étaient dans un état de semi-conscience. La drogue circulait partout. Il suffisait d'observer les incessants allers-retours aux toilettes pour en être sûr. Personne ne m'avait rien proposé, je ne faisais pas partie de ce monde et ça devait être inscrit sur mon visage. D'ailleurs, j'aurais refusé, par principe. Car j'avais des principes : passer mon DEA, m'inscrire en doctorat, donner des cours à la fac, gagner ma vie. Je ne devais pas me laisser distraire. Je m'étais persuadée que toute facilité, toute drogue, tout plaisir était un obstacle à cet objectif. Mais ce soir, mon objectif se perdait dans la brume de la fumée de cigarettes, dans la moiteur de la boîte, et dans la recherche de l'homme que j'avais laissé m'embrasser, parce que j'aurais voulu qu'il continue, malgré mes examens, malgré mon mémoire mes efforts mes cours, malgré mon plan rigoureux.

Au pied des marches, je l'aperçus qui parlait avec une fille. Je me figeai. C'était le petit matin, les métros avaient sans doute recommencé à rouler. Je passai devant lui et le saluai. Il me rattrapa par la main. « Tu y vas déjà ? » Déjà ? Mais dans quel temps vivait-il ? La nuit entière s'était écoulée ! Il me suivit, m'aida à remettre mon manteau, et me prit la main. « On va où ? » N'était-il vraiment attendu nulle part pour se déplacer ainsi au hasard, et sans préméditation ? Ou bien habitait-il la nuit, tout simplement, où qu'elle l'emmène ? Les questions se sont vite essoufflées devant l'évidence de sa présence, là, à côté de moi. Il n'avait donc pas disparu. Tout paraissait léger à ses côtés, la marche dans le petit matin glacé, la course pour attraper le premier bus, ses mains dans les miennes pour me les réchauffer, ses mots feutrés, que j'entendais mal mais je n'osais pas lui demander de répéter. Nous étions quasiment seuls dans le bus, et cette fois j'entendis distinctement « J'aime tellement Paris à cette heure, on a l'impression que tout peut commencer, alors que dans une heure ça sera fini ». L'heure d'après pourtant, nous étions dans mon lit, et ça ne ressemblait pas du tout à une fin. Nous avions monté les cinq étages, lui derrière moi, à essayer de m'attraper les chevilles. J'avais ouvert la porte sur mon antre d'étudiante. Il y faisait froid. Mes livres et mes feuilles parsemaient le sol. Nous nous sommes embrassés, encore une fois, longtemps. Il m'a déshabillée. Je ne résistai pas, mon seul désir était de le garder là, avec moi, l'emprisonner si nécessaire, faire en sorte qu'il ne me quitte pas, car soudain sa présence m'était devenue indispensable. Sans doute était-ce l'effet de l'alcool, de la fatigue, de l'hostilité de mon studio, du vide de la journée à venir, toujours est-il que je me cramponnais à lui. Nous avons fait l'amour, mal, rapidement. Il riait encore. Je le laissais faire, entrer en moi qui étais pourtant si verrouillée, s'y installer et en ressortir, pour s'affaler à mes côtés. Il ne savait même pas comment je m'appelais, peut-être avait-il entendu Sophie m'interpeller, peut-être pas. Il était trop tard pour le lui dire. Il s'est levé, « Il faut que j'y aille ». Je me suis redressée, à nouveau prise de panique. Devant moi défilèrent les jours à venir, à travailler, écrire, enfermée dans mon studio et observer par la fenêtre, à attendre. Cette vision très nette me révolta. Mais en se rhabillant, il me dit tranquillement « Je vais te donner mon numéro de téléphone, et nous allons convenir d'un rendez-vous cette semaine, pour prendre un café, à découvert... Tu peux retenir ? — Non, il faut que je note ». Je me levai et attrapai une feuille de papier tirée de mon mémoire de DEA, la retournai et fébrilement inscrivis les chiffres. « Alors, tu m'appelles ? » Je fis signe que oui, persuadée d'oublier quelque chose, de le laisser partir sans filet, me demandant si je le reverrais un jour, car déjà la pensée que ce puisse être un faux numéro me traversait l'esprit. Il m'embrassa du bout des lèvres, et sortit comme il était apparu. Je pris un somnifère, c'était la meilleure manière de ne pas pleurer.

7.

Mes parents devaient être arrivés. Comment savoir. Ils avaient promis de m'appeler, mais le téléphone coûtait cher depuis l'Algérie. Ils préféreraient sans doute la poste, auquel cas je serais informée dans trois semaines, au mieux. De mon côté je n'avais aucun moyen de les joindre. Et peut-être était-ce mieux ainsi. Je m'étais remise à mon mémoire, non sans mal. Le visage d'Antoine m'obsédait. J'avais dormi des heures après son départ, et m'étais réveillée le soir, mal en point, l'estomac retourné, des courbatures dans tout le corps. Il m'avait fallu un peu de temps pour me remémorer les événements de la veille, et encore, je n'étais pas sûre de tout me rappeler. Seule certitude : nous avions fait l'amour, et son corps contre le mien, c'était une sensation dont je ne parvenais pas à me débarrasser... Nous avions mal fait l'amour, certes, mais peu m'importait. Il était entré en moi, je l'avais eu tout entier, je l'avais serré, et... J'ouvris mon mémoire, et commençai à écrire :

Théa

Est-ce qu'Ulysse, durant son voyage, se regardait parfois dans un miroir ? Est-ce qu'on lui disait à quoi il ressemblait ? Est-ce qu'on lui rappelait l'emplacement exact de sa chambre, le nombre de marches de l'escalier qui mène au palais ? Est-ce que quelqu'un se chargeait de stimuler sa mémoire ? Est-ce qu'il envisageait de faire sa vie avec les femmes qu'il rencontrait, même si c'étaient à leur façon des sorcières, même si ce n'étaient que des femmes sur son passage, sur le chemin ? Une halte, une étape, une chambre d'hôte, un hôtel de passe ? Est-ce qu'il aurait pu rester avec Calypso, par exemple, qui lui offre de ne pas se souvenir et de transformer le gîte en point d'arrivée ? Pourquoi refuse-t-il ? Calypso, c'était quand même mieux que Pénélope. À force de tisser sa toile comme une vieille hippie, Pénélope n'a pas le temps de prendre soin d'elle. Elle est certainement voûtée, elle a mal aux doigts, ses cheveux sont devenus des filasses grises. Elle fait, puis elle défait. Elle ne pense qu'à lui, mais elle ne se souvient même pas de l'odeur de sa peau. Peut-être qu'elle a l'illusion d'arrêter le temps ? Mais le temps ne s'arrête pas, il marque son visage. Pourquoi Ulysse préfère retrouver la vieille Pénélope, quand il pourrait choisir Calypso ?

8.

Quarante heures plus tard, j'ai repris la feuille sur laquelle j'avais inscrit son numéro.

Cette fois, c'est la peur qui me saisit. Saurait-il qui je suis, lui qui ne m'avait même pas demandé mon prénom, et n'était-ce pas un signe, de ne pas demander un prénom ? Oui, mais nous avions couché ensemble.

J'attendis un jour. Une journée passée à attendre, ça occupe, ça occupe horriblement. Les aspirines et les cigarettes froides dans le cendrier, la difficulté à me lever, la douche, chaque geste étiré dans le temps pour le gagner, ce temps, le perdant de ce fait, la piqûre de la mauvaise conscience. Car il y avait l'argent que je gagnerais si je parvenais à décrocher le contrat doctoral que j'espérais. J'avais promis à mon père. Et ce contrat était lié à l'avancement de mon mémoire. Je gagnais alors ma vie en donnant des cours ici et là, à des enfants de bonne famille et de plus en plus à la fac, grâce à mon directeur de mémoire pour lequel j'avais organisé gracieusement colloques et publications de revues – il n'était pas ingrat, et m'avait donné une place dans son séminaire pour que j'assure les TD. La paye était maigre, mais elle couvrait mon loyer.

Mon ambition était grande, mais la première étape était de conquérir complètement mon autonomie financière. La deuxième, d'avoir un métier que j'aurais choisi, suffisamment éloigné de mon univers familial pour qu'on ne puisse jamais en parler. Ma mère ne comprenait pas. Mon père, lui, s'en fichait, du moment qu'il n'avait plus à m'aider. Il se demandait seulement comment j'avais pu être attirée par un monde qui leur était si étranger. Comment un membre de cette famille pouvait avoir la fibre « intellectuelle » – et dans sa bouche l'adjectif avait un relent de mépris, puisqu'il assimilait la littérature à un monde coupé des réalités, un monde d'idées qui ne servent à rien. Si toutefois *enculer les mouches* permettait de bouffer, alors il n'avait rien à y redire.

J'avais mal à la tête, et me concentrais sur ce mal pour ne pas songer à l'homme que j'allais nécessairement appeler, que ce soit le lendemain ou dans trois mois.

Mais les souvenirs revenaient en rafale. C'est ma danse qui s'imposa en premier, ce corps désarticulé, son regard qui le photographiait. Pour qui se prenait-il, apparaissant, disparaissant, pour se retrouver dans mon lit, moi qui n'y accueillais personne ! Jusque-là, mon studio était impénétrable. S'il fallait vraiment que je m'envoie en l'air, c'était ailleurs, chez les autres. Et lui, avec sa grâce et son sans-gêne, avait monté les cinq étages et s'était allongé sur moi, pour un corps-à-corps pathétique qui n'avait fait qu'attiser le désir sans le satisfaire. Je me focalisais là-dessus. J'avais trouvé l'accroche. C'est vrai, il ne m'avait pas fait jouir. Pas eu le temps. Et il ne s'était même pas excusé, ça lui était égal, il s'en fichait pas mal de savoir s'il m'avait comblée, il était venu tirer son coup et bye bye. Ça me suffisait. Je ne l'appellerais pas.

Le projet est le retour, un retour impossible puisqu'il est aussi toujours trop tard, ce qui n'enlève rien au projet. Le retour comme avenir.
« *La juste mesure du "rendre" est impossible – ou infinie.* »

Je me forçai à travailler. Toute la journée. Puis la nuit.

« *Le regard d'Orphée est le don ultime d'Orphée à l'œuvre, don où il la refuse, où il la sacrifie en se portant, par le mouvement démesuré du désir, vers l'origine, et où il se porte, à son insu, vers l'œuvre encore, vers l'origine de l'œuvre* »... œuvre, origine, œuvre, origine.

J'avais fait un tour à l'épicerie, histoire de sortir, pour acheter des bières et des pâtes. Un bon repas équilibré comme j'avais l'habitude d'en prendre. Je dormis mal, agitée.
Le lendemain, je décidai d'aller au cinéma pour vaincre la tentation de lui téléphoner. Je choisis en

fonction de la durée du film. Les deux premiers épisodes de *Fanny et Alexandre*, de Bergman, jouaient à l'Action Écoles. Trois heures, c'était parfait.

Cette main et cet œil devant le théâtre de marionnettes. Cet œil qui voit et qui est vu... J'aimais Bergman, mais c'est surtout la salle et son vide qui m'avaient d'abord motivée – trois heures dans le noir, et la possibilité d'échapper enfin à cette attente lancinante. Je ne m'attendais pas à être aussi troublée. Alexandre, cet enfant vivant au milieu des fantômes et des comédiens. Alexandre pour qui l'imaginaire était identique au réel, pour qui la séparation entre réel et imaginaire n'avait plus lieu d'être. Tout était question de forces et de rapports de forces, et de savoir quel imaginaire l'emporterait sur l'autre, lequel emporterait la conviction, de façon à s'aménager un réel, un réel comme on peut, un réel comme on veut. J'avais tant souhaité moi aussi avoir la capacité d'imaginer. De construire *mon réel*. Pourtant chaque fois je revenais à mes obéissances primitives : Bourg-la-Reine, du réel sans écarts.

J'avais bien conscience du pathétique de la chose en rentrant chez moi à pied sous une légère bruine. Il était dix-neuf heures. Je grelottais dans mon imperméable, mes cheveux étaient de plus en plus mouillés, et je calculais le nombre de pages que j'aurais pu écrire au lieu d'aller au cinéma. J'arrivais au coin de ma rue, prête à monter les étages qui me mèneraient à mon studio froid, à ma vie froide, que je souhaitais froide pour achever mon mémoire qui sans aucun doute me conduirait vers une existence chaude et joyeuse. Du moins était-ce possible, et ce simple possible suffisait à ma détermination. Une fois dans la vie active, fonctionnaire d'État et ne craignant pas le chômage à cinquante-cinq ans, j'étais assurée de ne pas terminer ma vie enfermée chez moi à grossir, cessant de me laver les cheveux et augmentant dangereusement mes doses de Lexomil pour pouvoir dormir. Je ne voulais pas être condamnée à devenir ma mère, avenir qu'elle me prédisait – non, qu'elle espérait pour moi tout en prétendant le contraire. Mon échec signifierait pour elle que le sien n'était pas *personnel*, mais qu'il touchait tout le monde, et peut-être de façon privilégiée les membres de notre famille. Bourg-la-Reine, du réel sans écarts.

Trempée de la tête aux pieds, je tombai sur Antoine. Debout devant mon immeuble, une cigarette à la main. Je m'arrêtai net, interdite devant ce que je prenais pour une apparition. Oui, une apparition. Le corps de cet homme, là, bien réel, dans ma rue, en bas de mon escalier, mouillé comme moi et, peut-être, m'attendant. Je dis peut-être car j'en étais encore à trouver des raisons pour expliquer sa présence qui ne soient pas la curiosité de me voir, quand il ouvrit la bouche : « Tu en as mis du temps à m'appeler. D'ailleurs tu ne l'as pas fait. Alors, tu m'invites à boire un verre ? »

Assis dans le PMU miteux le plus proche, nous ne savions pas par quoi commencer. Je voulais être dans trois ans, dépasser le temps des hésitations, des silences angoissés. Je voulais que nous soyons deux personnes se connaissant si bien qu'elles n'ont plus besoin de parler. Qu'elles n'ont plus peur. Il finit par rompre le silence. Peut-être au fond étais-je seule à être terrifiée. « Alors, Josèphe, qu'est-ce que tu faisais dans cette soirée ? Tu es une *militante* ? » L'accent était plus appuyé sur le dernier substantif. « Tu connais mon prénom ? » Il a souri. « Ça t'aurait pas un peu vexée que je te raccompagne chez toi sans connaître ton prénom ? » Comme je ne répondais rien, il continua : « Donc tu étais vexée, et même peut-être en colère ? — Je ne suis pas en colère... Antoine ? » Un léger tremblement saisit sa lèvre. Il me dévisagea, puis hocha la tête. « Tu penses que je ne m'appelle pas Antoine ? » Je fis non de la tête. Il me fixait avec une intensité menaçante. Je finis par baisser les yeux. « C'est pas grave, tu n'es pas obligé de me dire. — Non, en effet, rien ne m'y oblige. Antoine, c'était mon nom de clandestinité, à cause de Saint-Exupéry et du Petit Prince, tu vois. Donc Antoine, c'est moi, je suis toujours dans la clandestinité. Tant que je ne rentrerai pas, je m'appellerai Antoine. » Je fis signe que j'avais compris.

Il me toisa en silence pendant un moment. Je le détestais : qu'est-ce que vous voulez faire sous un tel regard ? C'était le même exactement que lorsque je dansais. Il me capturait, m'immobilisait. Il fallait que ça cesse. Il fallait qu'il parle. « Tu as mal aux yeux ? — Oui. » Mes lentilles me brûlaient la cornée. J'eus envie de les enlever, mais sans elles je voyais flou, et Antoine, je ne voulais pas le voir flou. Et c'était difficile, car Antoine était flou. J'étais accoutumée aux secrets des autres, et à les respecter. Laisser à chacun ses secrets étant la meilleure manière d'éviter toute intimité. Ça m'allait. Ça m'avait toujours convenu comme ça.

Pourtant d'un coup ça ne m'allait plus. Est-ce qu'une relation peut commencer sur un silence ? Est-ce qu'ignorer son véritable prénom ne rendrait pas tout le reste impossible ? « Comment peux-tu oublier ton prénom d'avant ? » je revenais à la charge. « Tu tiens vraiment à le savoir ? » me demanda-t-il, étonné par mon obstination. Je suppose qu'il n'avait pas l'habitude d'être questionné au-delà de son refus. Un refus lourd d'une souffrance qui fait peur aux gens, qui les impressionne, d'une souffrance sacrée qui fait baisser la voix et se détourner, une souffrance qui n'est pas prête à être partagée, qui ne le veut pas et qui se mure, comme ça, dans un silence qui ressemble à un mausolée. Je n'étais pas particulièrement audacieuse, ni courageuse. Mais j'étais contrainte, par je ne sais quelle force en moi. « Oui, je veux le savoir. Mais tu n'es pas obligé, on n'est pas obligés de se revoir. » Antoine m'observa encore un moment. Une discussion semblait l'animer de l'intérieur, jusqu'à ce qu'il se décide enfin : « Parce que je ne peux pas retourner là d'où je viens, en tout cas pas pour l'instant. Et qu'il faut bien que je vive ici, en attendant. — Tu es recherché ? — Si je rentre, je disparais, comme les autres. Mon père a été assassiné par le régime, j'étais le prochain sur la liste. » Sa parole était fluide. Plus jamais il ne parlerait aussi librement. Si j'avais pu le deviner, je lui aurais fait dérouler la totalité de l'histoire, et peut-être l'aurait-il racontée, simplement, posément. Pour l'heure, j'avais tant de questions qui se bousculaient que je ne savais laquelle choisir. Par où commencer ? J'optai pour la plus pragmatique. « Comment il est mort ? — Balancé d'un avion. » Je n'avais jamais entendu une chose pareille.

J'allumais peu la radio et n'avais pas la télévision. Je m'étais intéressée à la révolution iranienne, et surtout à l'élection de François Mitterrand. Comme mes amis, je m'étais réjouie un moment. Depuis, nous l'attendions au tournant. Le vent de joie qui avait envahi la fac s'était teinté, chez les plus à gauche d'entre nous, du désir morbide que ça capote. Ils préféraient l'opposition qui restait leur raison d'être et les avait déportés vers des sujets plus internationaux, des pays lointains où la vraie révolution, celle qui se fait avec les armes, sévissait encore. D'où la présence des Chiliens, Uruguayens et Argentins à l'anniversaire de Juliette. Pinochet était depuis un moment notre bête noire. J'avais traduit pour Éric et les autres certains de ses discours. J'avais étudié l'espagnol à l'école, puis avais laissé tomber parce que l'Espagne semblait ne jamais pouvoir se libérer de Franco. J'avais de la même façon renoncé à choisir la littérature comparée comme spécialité pour des motifs « politiques ». J'étais dans le bain. Pourtant je ne me souvenais pas d'informations précises sur l'Argentine. Sociale-traître ! J'avais lâché la lutte avant que le groupe ne se rapproche des exilés d'Amérique latine. Était-il possible de balancer des gens d'un avion ? Ce détail aurait retenu mon attention si j'en avais entendu parler. Il me fallait me renseigner. Et certainement pas auprès d'Éric. Questionner Antoine, ça ne semblait pas plus simple. Et qui étais-je pour mettre en doute sa parole ?

9.

Je restais glacée. Il fallait au moins être mafieux pour mourir « balancé d'un avion ». Cette réalité ne rencontrait pas la mienne. Entre ma mère au chômage et en dépression profonde, mon père qui lui adressait à peine la parole, mes petits drames quotidiens, ma petite vie sans relief, mon imagination était trop étroite pour ne pas trouver cette histoire grotesque. On ne jette pas les gens d'un avion ! Et pourtant j'en connaissais des histoires, des génocides, des familles entières disparues, des gammes entières de torture. J'en avais lu des livres. J'en avais écouté, des récits d'Éric. Des récits teintés d'idéologie et de violence verbale.

Mais là, les mots s'effaçaient au profit d'une image, les mots ne faisaient plus barrage, ils étaient débordés par ce à quoi ils renvoyaient. Ils n'étaient pas taillés pour convaincre, pour séduire. Ils étaient nus, crus sous le néon du PMU.

Je devais accepter et continuer la discussion si je voulais savoir qui était cet homme. « Et ta mère ? — Elle est au Mexique. Elle attend d'y retourner, toute sa famille est restée là-bas. — Tu ne communiques plus avec elle ? — Difficilement. Des lettres codées, signées Antoine. » À ce moment il me sourit tristement. Je murmurai : « Alors tu t'appelles Antoine pour ta mère aussi ? » Il me regarda, s'alluma une cigarette. Il prit son temps, tout son temps. « Je m'appelais déjà Antoine là-bas, pour les camarades, et aussi pour ma mère, même si elle n'a jamais réussi à m'appeler comme ça. Je m'appelle Antoine pour essayer de vivre ici. Là-bas c'était pour me cacher, ici c'est pour vivre. — Alors tu continues à vivre en clandestin ? — Non. Tu ne peux pas comprendre », et cette dernière réplique, prononcée avec violence, condamnait la discussion. Je n'avais plus rien à dire. Sinon parler de moi. « Moi je m'appelle Josèphe, et ici c'est un nom de garçon. — Tu vois, toi aussi tu aimerais changer de prénom », me dit-il en riant. « Oui », répondis-je sur le même ton. Puis, subitement grave, comme si un poids s'était abattu sur moi, « Mais je ne peux pas. — Et pourquoi pas ? Et si je t'appelais… Théa, ça te plaît Théa ? » J'étais interloquée. C'était un jeu bien sûr, pourtant j'eus aussitôt un doute : c'était peut-être le nom de sa mère, ou de sa sœur, ou de sa fiancée, que sais-je ? Le nom de quelqu'un d'autre. « Théa ? Pourquoi Théa ? — Je ne sais pas. — Tu connais une Théa ? » Il me regarda avec cette pénétration particulière pour la troisième fois. « Non, je te promets. Aucune Théa. Théa c'est pour toi. » Et c'est ainsi qu'il me baptisa. C'est ainsi que ma nouvelle vie commença, quand j'acceptai : « Théa, c'est bien. »

Théa

Il me saisit le poignet, y posa un baiser et se leva. Deux francs jetés sur le zinc, il était reparti. Sans m'enlacer, sans m'embrasser, sans faire l'amour. Je me demandais pourquoi, sans trop chercher non plus de réponse qui puisse avoir du sens, puisque la seule qui s'imposât était qu'il n'en avait pas envie.

10.

Le lendemain, je suis allée chercher ma voiture rue Miromesnil. Trois contraventions s'entassaient sous l'essuie-glace. Il allait falloir accepter de surveiller un certain nombre d'heures de colle pour pouvoir les payer avant que mes parents ne rentrent... mais rien n'aurait pu me mettre de mauvaise humeur : Antoine devait venir me chercher à l'heure du déjeuner.

J'achetai un petit carnet pour y inscrire des idées, des sensations, si celles-ci imposaient d'être écrites, conservées. Je ne devais rien perdre de ce qui se jouait en moi en ce moment, et que je ne maîtrisais pas. Comme si j'étais la scène d'événements, et non l'actrice. J'écrivis :

L'homme du café et l'homme de la soirée ne coïncident pas.

Il frappa à la porte. J'avais mis une heure à choisir mes vêtements, alors que je possédais tout au plus cinq tenues. Je m'étais maquillée légèrement – peur d'en faire trop, peur aussi de l'affronter sans masque. J'avais rangé mes affaires, pour que ma grotte soit plus accueillante que la première fois. Il n'a pas semblé le remarquer, et m'a entraînée dehors. Sans me toucher.

Nous nous sommes dirigés vers les Buttes-Chaumont. Un rayon de soleil réchauffait l'air froid, nous pouvions même boire un café dehors. Des enfants dévalaient les pentes herbeuses, des poneys en promenaient d'autres, se suivant à la queue leu leu. Nous marchions côte à côte, sans nous toucher. Je me demandais pourquoi il m'avait proposé de m'emmener déjeuner. C'est donc que je devais lui plaire, au moins un peu. Mais que dire pour *continuer* à lui plaire ?

Nous nous sommes assis en terrasse, nous étions les seuls. Un garçon nous a apporté une carte. Devant les prix affichés, j'hésitai. Je n'avais pas les moyens de me payer à manger, trop honte pour le lui avouer. « Tu... tu fais quoi ? Je veux dire, comme métier ? — Au début des petits boulots, les marchés surtout. Et puis Rodrigo, un copain argentin chez qui je vis, m'a mis sur ses docs. J'avais fait une école de journalisme à Buenos Aires. J'ai suivi une formation ici comme preneur de son et je sais cadrer. Maintenant je fais tout ce dont il a besoin sur ses films. De la régie au cadrage, je sais presque tout faire. — C'est ça que tu voulais faire ? Des films ? » Il ne releva pas l'imparfait. « Ouais, ça me plairait. » Je me tus. « En réalité, quand j'étais enfant, je voulais écrire. Et puis très vite j'ai voulu devenir journaliste. Mon père était journaliste. » Le garçon s'approcha de nous pour prendre la commande. « Un café s'il vous plaît. — T'as pas faim ? — Non, ça va. » Je souris du mieux que je pouvais pour masquer ma gêne. Antoine se tourna vers le serveur : « Deux jambons beurre et deux cafés ! » Puis à mon intention : « C'est moi qui offre. » J'eus honte.

N'empêche, je me jetai goulûment sur le jambon beurre. La bouche pleine, j'assimilais lentement ce qu'il m'avait dit : écrire, il voulait écrire. Son père était journaliste. Il voulait faire le même métier que son père. Sa famille était intellectuelle. C'était un militant intellectuel.

Par jeu, le lui lançai alors en espagnol : « Veux-tu que je traduise tes articles pour les diffuser partout en France ? » Il sembla surpris. « Tu parles espagnol ? » Je rougis. « Je l'ai appris à l'école. » Puis j'enchaînai en espagnol : « Toi tu parles bien français. » Antoine m'expliqua qu'il l'avait appris lui aussi à l'école, mais qu'il avait toujours été mauvais dans cette discipline, très mauvais même. Il l'avait regretté en arrivant en France, ça l'avait handicapé pour trouver du boulot, et pour obtenir des papiers. « Mais maintenant tu le parles parfaitement », lui dis-je. Il haussa les épaules. « À force... » Un silence s'installa. Nous regardâmes les enfants courir. Puis il reprit : « Et toi alors, qu'est-ce que tu fais ? — Un DEA de littérature. J'ai une bourse, et je donne des cours à l'université. — Alors toi aussi tu veux écrire ? » sourit-il. « Non. Je n'ai aucune imagination. Je préfère la recherche. » Il tiqua. « Et sur quoi tu travailles ? — Le retour », répondis-je du tac au tac, alors que mon mémoire ne portait pas encore de titre. « Le retour vers les origines, l'impossible retour vers ce qui sans cesse nous échappe. » C'était la première fois que je formulais aussi clairement ce qui me hantait depuis l'enfance. Antoine laissa brusquement tomber son regard au sol, fixant une tache d'un regard vague et lointain. Je le pris pour une marque de désintérêt et me sentis vexée. Mais il se mit à réciter : « *Je foule, d'un pas qui résonne durement...* » Il hésita puis termina la phrase : « *...les allées qui conduisent au Confus* — Qu'est-ce que c'est ? — *Je foule, d'un pas qui résonne durement, les allées qui conduisent au Confus...* » Je souris et le regardais chercher les mots qui lui résistaient, dans une mémoire ancienne. Peut-être essayait-il juste de traduire, ou d'inventer. « *J'ai fondé des Empires...* Ah oui c'est ça, *J'ai fondé des Empires dans le Confus* » Son accent chantait « *...À la lisière des silences...* » — Alors, c'est quoi ? » demandai-je de plus en plus excitée. « Bernardo Soares », répondit-il. « Ah... » Ce nom ne me disait rien. « Fernando Pessoa, tu connais ? » J'acquiesçai. « Bernardo Soares est un de ses pseudonymes. Il en avait plusieurs, pour pouvoir vivre toutes ses vies. » Une façon de me faire taire. « En tous cas c'est beau. — Ce n'est pas fini. » Il prit une inspiration. « *J'ai fondé des Empires dans le Confus, à la lisière des silences...* » Il continua, sur un tout autre ton, avec une soudaine brutalité : « *...pour mener la guerre fauve qui verra la fin de l'Exact.* » Il me foudroyait du regard. Je n'étais que le témoin de cette violence qui s'écoulait à travers la voix d'un autre. Et ce dernier vers sonna comme une condamnation. J'étais aliénée à l'Exact, je désirais de toute mon âme l'Exact, ma vie entière était tournée vers l'Exact, et il m'annonçait qu'il lui livrait une guerre sans merci, une *guerre fauve*. Qui serais-je si je renonçais à l'Exact ? Qu'avais-je comme autre garde-fou pour sortir de ma famille, conquérir ma liberté financière, charnelle, intellectuelle ? Devant mon trouble, il éclata de dire. « Hé, ce sont des mots ! — Mais moi je crois aux mots ! — C'est que tu ne parles pas espagnol ni portugais, et que tu n'as jamais vécu en Amérique latine. »

Que fallait-il entendre par là ? Qu'à converser dans une langue étrangère, il mentirait tout le temps ? Qu'il ne voulait pas être cru, qu'il annonçait qu'il ne *devait* pas être cru ? Et ces quelques bribes échappées la veille, étaient-elles fausses elles aussi ? « Tu veux être journaliste pourtant ? — Oui. — Ton père est mort balancé d'un avion ? » Je reprenais son *exacte* formule. Son visage se ferma. « Oui. » — Ça, tout ce que tu m'as dit, ce sont des mots exacts ? — Non. — Non ? — Non, ils ne sont pas exacts. Dis-moi comment dire exactement : mon père a été balancé d'un avion, j'ai dû fuir de chez moi, et peut-être que je n'y retournerai jamais ? » Je me sentis mal à l'aise. Il changeait les règles de la conversation et je ne suivais pas. Il s'ouvrait puis d'un coup se fermait, éclatait de rire et soudain était sous l'emprise d'une violence proche de la haine. « Je ne sais pas pourquoi je te dis ça. Personne ne sait rien et personne n'en parle. Il a juste disparu. On n'a jamais retrouvé son corps. Mais moi je te dis qu'il a été balancé d'un avion. — Excuse-moi », dis-je, confuse. Il se détendit. « Tu sais quoi, on va parler d'autre chose. » Mais je voulais en savoir plus. Je voulais qu'il continue de réciter des poèmes et de raconter son pays, son voyage, sa famille. Pourtant j'obéis. Il me posa des questions sur mon mémoire, sur ma famille, sur mes amis, sur ce que j'avais fait ces derniers jours, où j'avais grandi. Je racontai comme je n'avais jamais raconté, essayant de donner à mon récit du relief, usant et abusant d'ironie – que faire d'autre quand on doit dérouler une existence sans aléas, des origines modestes, une famille triste, devenue triste, sans ambition ni valeurs ? Je lui dis aussi que j'aimais mes parents bien sûr, et que je devrais certainement être plus indulgente. N'empêche : mon obsession était de m'échapper de leur monde. Je lui dis tout, sauf une chose : mon frère, le prénom de mon frère, mon prénom. Cet enfant de quatre ans renversé par une voiture sous les yeux de ma mère, que je n'avais pas connu mais qui avait décidé de la couleur de mon existence.

Nous avons commandé une bière, puis une autre. Le temps filait sur cette terrasse gelée, le soleil s'était voilé puis à nouveau nous a éblouis. J'étais prise dans cette chaleur naissante et inquiétante, ce désir de parler pour ne pas interrompre le fil, pour continuer ce contact que les corps avaient amorcé – si fugace.

Quand le ciel se couvrit pour de bon, Antoine se leva. « Il faut que je rentre. » J'avais envie de répondre « Déjà ? » mais au lieu de cela me contentai d'un timide « Tu habites loin ? — Dans le onzième. — Tu es en voiture ? — Non, en métro. — Et... » Je ne trouvais plus rien à dire. À nouveau la panique s'emparait de moi. Il dut s'en apercevoir, puisque, en souriant, il termina ma phrase. « Et oui, nous allons nous revoir. Je vais prendre ton numéro, ça nous évitera d'attendre trois jours. » Je rougis de plaisir. Nous ne nous sommes pas touchés pour nous dire au revoir. Antoine a payé et s'est éloigné dans le parc, me saluant d'un signe de la main. J'attendis. *Dans trois pas il se retourne*, mais il ne se retourna pas. *Dans dix pas, il me regarde*, mais il ne me regarda pas. Il disparut derrière une allée d'arbres.

Je remontai chez moi et sortis mon carnet du tiroir où je l'avais caché :

Mener la guerre fauve qui verra la fin de l'Exact.

Je regardai la phrase, jusqu'à ne plus distinguer les mots.

Le soir, je les relus encore, allongée sur mon lit, dans une exaltation anxieuse. Étais-je vraiment en train de tomber amoureuse ? Pour la première fois amoureuse ? Et je m'endormis sur ce mot, *amoureuse*.

Au milieu de la nuit, je m'éveillai, en sueur. J'avais rêvé d'une guerre. Des enfants hurlaient, des femmes tombaient sous leurs yeux. Une bombe avait éclaté dans une rue blanche. Mon père m'assurait que tout allait bien, que je ne devais pas m'inquiéter, et c'était pire que tout. J'ouvris les yeux. Pour me débarrasser des images, je dus me lever et prendre une douche. J'observais mon studio, et moi au milieu, dans la nuit, le corps dégoulinant.

11.

Ce n'est que trois jours plus tard que mes parents m'ont appelée. J'étais installée à mon bureau, une planche de bois posée sur deux tréteaux. Il était inconcevable pour mes parents de ne pas réussir à me joindre. Où pouvais-je être sinon chez moi ? Avant d'entendre leur voix, une opératrice me demanda si j'acceptais l'appel en PCV. J'eus une seconde l'idée absurde qu'il s'agissait d'Antoine, perdu quelque part, et acceptai, avant de comprendre que l'appel venait d'Algérie. « Ça va ? Josèphe ? Allô, tu m'entends ? Je te rembourse en rentrant, c'est bon pour la communication ? — Oui papa, t'inquiète pas. Alors ? » Alors... L'Algérie était le pays où ils avaient été heureux vingt-quatre ans plus tôt ; ils m'avaient rabâché que vivre en France, c'était pour eux attendre de vieillir dans un pays froid, triste, où les espoirs s'éteignent avant de naître, où la mer est loin, les fleurs maussades, les gens laids. Mais ils n'avaient rien à me dire d'autre que *Ça va, la nourriture est bonne, maman a retrouvé l'appétit, il fait beau, mais pas si chaud que ça.* Je ne savais pas quoi demander, ignorant tout de l'endroit où ils étaient. Il y avait bien quelque chose que j'aurais voulu savoir, mais si mon père ne m'en parlait pas, c'est qu'il ne fallait pas en parler. Telle était la loi de mon enfance.

Et pour la briser, il me faudrait mettre encore plus de distance entre eux et moi, la Méditerranée n'y suffisait pas. Je me demandai quelle loi organisait la vie d'Antoine, qui l'empêchait d'être là, à cet instant, et de m'appeler à son tour, même en PCV, pour me proposer de le rejoindre n'importe où. Sa loi à lui devait avoir ses tables là-bas, en Argentine, quand celles de ma famille se trouvaient scellées dans un cimetière à Alger.

Sans doute mes parents me raconteraient-ils plus en détail leur voyage, les gens qu'ils y avaient rencontrés, retrouvés, et la cérémonie organisée pour le vingt-cinquième anniversaire de la mort de mon frère, comme elle le serait également dans vingt-cinq ans, tous les quarts de siècle, et à ce rythme, il était peu probable que je visite ma préhistoire, la terre, où paraît-il, ils furent heureux.

Mon père ne me passa pas ma mère, *elle se repose*. Cela au moins n'avait pas changé, malgré le couscous et les promenades sur la mer. Où qu'elle fût, désormais, elle se reposerait. Il n'était pas certain qu'ils puissent me rappeler d'ici leur retour dans deux semaines, je devais noter l'heure d'arrivée et le terminal. Il me le répéta trois fois, avant de demander des nouvelles de la voiture. Oh, la voiture se portait bien, aucun accident grave en vue, et non je n'avais pas encore eu le temps d'aller visiter mamie, mais je le ferai dès aujourd'hui, c'était promis. Maman avait bien coupé l'eau – ça ne me coûtait rien de mentir – et de toute façon, je repasserai chez eux après la maison de retraite. Il ne me demanda aucune nouvelle de ma vie, mais je m'en aperçus uniquement parce qu'il s'était passé des choses que *j'aurais pu* effectivement raconter – même si jamais je n'irai sur ce terrain-là avec mes parents, le terrain proscrit de l'intime.

En raccrochant, je vis ma journée s'assombrir. Récupérer la voiture, rouler jusqu'à Fontenay-aux-Roses, passer du temps avec mamie, repasser par la maison de mes parents à Bourg-la-Reine : pas une ligne écrite, pas un livre ouvert, du temps pour rien, du temps inefficace. Je m'en voulus d'avoir cette pensée alors que ma grand-mère s'ennuyait à mourir – et c'est d'ailleurs ce qu'elle faisait, mourir – dans cette grande maison insalubre peuplée de vieux décrépits. Je n'allais pas souvent la voir. D'abord parce que cet endroit est un repoussoir pour les visiteurs – ce qui si on est logique veut dire qu'il l'est aussi pour ses habitants –, ensuite parce qu'elle ne me reconnaissait pas toujours. Ma grand-mère avait été la seule pourtant, mon enfance durant, à ne pas chercher derrière mes traits ceux d'un autre. Le jour où elle m'a regardée un sourire idiot aux lèvres et une interrogation anxieuse dans le regard, cherchant visiblement à savoir à qui elle avait affaire, j'ai compris que le dernier rempart de mon enfance face à l'inexistence s'effondrait. Devoir me confronter à son inquiétude, à ce doute sur mon identité qui était contagieux, me demandait un effort que je n'étais pas toujours capable de fournir. Ce qui me valait d'être désormais considérée comme l'égoïste de la famille. J'étais d'accord.

Je m'habillai comme un robot, me demandant néanmoins pourquoi la voix de mes parents, que ce fût celle de mon père ou de ma mère – qui, puisqu'elle n'avait pas voulu me parler, m'en voulait forcément de quelque chose –, me jetait à chaque fois dans cet état d'angoisse. J'étais une bonne petite fille, qui obéissait aussitôt la piqûre de rappel inoculée – je pouvais mentir sur de petites choses, mais pas me dérober au devoir.

La voiture était froide, cela prit un long temps pour la faire démarrer. Peut-être était-elle aussi réticente que moi à s'éloigner de mon repaire. Et s'il appelait aujourd'hui ? Et s'il se manifestait enfin au bout de ces trois longues journées sans nouvelles ?

Au moins pourrais-je raconter cette attente à ma grand-mère, me disais-je sur la route, je pouvais être sûre qu'elle n'en dirait rien aux parents. La circulation était dense, et ça faisait longtemps que je n'avais pas conduit. J'avais peur d'abîmer la R5, me faisais klaxonner parce que je ne doublais pas assez vite. J'insultais intérieurement les automobilistes, ça me faisait du bien. Une fois la route dégagée, j'accélérai jusqu'à faire trembler la voiture, en écoutant Véronique Sanson. Je me sentais autorisée à hurler, seule dans l'habitacle. Hurler, insulter, envoyer chier la Terre entière, être grossière, méchante, violente. Je devrais pendre la voiture plus souvent, me dis-je.

Quand l'infirmière a ouvert la porte, mamie n'a pas tourné le regard. Elle était assise à la fenêtre, devant le parking, et semblait ne pas vouloir être dérangée. « Il y a votre petite-fille, madame Legrand. » J'ai demandé à l'infirmière de nous laisser, *Vous êtes sûre ?* Oui j'étais sûre de ne pas avoir envie de partager ce moment de peine avec une inconnue à qui visiblement on faisait déjà pitié. Oui, j'étais sûre d'avoir envie qu'elle se casse au plus vite et referme la porte derrière elle, même si j'appréhendais de me retrouver en tête à tête avec ma grand-mère dont je voyais les mains trembler.

C'était un jour sans. Sans la lueur de lucidité.

« Vous êtes qui, vous ? — Salut mamie. C'est moi, Josèphe. — Josèphe ? T'es pas Josèphe toi, Joseph est mort. » L'avantage de la maladie était qu'elle brisait sans vergogne la loi tacite de la famille. « Oui, je sais, mais je suis sa sœur. — Ça m'étonnerait, ça. Faudrait être stupide pour appeler le frère et la sœur du même nom. » Je me glaçai de l'intérieur. Ma grand-mère n'avait jamais parlé comme ça, personne autour de moi n'avait jamais parlé comme ça, et moi-même, je ne m'étais jamais formulé l'évidence.

J'aurais pu partir, changer de sujet. C'est sans doute ce que j'aurais fait quelques semaines auparavant, si mes parents étaient restés, si Antoine n'avait pas fait irruption dans ma vie, changeant ses coordonnées, me désorientant. J'avais aujourd'hui envie qu'elle continue, qu'elle reste le regard planté dans son parking tandis que ses paroles se déroulaient toutes seules, racontant l'autre versant de l'histoire, la vraie. Je ne bougeais pas.

Voyant que rien ne venait, je me décidai à la relancer, quand à nouveau sa voix s'éleva. « Il est resté là-bas, le petit. Ils y sont en ce moment. Ils m'ont dit qu'ils enverraient une carte. Mais j'ai pas reçu de carte. Vous savez si j'ai reçu une carte ? — Non, je ne sais pas... C'est une carte d'où ? — Oh, de là-bas, Alger la Blanche, tu connais ? Ma fille et mon beau-fils, c'est là-bas qu'ils vivent. C'est devenu compliqué, hein ? » Elle se tourna vers moi : « Vous suivez les actualités ? »... « Paraît que ça chauffe là-bas. Ils vont bientôt revenir, à mon avis. Je leur donne pas deux mois. » « Pourquoi est-ce qu'ils vivent là-bas ? Pourquoi pas ici, près de toi ? » « J'étais avec eux. Pendant un moment j'étais avec eux. Et puis après je suis rentrée, moi. J'ai ma mère, quand même. J'attends qu'ils arrivent, je les ai fait appeler. Ma mère va pas très bien vous savez. » — Ta mère ? — Oui, elle perd la boule. — Ils vont rentrer pour ta mère ? — Ah non, ma petite. Moi je suis rentrée pour ma mère, eux, c'est à cause des événements. Mais en réalité... » Elle m'a fait venir près de son oreille et m'a chuchoté : « C'est à cause du petit. Quand il est mort, leur vie, elle était finie. Qu'est-ce qu'ils pouvaient attendre de là-bas hein ? Qu'on le leur rende ? » Je restais silencieuse, écoutant mon cœur battre sous ma chemise. Un filet de sueur coulait le long de mon cou.

« Ils sont partis à cause de Joseph ? — Josèphe ? Ah non, c'est ma petite-fille, ça... Mais tu lui ressembles tu sais. Faudrait que je te présente à ma fille, elle serait tellement heureuse de retrouver son enfant bon sang, elle est allée le chercher là-bas alors qu'il est ici ! » Ma grand-mère s'est levée, excitée et rouge, prise de panique. Elle a cherché une brosse pour se lisser les cheveux, a voulu s'habiller. « Mais qu'est-ce que tu fais mamie ? — Je vais la chercher. Il faut que je lui dise que je t'ai trouvée. » Je ne savais plus quoi faire et cette fois j'avais vraiment envie de pleurer. « Ta fille est en Algérie, mamie. Elle est allée se recueillir sur la tombe de Joseph. Elle va revenir dans deux semaines, tu m'entends ? Dans deux semaines, elle vient te voir. » Mais mamie n'écoutait plus. Elle rangeait ses affaires avec frénésie, murmurant entre ses dents des phrases sans queue ni tête que je ne pouvais plus suivre. Je tentais de la raisonner, puis de la prendre dans mes bras, pour la calmer. Elle sentait le vieux, un parfum éventé mêlé à une transpiration aigre. Ce n'était pas l'odeur de ma grand-mère. J'avais envie de fuir mais la tenais fermement entre mes bras pour qu'elle cesse de s'agiter. Nous luttions, immobiles, quand elle a fini par hurler. Une aide-soignante est entrée dans la chambre. Son regard m'a condamnée comme si j'avais voulu assassiner ma grand-mère. Elle m'a repoussée et l'a fait asseoir, lui a administré un cachet qui a agi quasi instantanément. De toute façon mamie avait perdu, sa tête dodelinait de droite à gauche, elle ne me voyait plus.

Je l'embrassai sur le front, mais c'était comme embrasser un cadavre. L'aide-soignante me reprocha de l'avoir angoissée. Je ne devais pas poser de questions auxquelles elle ne pouvait pas répondre, elle perdait ses souvenirs et le savait, ce combat lui était intolérable.

Je m'excusai piteusement, précisant que ces souvenirs, je ne les avais pas convoqués. S'ils étaient sortis aujourd'hui, c'est qu'il fallait qu'ils soient formulés. Que j'en fus le réceptacle était un hasard. Sauf que c'était bien moi qui était présente ce jour-là. En réalité, j'en étais persuadée, ils m'étaient adressés.

En remontant dans la voiture, une fois passée l'émotion, la terreur, la peine, je remerciai silencieusement ma grand-mère. Elle avait compris, de son brouillard lointain, qu'il était temps de parler. Elle avait compris qu'il était temps de *me* parler.

12.

Ouvrir la maison de mes parents fut un autre tour de force. Là encore, c'est l'odeur qui m'assaillit. Ça puait. Non pas un rat mort ou un gigot congelé. Ça puait mes parents. L'odeur partout de leur ennui, de leur folie, de leur fatigue, l'odeur dans laquelle j'avais vécue. Il m'avait fallu en partir pour m'en apercevoir. J'eus peur soudain d'attraper dans ma chemise, mon jean, mon manteau, ce parfum diffus qui me collerait à la peau, et ne me lâcherait pas. Pas plus que la voix de ma mère, ni son regard qui planait toujours sur moi, y compris au cœur d'une soirée parisienne quand il s'agit de s'abandonner et de vivre un peu, juste un peu.

J'étais dans son antre. Le vieux canapé fatigué, la télévision éteinte (pour une fois), la cuisine qui sentait le frigidaire propre (même propre un frigidaire sent), les meubles rustiques du salon, la bibliothèque *décorative*, l'escalier pour aller à l'étage, son éternelle moquette bleu-gris avec des taches indélébiles, ma chambre, ses jouets rangés dans les armoires avec des étiquettes, ses posters d'adolescente...

Je suis sortie en courant, ai refermé la porte à clé dans la précipitation, tentant de me calmer pour m'assurer que je la fermais bien. J'étais là pour ça après tout, pas pour la laisser ouverte à tous les voleurs, les violeurs, les timbrés, ces gens qui vivaient dans l'imaginaire de mes parents. Je me demandais qui pourrait bien avoir envie de voler ce petit pavillon de merde de banlieue de merde, parce que moi j'aurais payé cher pour ne pas avoir à y retourner. Je récupérai la voiture et fonçai chez moi, persuadée qu'Antoine avait essayé de m'appeler. Quand j'arrivai, le studio était vide. Et comment savoir s'il avait cherché à me joindre ?

13.

Je m'étais mise en route, pour sortir de ma vertigineuse solitude. J'aurais aimé parler à quelqu'un, mais qui ? Sur le chemin de la fac, que je fis à pied, je pensai à Léa. Lorsqu'elle était arrivée dans mon lycée, une nouvelle vie avait commencé pour moi. Elle venait d'Afrique de l'Ouest, où son père avait travaillé quinze ans. Nous avions baladé notre tristesse ensemble, et ce lien avait été le plus intense de mon adolescence. Notre amitié avait été fusionnelle, nous en écartions tout ce qui aurait pu la troubler. Puis je l'avais vue s'éloigner avec un homme plus âgé qu'elle. Nous ne pouvions être deux autour de Léa. Léa absorbait tout. On se donnait à elle ou en s'en éloignait. Pourtant, nous nous étions revues lorsqu'elle l'avait quitté, et avions reconstruit une relation plus apaisée, plus distanciée. Je ne l'avais pas vue depuis un an et demi. Mais qui d'autre qu'elle pouvait comprendre ce que signifiait pour moi cette rencontre avec Antoine ?

« Je forme une entreprise qui n'eut jamais d'exemple, et dont l'exécution n'aura point d'imitateur », écrit

Rousseau au début des *Confessions*. Et il prend aussitôt soin d'ajouter : « Il faudrait pour ce que j'ai à dire inventer un langage aussi nouveau que mon projet... » Le cours de M. Burgaud avait commencé. Les étudiants étaient tous assis, notant avec dévotion les phrases rugueuses de ce spécialiste de Rousseau écrivain. Burgaud officiait le mardi de seize heures à dix-huit heures. Je n'y allais qu'une fois sur deux, parce que nous le trouvions « fasciste », et qu'il répétait toujours l'expression « à dire le vrai ». Surtout, il nous faisait peur. Il pouvait être pris d'un brusque mouvement d'humeur au milieu d'un développement, et nous insulter parce que *l'extradiégétique* et le *palimpseste* nous passaient par-dessus la tête ; que si nous étions là, assis dans ces gradins, c'était pour apprendre les règles d'un récit, et que les règles d'un récit, ce sont les règles d'une vie. Alors si nous pensions que la littérature n'était faite que pour obtenir un diplôme, nous étions des jouvenceaux (certains d'entre nous avaient dû aller chercher la définition dans le dictionnaire). Puis il chantait les louanges d'un auteur inconnu de nous, ce qui nous faisait sentir indifféremment ignorants ou stupides.

Je détestais Rousseau et ses *Confessions*, ses pleurnicheries égocentristes et paranoïaques prodigieusement agaçantes. J'avais détesté le livre de Burgaud, *L'Écrivain total, du je au collectif*, malgré son titre prometteur. Et je détestais son ton péremptoire tandis qu'il vantait les mérites de la pureté rousseauiste. Je me disais : mais c'est totalement idiot, cette pureté est fausse, M. Burgaud le sait, pourquoi triche-t-il ?

Des bouffées de chaleur m'envahissaient après le froid cinglant de la promenade à pied. Pourtant, comme chaque fois que j'assistais à un de ses cours, je n'arrivais pas à partir. Je l'écoutais, scotchée, aimantée par quelque puissance mystérieuse dont j'ignorais la source.

14.

Après le cours, je me rendis à la bibliothèque, au premier étage de la Sorbonne. Par pour étudier, mais – l'idée s'imposa dès que je passai le tourniquet – pour éplucher les périodiques sur l'Argentine.

Il y avait beaucoup d'étudiants ce jour-là, mais peut-être comme tous les jours. Je préférais travailler chez moi, pour éviter les autres. Leur vie m'apparaissait toujours plus intéressante que la mienne. Ils venaient en groupe, riaient, partageaient leurs sandwichs. Ils se tenaient chaud sans se sentir obligés de convertir leur voisin d'étude à l'engagement syndical. Mes amis à moi avaient plutôt déserté les bancs de la fac. Le militantisme prenait du temps, et je soupçonnais Éric d'être paresseux.

Je les entendais faire des projets : aller dormir les uns chez les autres, après avoir dîné chez leurs parents respectifs, pour réviser ensemble leurs examens pendant qu'une des mères les aiderait à comprendre le concept de dialectique chez Adorno. Je les enviais, tout avait l'air si simple, si doux, si évident. J'avais l'impression que les gens s'aimaient autour de moi. J'imaginais des bretzels, un feu de cheminée, des marrons grillés et un grog fait maison autour de séances de lecture et de commentaires collectifs, d'exposés terminés sous la couette chaude, que les parents imprimeraient à leur bureau où les photocopieuses sont gratuites.

Ma meilleure amie vivait avec son compagnon. Les autres, jamais je n'aurais songé à les inviter chez mes parents – qui du reste cuisinaient très mal. Lorsque je les retrouvais, c'était dans les cafés alternatifs, où l'on sert du jus de chaussette pour moins d'un franc. On partageait des cakes du Prisunic. Mais avec fierté. On aurait refusé d'améliorer le quotidien, ça faisait partie du folklore – et aussi collait à la bourse de la plupart d'entre nous. J'étais sauvage à cette époque. Je tentais de croire que personne n'était assez bien pour moi quand je savais au fond que je n'étais intéressante pour personne, car je ne m'intéressais pas moi-même. Je préférais le silence. Pourtant, ce jour-là, je me sentais différente, différente des autres et aussi différente de moi-même. Je les observais, un sourire aux lèvres, avec bienveillance et une certaine condescendance. Ils se divertissaient quand moi, j'entrais dans l'Amour. Tous ceux-là qui allaient boire des bières après la fermeture de la bibliothèque, avaient-ils déjà éprouvé ce que je ressentais alors ? Cette promesse, cette ouverture éclatante vers l'inconnu ? Je l'espérais pour eux, mais j'en doutais fort. À cet instant j'étais unique, enfin unique. Je m'appelais Théa.

C'est le prénom que j'inscrivis sur les fiches de prêt. Je trouvai une table vers le fond, à peu près libre. Seuls deux autres étudiants y travaillaient. Je me mis à chercher des journaux et des livres concernant l'Argentine. Je ne savais pas par quoi commencer et demandai conseil à la bibliothécaire qui voulut bien m'indiquer les rayonnages qui m'intéresseraient. Je la trouvais si sympathique de bien vouloir m'aider que je manquai lui proposer d'aller boire nous aussi une bière, après la fermeture de la bibliothèque. Je me retins de justesse – après tout elle ne faisait que son travail. Je devais me méfier de mes emballements déplacés, qui m'avaient quand même fait coucher un jour avec un voisin au prétexte qu'il avait réparé le robinet de ma cuisine.

Je saisis des revues et des livres, un peu au hasard, et les déposai sur mon bureau, décidée à passer avec eux le reste de l'après-midi.

15.

Avant de commencer le premier article, je levai les yeux sur les fresques aux murs, et me dis très solennellement : à cet instant commence mon histoire. Je pourrais m'arrêter là et refermer aussitôt ce journal. Si je l'ouvre, c'est qu'Antoine fera partie de ma vie, si je le ferme...

J'ouvris la revue. Je compris très vite que j'avais vécu à côté d'une tragédie que de nombreux intellectuels avaient pourtant déjà relayée ici même, à Paris. On avait certes moins d'informations que sur le Chili, mais tout de même la Coupe du monde en 1978 avait permis de médiatiser les événements. L'Argentine subissait une dictature depuis 1976. Antoine devait alors avoir une vingtaine d'années. Quand était-il parti ? Comment ? Pourquoi ? Les questions affluaient en même temps que j'épluchais les coupures de journaux. Un putsch organisé par l'armée – une armée ultracatholique qui défendait « une civilisation occidentale chrétienne ». Cette formule trouva immédiatement un écho en moi, sans que je puisse me rappeler exactement à quoi elle était associée. Je notai en bas d'une feuille « civilisation occidentale chrétienne », suivi d'un point d'interrogation, laissant à plus tard l'exploration de l'inquiétude qu'avait suscitée cette formule.

L'anticommunisme d'une certaine partie de l'Amérique latine participait de la rhétorique des discours dont je lisais çà et là des extraits. Un anticommunisme qui avait déjà eu raison des démocraties de pays de la zone : le Chili, nous le savions bien, mais aussi l'Uruguay, le Brésil. En même temps que je lisais les journaux, j'avais installé devant moi une grande carte pour visualiser les frontières, et découvrais la géographie d'un continent dont je ne connaissais réellement que quelques grands textes. L'antisémitisme affleurait aussi, et je songeais à tous ces dignitaires nazis réfugiés après la guerre en Argentine. Avaient-ils des accointances avec les militaires argentins ? L'Histoire – ou la violence ? – devait-elle ainsi poursuivre son cours, d'un pays à l'autre, tel l'« Esprit » hégélien ? Chassée du continent européen, elle s'invitait en Amérique latine... Oh, bien sûr, je n'aurais jamais pu énoncer cette idée devant Éric et la bande, pour qui cette violence continuait de travailler l'Europe de l'Ouest sous les oripeaux de l'impérialisme, et l'Europe de l'Est où la dictature d'un parti avait dévoyé le seul et vrai communisme, révolutionnaire et international, autrement dit trotskiste.

Si j'en connaissais la terminologie, j'ignorais tout de l'Argentine. Était-elle urbaine ou sauvage ? Quelles étaient sa faune et sa flore ? Son architecture ? Son climat ? Comment incarner ses événements dans un

Théa

paysage que je ne connaissais pas ? J'essayais bien de me figurer, par quelques illustrations datées, les couleurs dans lesquelles avait grandi Antoine. Lisant sur la grande table, tandis que le soleil commençait à tomber, je mesurais plus que jamais la distance qui me séparait d'Antoine et le désir que j'avais de l'abolir.

Le 24 mars 1976. Je devais retenir cette date. Mais qu'y avait-il avant ? Quelle était la vie d'Antoine quand Videla, le commandant en chef de l'armée nommé par Isabel Perón, a pris la tête du putsch ? D'après ce que je pus glaner çà et là, la situation politique n'était pas au beau fixe. Des guérilleros sévissaient, multipliant les attentats : c'était ceux-là que le nouveau gouvernement appelait les terroristes. « En juin 1973, tandis que la jeunesse péroniste attendait son héros, Juan Perón, de retour d'exil à l'aéroport, des snipers ont tiré sur la foule. » Je lisais le compte rendu de ce que les journaux intitulaient « le massacre d'Ezeiza ». Peu après arrivaient les « Escadrons de la mort ». Et déjà, des disparitions... Les journaux les plus attentifs aux événements étaient *Le Monde diplomatique* et *La Croix* qui récoltaient et diffusaient les informations parcellaires, faisant état de « nombreuses disparitions ». Des gens « disparaissaient ». Et qu'est-ce que signifiait « disparaître » ? Antoine était-il un « disparu » ? Un disparu ou un exilé ?

Je découvris les répressions massives de tous les opposants, ou de toute forme d'opposition. Les gêneurs, les mauvais voisins, les jalousés, qui sur simple dénonciation devenaient des ennemis du peuple. À quelle catégorie Antoine appartenait-il ? Avait-il été un révolutionnaire ? Un opposant politique ? Un militant d'extrême gauche ? Un syndicaliste ? Ou un simple passant qui s'était retrouvé au mauvais endroit au mauvais moment ? Et me le dirait-il ? Quel degré d'engagement peut-on revendiquer quand de toute façon, l'innocence n'existe plus ?

Antoine n'avait plus à se cacher ici. Il pouvait rencontrer des associations d'entraide. La France soutenait l'Argentine, elle avait toujours été terre d'asile et nous avions un président de gauche. Certains artistes et intellectuels s'étaient déjà constitués en réseaux militants, et se donnaient rendez-vous tous les jeudis devant l'ambassade d'Argentine. C'est à côté de cette information que je lus pour la première fois l'existence des Grands-mères de la place de Mai. À cet instant, il me parut judicieux d'interroger Éric. Ce n'était pas très généreux de ma part, mais il avait une culture inépuisable concernant les actions : manifestations, protestations, pétitions, grèves, et tout autre type de blocage.

Je rentrai chez moi, juste pour lui téléphoner.

16.

« Éric ? — Ah, c'est toi, je n'y croyais plus ! » Je tournais autour de mon téléphone, entortillant le fil entre mes doigts. « Excuse-moi, j'ai été pas mal prise. J'ai besoin de tes lumières. — Tu veux qu'on se voie ? — Euh... Oui bien sûr, on va se voir. Mais pour l'instant je suis coincée chez moi pour finir un cours. Si tu pouvais juste me dire... — Vas-y, balance. » Je pris une grande respiration, car Éric n'était pas idiot, et la jalousie aiguise l'acuité. « Ces manifestations devant l'ambassade, tous les jeudis midi, c'est pour quoi, exactement ? — Tu t'intéresses à l'Argentine, toi, maintenant ? » Je devais faire un effort de diplomatie, sans quoi il ne me dirait rien. « Écoute... je suis désolée, j'ai été un peu froide ces derniers temps. » Pas le temps pour la délicatesse. « Mais... je t'aime beaucoup, tu le sais n'est-ce pas ? » Silence à l'autre bout du fil, juste une respiration arythmique. « Je t'aime beaucoup, mais c'est justement ça. Beaucoup, beaucoup c'est t'aimer comme un ami. On ne peut pas continuer, tu vois bien ? On ne s'engage pas du tout dans la même voie... » Éric émit un rire bref et méchant. « Ah oui ? C'est pour ça que tu me demandes des nouvelles de l'Argentine ? Je croyais que tu bossais sur ton mémoire. Je vois que tu as de nouveaux sujets de recherche. On ne s'engage pas dans la même voie, tu dis ? Alors pourquoi tu m'appelles pour me demander ça ? — OK, c'était une erreur, excuse-moi, mais je pensais… — Tu ne pensais rien du tout, t'en as jamais rien eu à foutre de la politique, et là tout d'un coup, les jeudis devant l'ambassade ça t'intéresse ? Tu me prends pour une burne ou quoi ? » Éric avait cette manière de parler pas toujours courtoise. « Non, mais j'ai quand même le droit de te poser une question, non ? — Oh bien sûr, après m'avoir ignoré pendant un mois. — Tu pouvais m'appeler ! — J'ai encore un peu d'orgueil. — Alors tu ne veux pas répondre par orgueil ? — Demande à ton copain, il est mieux informé que moi. — Oui, mais c'est à toi que je demande, et je n'ai pas de *copain*. » À nouveau il fit une pause. « Ce n'est pas ce que j'ai entendu dire. » Mais qui avait pu lui dire quoi ? Personne ne nous avait vus ensemble excepté le premier soir, où nous étions partis sous le nez d'Éric et Sophie. Puis, mon long silence. Je n'avais rappelé ni l'un ni l'autre. Depuis que nous nous fréquentions, il n'y avait jamais eu que deux explications à mes phases de silence : le travail, ou une crise de misanthropie. En revanche, quand je couchais avec un garçon, j'en informais aussitôt Sophie pour analyser la nuit dans ses moindres détails, et passer à autre chose du même coup. Cette fois, non. Sophie devait être vexée. Sophie parlait quotidiennement à Éric, ils suivaient les mêmes cours. Sans doute échafaudaient-ils ensemble des hypothèses sur mon cas depuis que je n'avais plus donné signe de vie. « Alors on t'aura dit n'importe quoi. » Je sentais qu'on s'enlisait, Éric attendait des mots doux, des mots de réconciliation. J'avais fait une erreur en l'appelant, mais j'étais impatiente. Je pensais qu'il aurait pu m'aider.

Je lui proposais de raccrocher et qu'on se reparle plus tard. Là, tout de suite, visiblement, la conversation ne serait pas très constructive. Éric s'y opposa, reprenant le fil des « jeudis midi ». Il ne supportait pas d'être pris en défaut d'une information politique. « Puisque ça t'intéresse tant que ça... »

Je dus prendre une grande inspiration, et m'approchai du bureau pour noter les informations qu'il allait me donner, comme une aumône. « On se retrouve presque tous les jeudis, de midi à quatorze heures, devant l'ambassade, par solidarité avec les Mères et les Grands-mères de Mai. » Il laissa un petit temps, pour savourer le suspense. « Elles ont commencé à se réunir sur la place de Mai, à Buenos Aires. Juste comme ça, pour être là. Enfin c'était une nouvelle forme de résistance, tu vois : elles sont juste là, alors qu'il y a la loi martiale, et l'état d'exception, qu'on n'a pas le droit de se réunir. Mais elles, ce sont des femmes, et parfois des vieilles femmes, et elles ont toutes perdu un mari, une fille, une sœur, enfin elles ne savent pas si elles les ont perdus, elles n'ont plus de nouvelles d'eux. Ils ont été enlevés et depuis... *pfuit*. Ce qu'elles veulent, c'est des informations, juste des informations. En général, elles ont déjà fait toutes les morgues, et frappé à toutes les portes, sauf qu'on ne sait pas ce qu'ils sont devenus. » Éric reprit son souffle. Je le coupai. « Serait-il possible qu'ils ne soient pas morts ? » Éric adopta son ton sérieux, comme si le sort des disparus tenait à ses paroles. « Tout est possible, Josèphe. Mais s'il n'y a vraiment aucune trace, c'est mauvais signe. On a quelques fuites… des prisons secrètes où ils seraient torturés, ou assassinés… — Et jetés depuis des avions ? — Qui t'a dit ça ? — Non, personne », me rétractai-je. « Je l'avais lu quelque part. — Lu quelque part ? Tu t'es mise aussi à lire les journaux ? — Non, pas particulièrement. Je ne sais pas d'où je le tiens, c'est si important ? — Non, pas important : fondamental. Si tu sais quelque chose, tu le dis. Parce que c'est un bruit qui court. — Voilà, c'est ça, j'ai entendu le bruit qui court… » Nous nous sommes arrêtés un moment de parler. Il fallait qu'il continue. Je l'entendais réfléchir dans tous les sens. Pas aux Grands-mères de la place de Mai, mais au fait que je m'intéresse à elles si soudainement, et aux conséquences pour nous.

« Tu disais que c'était une nouvelle forme de résistance ? » je le relançai. Éric m'expliqua, dans son jargon sociologique, que le regroupement de corps féminins, sans autre action que leur présence conjointe, était un instrument politique en voie de faire ses preuves, puisque les autorités n'avaient pas encore osé les arrêter. Des corps de femmes qui avaient porté des enfants aujourd'hui disparus, et qui venaient « chercher » ces enfants. Des ventres qui venaient récupérer le fruit de leurs entrailles. J'imaginais en l'écoutant ces grands-mères et ces mères à fichus, postées sur la place, puis tournant en cercle, l'une à la suite de l'autre, de plus en plus nombreuses à mesure que l'information se répandait.

Où étaient-ils, tous ces corps ? Dans des fosses communes ? Dans des prisons cachées ? Au fond de l'Océan ? La mère d'Antoine et sa grand-mère faisaient-elles partie de ce mouvement ? À quel degré de « disparition » les exilés appartenaient-ils ?

Je me surpris à penser à ma mère. Au moins avait-elle un lieu où se recueillir. Un lieu, certes lointain, et devenu mythologique pour moi qui n'en avais entendu parler que comme d'un paradis perdu. Mais un lieu quand même. Une sépulture. Nos morts étaient lointains. Je notai *Argentine*, *Algérie*, et tentai de tirer une signification de ce double A. Mais je ne voyais pas. Je remerciais Éric qui m'invita à le rejoindre le jeudi suivant. Je restai évasive : avais-je vraiment envie de partager avec lui cette histoire ?

Cet homme, Antoine, est-ce le même que celui qui, autrefois, portait un autre nom ? Qui le connaît vraiment ? Ceux de sa vie d'avant ou ceux qui le rencontrent maintenant ?

17.

Le lendemain, je retournai à la bibliothèque. Le ciel était gris, et la bibliothèque qui venait d'ouvrir encore à moitié vide. Bientôt elle allait se remplir, se réchauffer, pour le moment elle était froide, hostile et je me demandais ce que j'y faisais. J'allai récupérer les périodiques, revues et livres de la veille et m'assis à la même place. La bibliothécaire n'était pas là, un jeune homme la remplaçait. Je me mis à la tâche. Mes doigts étaient encore gelés, et le regard d'Antoine s'effaçait dangereusement de ma mémoire. Je m'accrochais aux mots d'Éric, et cherchais à identifier les différentes organisations militantes en faveur de la cause argentine. Je trouvai assez rapidement plusieurs types de réseaux visant à récolter des informations. Éric s'était étonné que j'aie pu entendre parler de prisonniers balancés d'un avion. J'avais intérêt à trouver des sources autres qu'Antoine : vis-à-vis de l'un comme de l'autre.

Je tombai sur un rapport de la Commission argentine des droits de l'homme, publié en 1977, qui détaillait un

Théa

certain nombre d'exactions, parmi lesquelles ces « disparitions forcées ». Des associations se rencontraient à l'église Saint-Merri, près de Beaubourg. Il y avait donc déjà un réseau en activité, et sans doute des informations plus précises à aller recueillir là-bas.

Je sentis sur moi un regard, levai la tête. Personne. Me replongeai dans la lecture. Avant le coup d'État, il y avait déjà eu la dictature de la révolution argentine, qui avait pris fin en 1973. Puis la *junte militaire* avait pris le pouvoir. Mais quelle junte ? J'en dénombrais déjà quatre. Il y avait trop de noms : Videla, Viola, Galtieri... Trop de subtilités pour quelqu'un qui n'y connaissait rien. Mais l'Argentine semblait être le dernier pays d'Amérique du Sud à basculer : l'avaient précédée l'Uruguay, le Chili, la Bolivie, le Brésil. Il ne faisait pas bon aller de ce côté-là de la Terre. Au fond, elle n'avait connu que trois ans de démocratie : de 1973, fin de la révolution argentine, au coup d'État de Videla. Trois ans pendant lesquels Antoine avait dû se former politiquement. Peut-être avait-il ressemblé à Éric, qui sait ? Parlant à n'en plus finir, analysant, critiquant, proposant de nouveaux modèles inspirés librement de digests trotskistes... Non, impossible. Antoine n'avait jamais ressemblé à Éric. Cette courte démocratie de toute façon avait été trop fragile pour que les militants de gauche puissent se sentir en sécurité. J'avais noté la veille le massacre d'Ezeiza en juin 1973, qui inaugurait des conflits politiques marqués par la violence. Sans doute Antoine, à l'âge d'Éric, portait-il déjà les armes. En Argentine, le combat politique était une question de vie ou de mort, une question de libertés fondamentales qui n'étaient pas menacées chez nous, quoi qu'en dise le groupe, Éric, Sophie, Juliette ou Camille, une autre étudiante en philosophie qui tournait autour d'Éric.

Je levai les yeux, sentant sur moi un regard. Cette fois-ci je le croisai, bien que l'homme tournât immédiatement la tête. C'était M. Burgaud, mon professeur de littérature comparée. Il était plongé dans la lecture d'une affiche annonçant le programme à venir du ciné-club. J'avais dû me tromper. Son regard s'était posé sur moi par hasard.

En 1975, c'est la spirale de la violence : les guérillas s'opposent à l'extrême droite, et même au terrorisme d'État. Antoine est sans doute déjà à l'œuvre. J'avais calculé qu'il avait dû s'exiler vers 1980-1981, au moment même où nous fêtions la victoire de la gauche en France. Si tel était le cas, il avait dû entrer dans la « résistance » depuis six ans déjà. Six ans de clandestinité. À moins qu'il ne soit devenu clandestin plus tard. La réponse à ces questions permettrait de mieux le définir. Après tout, que savais-je ? Que son père avait disparu et était sans doute mort, que lui-même se surnommait Antoine dans la clandestinité, et qu'il avait dû partir parce qu'il était le prochain sur la liste. Sans compter que je l'avais rencontré chez Juliette, ce qui était une garantie de son appartenance à la gauche militante.

Tandis que je cherchais à définir l'homme avec lequel je n'avais fait l'amour qu'une fois, je sentis à nouveau peser sur moi le regard de M. Burgaud. Cette fois c'était sûr, il m'observait. Je n'osais pas changer de place ni lui demander ce qu'il me voulait. D'abord, je séchais la moitié de ses cours, et ne me sentais pas dans mon bon droit. Et puis c'était mon professeur, je n'avais pas à engager de discussion autre que celle codifiée entre un étudiant et son maître, 68 avait beau être passé par là, à la Sorbonne, nous respections tous instinctivement les hiérarchies. J'aspirais à devenir à mon tour professeur, et nous n'étions pas loin d'être collègues, mais le pas n'était pas franchi, et dans cette institution, tout était question de pas. Pourtant, je continuais à sentir son regard.

« Mademoiselle ? » C'était lui, au-dessus de moi. « Excusez-moi de vous déranger. » J'étais tétanisée. Que pouvait-il me vouloir ? « Vous vous nommez bien Josèphe Rabois ? » J'acquiesçai. « Je suis monsieur Burgaud... — Je sais », dis-je un peu trop abruptement. « Je... je n'ai jamais eu l'occasion de vous demander... mais... puisque vous êtes là, n'est-ce pas... » Je l'interrogeai du regard. « Vous êtes la fille de Jean-Michel Rabois ? » L'irruption du prénom de mon père, dans cette bibliothèque, par le truchement d'un de mes professeurs de la Sorbonne, me glaça. J'essayais de comprendre, à toute vitesse, de quoi il pouvait retourner. « Oui, c'est mon père, pourquoi ? — Ce nom-là... je me disais. Remarquez, vous ne lui ressemblez pas beaucoup, j'avais un doute, alors... » — ... — Je suis désolé de vous avoir dérangée. — Attendez ! Vous le connaissez, mon père ? » Il se retourna, et d'un ton conciliant, cherchant peut-être à me rassurer : « Oui, enfin je l'ai connu. On faisait partie du même bataillon, mais ça ne vous dira rien. Les Aurès, 1961. Il ne vous en a pas parlé » et ceci n'était plus une question mais une affirmation. « Non, enfin si, je sais qu'il était en Algérie pendant la guerre, mais il n'est pas entré dans les détails. — Personne n'entre dans les détails. Je voulais juste en avoir le cœur net, vous le saluerez de ma part. »

Je restais bouche bée. Mon père n'avait rien à faire là, dans ce lieu de recherche. Je ne l'avais jamais invité dans mon monde, et il n'avait de son côté jamais manifesté de curiosité. D'un coup je perdais mes repères. J'étais venue apprendre quelque chose sur Antoine, et c'est mon père jeune homme, soldat, qui surgissait. Une autre époque, une autre guerre. J'aurais dû retenir M. Burgaud, lui demander qui avait été mon père, s'il était beau, s'il avait tué des gens. Mais comment parler aussi intimement à son professeur ? Je n'aimais pas que les différents mondes se court-circuitent. J'avais trouvé la paix en compartimentant mes vies : d'un côté ma famille, de l'autre mon travail. Il n'y avait pas d'autre espace. Et puis soudain, les digues cédaient, cédaient tellement qu'elles laissaient entrer l'Argentine, l'Amérique latine, et maintenant l'Algérie... et le monde entier tant qu'on y était !

Je rassemblai les documents épars devant moi, déconcentrée. Je n'y étais plus. Je lisais machinalement « Amnesty International », « Justice et paix », « Groupe inter Amérique latine », membres de la « Cimade ».

Théa

Je relevai la tête. M. Burgaud était parti. Je respirai. Soulagée.

Sur mon carnet, j'inscrivis *Les Aurès, 1961, Burgaud*. Puis *l'AIDA : Association internationale de défense des victimes de la répression dans le monde*, suivi des noms des soutiens artistiques que je connaissais : *Catherine Deneuve, Yves Montand, Michel Foucault*.

Je m'arrêtai un instant. J'avais lu l'*Histoire de la folie à l'âge classique* de ce dernier. Ainsi, la distance s'amenuisait. Foucault militait pour défendre les opposants à la junte militaire, j'avais travaillé sur l'un de ses ouvrages. C'est donc que l'Argentine n'était pas si lointaine. Elle était en quelque manière entrée dans ma vie avant Antoine. Ces liens invisibles me rassurèrent. Je n'étais pas si isolée. J'appartenais par la bande à un réseau qui s'étendait au-delà de l'Atlantique. La toile s'étalait. D'autres artistes suivaient : Ariane Mnouchkine et Chéreau, dont j'avais vu deux ou trois pièces, particulièrement actifs dans le soutien aux artistes argentins. Et ce, dans la même ville que moi, mais dans un espace-temps différent. Il m'incombait désormais de rejoindre ce monde, le monde des artistes, des gens impliqués, engagés, au courant, des gens dans la vie.

Le temps avait passé sans que je m'en rende compte. Il y avait trop d'informations pour la non-initiée que j'étais – pas assez sans doute pour quelqu'un d'impliqué. Surtout il y avait eu l'irruption de mon père.

Mais il n'y avait rien sur les avions qui jetteraient des hommes à la mer.

Je rentrai lentement à pied. J'avais besoin de m'aérer après ces longues heures enfermée dans les livres. Les informations éparses que je devais tisser entre elles pour former une toile cohérente voletaient telles des poussières dans un rayon de soleil, se croisant, s'éloignant, sans vraiment pouvoir se rassembler pour former un paysage. Le visage d'Antoine, son corps, son accent, ses cheveux flottaient autour de moi comme un fantôme, attirant à lui les faisceaux de ce savoir en train de naître. J'avais envie de rester seule ce soir, seule avec un bout d'Argentine, un début d'Argentine, et de chasser l'Algérie. Mon pas m'avait réchauffée, je me sentais bien, ouverte, enfin pleine de la possibilité d'un autre monde, d'une autre vie, de l'envers du « c'est toujours pareil ». Tandis que j'enlevais mon bonnet, mon téléphone sonna. J'aurais dû m'en douter, c'était « toujours pareil ». Ma mère.

18.

Il était annoncé par l'opératrice, appel en PCV. Cette fois je n'eus aucun doute sur la provenance de l'appel. « Josèphe ? Ça va ? — Oui, maman, ça va. Et toi ? — Comment tu veux que ça aille ? » Je m'allongeai sur le lit, encore en manteau, et fermai les yeux. « Josèphe ? T'es là ? » Oui j'étais là, bien sûr. Où pouvais-je être sinon à l'autre bout du fil ? J'étais toujours à l'autre bout du fil, ce putain de fil qui ne voulait pas se rompre. « C'est pas très marrant, tu sais. Non, c'est pas très marrant. Je comprends pourquoi t'as pas voulu venir. — Pas *pu* venir maman. Et si j'ai pas pu venir, ce n'est pas parce que ce n'est pas très marrant ! — Oh non, bien sûr. Ça va, tu t'amuses bien ? Tu profites de la voiture ? — Maman, qu'est-ce qu'il y a ? — Et qu'est-ce que tu veux qu'il y ait ? Tu viendras nous chercher hein, t'oublies pas ? — Mais je croyais que tu étais contente, que la nourriture était bonne ? — Ah, ça ouais, elle est bonne la nourriture. J'ai pris au moins cinq kilos ! Dommage que tu sois pas venue, ça t'aurait pas fait de mal, alors que moi, là, tu vois, j'avais pas besoin de ça. — Tu maigriras au retour. Pour l'instant, profite ! » Ma mère haussa le ton : « Profite ? Tu te fous de moi ? De quoi tu veux que je profite ? De cette ville où je suis une étrangère ? Oui, une étrangère, figure-toi, pas comme quelqu'un qui y a vécu vingt-cinq ans. On me voit même pas ici. Y a plus personne que je connais. — Maman ! — Bon, mais je te dérange, là. — Non pas du tout, tu me déranges pas. » Mon ton disait le contraire. Je n'avais qu'une envie, raccrocher. « Ça te gêne, que ta mère t'appelle ? Tu me le dis, hein, c'est pas compliqué, j'appelle plus. — Maman, j'ai rien dit ! ça me fait plaisir de t'entendre. » Je devais calmer la tempête, prise en étau entre culpabilité et colère. Un moment passa, sans que ni l'une ni l'autre nous ne reprenions la parole. Je finis par céder. « Et papa ? — Oh, papa, il est allé voir un vieux copain. — Je croyais que vous ne connaissiez personne. — *Je* ne connais plus personne, lui faut croire qu'il a laissé plus de souvenirs. » J'imaginais mon père seul, errant dans la ville pour respirer un peu, loin de ma mère en crise – sans doute à court d'antidépresseurs. Je n'osais pas finir la conversation. J'avais peur de l'abandonner. Elle était seule dans une ville qui ne la reconnaissait plus et qui gardait son fils prisonnier dans une tombe. « Tu... tu es allée au cimetière ? » Mais ma mère pleurait à l'autre bout du fil. « Maman, je t'en supplie, je suis là, tu sais ? Vous n'avez qu'à rentrer plus tôt si tu ne te sens pas bien, hein, pourquoi vous ne rentrez pas plus tôt ? — Ça coûte cher. Et puis ça va. Dans une semaine. Tu viendras nous chercher hein ? — Oui, maman, je serai là, t'inquiète pas. » Je pensais qu'elle allait raccrocher, mais elle me retint. « Et mamie ? — Oh je suis allée la voir. Ça va, elle ne m'a pas reconnue. — Bon, d'accord. Ça va alors, hein, ça va. » Ma mère se fichait que sa mère me reconnaisse ou pas. Ça va, tout va, hein, c'est toujours pareil.

Ma nuit fut contrastée.

19.

J'avais pris froid la veille, en rentrant chez moi. Ma gorge était sèche, ce qui ne m'empêcha pas d'allumer une première cigarette en buvant mon café.

Je décidai d'appeler Antoine. Mes mains tremblaient sur le clavier du téléphone, mais je me sentais forte d'un savoir nouveau. La sonnerie n'en finissait pas – il n'avait pas non plus de répondeur. J'ai dû raccrocher. Sans pouvoir laisser de trace. Il ne saurait pas que j'avais appelé. Était-ce une bonne chose ?

Ce vide de l'autre côté du combiné, quelque part, je ne savais même pas où, dans une pièce à Paris où traînaient ses affaires, et son odeur, et des souvenirs, ce vide-là je l'entendais résonner dans ma propre chambre d'étudiante. Je composai à nouveau le numéro. Encore de longues sonneries. J'avais besoin de les entendre pour matérialiser un peu plus l'endroit *où il n'était pas*, il me semblait que je pourrais le reconstituer uniquement à partir de leur résonance, et qu'il fallait que je sature l'espace, pour y laisser quelque chose. Mais un son, même infiniment répété, s'épuise et se dissout.

Je n'arrivais plus à raccrocher, assise sur mon matelas, le téléphone entre les jambes, le combiné sur l'oreille, ce lien que je jetais comme une ligne à la mer pour attraper le poisson me tenait en tension, et comme le poisson qui mord, ma main s'accrochait à l'appareil, incapable de le lâcher, de raccrocher, de faire cesser le son, de faire cesser le vide. Je tenais ma ligne contre un poisson mort, contre l'absence de poisson, je la tenais comme si ça mordait, et ça ne mordait pas. Il n'y avait personne là-bas. Et qu'est-ce que c'est qu'un putain de pêcheur sans poisson ? Un type assis au bord d'un lac, seul, infiniment seul, avec une excroissance qui lui fait croire qu'il est relié, qui lui donne une posture, sa canne, là, dressée devant lui, contre lui, qui le protège du regard, qui le protège de l'abîme, là où dorment les poissons, bien au fond du lac.

Parfois, je me bloquais comme ça dans une position, parce que je ne savais plus ce que je pouvais faire après. Comme si mon corps faisait barrage contre l'angoisse du temps, comme si bouger d'un pouce, c'était tomber ailleurs, dans un lieu dangereux, un lieu qui ne voudrait pas de moi. Je pouvais rester des heures assise devant mes feuilles, le stylo dans la main, sans écrire, juste à regarder le papier, paralysée. J'attendais qu'un incident brise le sortilège, le téléphone, justement, ou la faim.

Mais à cet instant, rien qui vint me sortir de l'obsession. Je commençais à oublier qui j'appelais. J'attendais que quelqu'un me prenne dans ses bras et me secoue, que quelqu'un entre dans mon champ et change le décor, me ramène au monde. Il est souvent arrivé que ma mère me croie morte. J'étais *autre part*. Je la regardais sans la voir, ça lui faisait peur et elle me hurlait dessus. « Mais regarde-moi, bordel, regarde-moi avec tes vrais yeux ! » Je sortais alors de ma léthargie et d'un coup la voyais. « Elle a un problème cette gamine, elle doit être autiste ou un truc de ce genre, y a quelque chose qui tourne pas. » J'avais fini par la croire.

Mon corps s'est rappelé à moi. J'avais mal aux chevilles à force d'être assise en tailleur. Mes articulations étaient ankylosées, et des fourmis grimpaient sur le bras prolongé par ce combiné gris à petits trous, celui-là même qu'il y avait chez mes parents et que j'utilisais avec précaution parce qu'il sentait l'haleine de ma mère et que j'avais peur de tomber malade en m'en approchant trop. Un parfum d'angine mêlé à celui des antidépresseurs : l'odeur de mon enfance. Un goût de maladie médicamenteuse, le goût du combiné du téléphone. J'avais envie de vomir quand ma mère lavait une tache de chocolat au coin de mes lèvres avec son doigt et sa salive, parce que c'était la même salive au goût d'angine et de médicament qui se déposait sur le téléphone, l'unique téléphone de la famille.

J'ai dû raccrocher et me lever pour que mon sang circule normalement dans mes veines. Je détestais cette impression de mort dans un membre – ne plus le sentir, le voir mais ne plus le sentir. Je secouai mon bras dans tous les sens pour qu'il retrouve une sensibilité. Peut-être, oui pourquoi pas, peut-être – cette idée s'était insinuée tandis que les longs *tuuut* s'étaient immiscés dans tout mon corps pour en battre le rythme –, peut-être qu'il m'avait en effet donné un faux numéro. C'était là mal me connaître. J'étais tout à fait le genre de fille à rappeler vingt fois un numéro non attribué.

Je commençai à tourner en rond. Antoine, ce type que je ne connaissais pas dix jours auparavant avait réussi à creuser de l'absence, là, dans ma pièce, où pourtant j'avais un mémoire à écrire. J'avais faim, une énorme béance creusait mon ventre, mes côtes, j'avais l'impression de gonfler pour accueillir un vide, et qu'autour de lui j'adoptais les dimensions de mon studio comme un ballon à la forme bizarre qui grossissait sans éclater, contenu dans mes murs blancs où aucune photo, aucune affiche n'était accrochée.

Au bout d'un long moment à appeler en vain, la fièvre commença à monter. Mes doigts tremblaient, mon front chauffait, je transpirais. Il fallait que je sorte. Mais pour aller où ? Je fis quelques pas au hasard et atterris dans une cabine téléphonique où je composai le numéro d'Antoine. Comme tout le reste de la journée, la sonnerie retentit dans le vide. Le mot me sauta littéralement à la gorge : disparition. Disparu. Non, Antoine n'avait certainement pas disparu. Il habitait Paris, il avait dû sortir, tout simplement. Disparition. Était-ce cette angoisse qu'on éprouvait à ne pouvoir joindre, à ne pouvoir savoir, à ne pouvoir même imaginer où l'autre est ? Je ne le connaissais pas suffisamment pour l'avoir perdu. Disparaître. Pourquoi ce mot me vrillait-il l'estomac ? Était-ce ce lourd silence, l'alcool et les médicaments de ma mère, le cadre sur la commode et mon prénom ? Pourquoi étais-je restée suspendue à un combiné de téléphone muet toute la journée alors que j'avais un mémoire à terminer pour pouvoir espérer obtenir un poste et ne plus jamais rien avoir à demander à mes parents ? Je restai un long moment dans la cabine, incapable de bouger, les yeux dans le vide et les mains en appui sur la tablette métallique. Puis je commençai à lire l'annuaire, frénétiquement. Des noms et des noms et des numéros de téléphone. Des milliers de gens, peut-être des morts dont on n'avait pas encore enlevé la fiche, des fantômes que je ne connaîtrais jamais rangés par ordre alphabétique, des êtres vivants dans la même ville que moi, des D, des F, des J, des familles entières qu'on pouvait faire disparaître en déchirant les pages de l'annuaire, l'une après l'autre, comme Eichmann lorsqu'il signait une feuille A4 où étaient consignés le numéro du convoi et le nombre de *Stück*. Ma tête tournait. J'aurais pu rester là toute la nuit si quelqu'un n'avait frappé d'abord gentiment puis de manière plus véhémente à la porte de la cabine. Oui, c'est vrai, il y avait des gens qui avaient une vie, cherchaient à joindre d'autres personnes, ils étaient attendus. Moi, je n'avais qu'à rentrer chez moi.

20.

Le lendemain, personne au bout du fil. Et le surlendemain. Et le jour d'après. Dix jours ont passé. Je savais qu'Antoine avait disparu de ma vie : il y était entré comme une météorite qui avait pris soin de tout détruire sur son passage pour ne laisser qu'un souvenir lumineux – une lumière noire. Je m'étais enflammée à son furtif contact. Et puis plus rien. Un peu de cendre, c'est tout.

Je restais enfermée chez moi, à essayer de travailler.

« Le cours de l'expérience a baissé. Et il a l'air de prolonger sa chute. »

Je réussis à écrire un chapitre de mon mémoire, dans un état second. Plus rien ne me faisait envie. Je mangeais machinalement, me douchais machinalement et remettais jour après jour les habits de la veille. Avais-je donc été stupide de pouvoir croire qu'un homme comme celui que j'avais rencontré puisse s'intéresser à moi ? Avais-je donc été naïve pour passer des après-midi à tâcher d'en apprendre un peu plus sur une réalité qui m'avait semblé un instant fondamentale, et qui désormais se délitait comme le souvenir d'un roman bouleversant sur lequel je n'arriverais plus à mettre à la main – peut-être mes parents s'en étaient-ils servi pour allumer un feu ?

Je m'en voulais, je lui en voulais. *C'est toujours pareil*. Fallait-il que ma mère ait *toujours* raison ? Je m'étais fait avoir. Et j'étais ce genre de fille à me faire avoir, m'étais-je persuadée pendant ces dix longues journées, conviction qui n'attendait de toute façon qu'à être réveillée, et qui s'adossait à ma première expérience de Paris, lorsque j'avais débarqué de Bourg-la-Reine avec ma timidité et mon duffle-coat. J'étais ce genre de fille, oui. Il suffit de l'avoir expérimenté une fois pour le demeurer à jamais.

21.

Les deux semaines avaient passé sans nouvelles d'Antoine. Je commençais à me faire une raison. Et mes parents rentraient en fin de matinée. J'avais espéré, le lendemain de leur départ, que ma vie aurait changé entre-temps. Que je serais une autre en les accueillant à l'aéroport. Une étrangère. Ou peut-être que mes parents eux-mêmes seraient devenus des étrangers. À des étrangers, on parle. On est curieux de leur vie, on s'intéresse, on les regarde en entier, peut-être même qu'on apprend d'eux. Était-ce trop demander que mes parents fassent ce petit pas de côté et que j'entre dans leur champ ? Qu'ils me regardent et me demandent : « Mais qui es-tu, toi ? À quoi tu t'intéresses ? As-tu une idée de ton avenir ? Que souhaites-tu faire dans la vie ? », brisant enfin le sortilège dont notre famille était prisonnière ? Allais-je éternellement rester cette adolescente pathétique qui attend de ses parents qu'ils la poussent à s'envoler et la contemplent, confiants, admiratifs ? Avais-je de mon côté jamais sollicité autre chose d'eux que ce qu'ils me donnaient ? M'était-il arrivé une seule fois de leur poser une question ? Et ce pays, là, qu'ils quittaient, avais-je eu la moindre curiosité à son endroit ? J'attendais que ça me tombe dessus, que ma vie change, oui, mais sans moi, sans le moindre petit coup de pouce de ma part. Reprocher quoi que ce soit à mes parents était déplacé vu mon incapacité à sortir du rôle qu'ils m'avaient assigné. Je descendis emmitouflée dans un vieux manteau, m'enroulant autour du cou l'écharpe bleue tricotée par ma grand-mère quand elle avait encore ses doigts de fée, ses doigts d'avant Parkinson-Alzheimer. Je me dissimulais derrière la laine qui sentait la naphtaline, essayant de me rappeler où j'avais pu garer la voiture.

Je ne l'ai pas vu. Il m'a tapoté l'épaule. Je me suis retournée brutalement.

Antoine était devant moi.

Aucun mot ne sortait de ma bouche. Je n'avais à ma disposition que la fuite. Je me suis détournée et ai accéléré le pas. Pour qui il se prenait après tout, apparaissant disparaissant, disponible indisponible, exactement quand lui l'avait décidé ? Sans aucun souci de mes journées moroses entre les murs de mon appartement ni des cigarettes qui m'abrutissaient, ni des bières qui m'écœuraient, ni de mes livres qui ne me divertissaient plus... Il m'a suivie. « Théa ? — ... — Attends, attends-moi. » Je restais sourde, au bord des larmes parce que je n'avais qu'une envie, c'était d'arrêter ma course, mais elle était inéluctable, ainsi l'avais-je décidé. Je l'ai entendu s'arrêter, m'ordonner de m'arrêter. « Tu es fâchée ? D'accord, je comprends.

Je n'ai pas eu le temps de te prévenir que je partais en province pour un tournage. Mais je suis là. À peine rentré il y a dix minutes, et je suis venu t'attendre, parce que j'avais envie de te voir. » Je ralentis le pas. La distance entre nous était comme un élastique, si j'avançais plus vite, je le rompais. « Théa, tu peux me regarder, s'il te plaît ? » Je m'arrêtai et me retournai face à lui. « C'est mieux quand je vois ton visage. Il est fermé, c'est sûr, mais c'est ton visage. Après tout, je ne l'ai pas encore vu très ouvert... » Il parlait doucement, comme pour m'apprivoiser. Le moindre faux pas m'aurait fait déguerpir. « C'est que je ne l'ai jamais vraiment touché, encore. » Mes résistances commençaient à céder. « Tu me laisses le toucher ? » Il s'approcha lentement de moi, leva la main vers ma joue et la caressa. Puis il prit ma main, la réchauffa entre ses deux mains, souffla dessus sans cesser de me regarder. Soudain je me rappelai la voiture, mes parents, l'heure à laquelle j'avais promis d'arriver, *exactement*. Et lui qui réapparaissait, ce jour-là, précisément ce jour-là où je ne POUVAIS pas lui accorder ne serait-ce que quelques minutes, les quelques minutes où il aurait fait taire ma colère, l'immense colère qui montait en moi, contre lui, contre cette longue absence, contre le fait qu'il soit là, à ce moment précis. Je hurlais : « C'est trop tard ! » J'avais envie de pleurer, de le frapper. M'obliger ainsi à crier dans la rue, moi qui détestais me faire remarquer. M'obliger à crier alors qu'il ne me devait rien, qu'il aurait pu aussi bien ne pas venir. M'obliger à choisir mes parents...

Il s'approcha et tenta de me retenir. Je me débattis et courus jusqu'à la voiture où je m'enfermai à clé. Je mis le contact, tournai la tête pour sortir de la place trop étroite, cognai le pare-chocs arrière puis le pare-chocs avant, et démarrai en trombe, les yeux aveuglés par les larmes. Je roulais vite, trop vite. Des flots de haine et de salive me striaient le visage. Je voulais me foutre en l'air contre un arbre ou un poteau, ou n'importe quoi qui tranche un bon coup. Fini ! Mais il y avait les deux petites silhouettes, qui m'attendaient là-bas, recroquevillées derrière leurs grosses valises de blédards, chassés de chez eux, seuls, infiniment seuls, perdus dans ce grand hall, impatients de retrouver leur petite maison et leurs petites affaires, leur petite télé, leur petite vie de merde, à laquelle j'appartenais pour toujours. J'eus la tentation de faire marche arrière, retourner sur mes pas, le retrouver, me jeter dans ses bras, et ne plus jamais partir. Je le voyais m'enlacer, m'embrasser le visage et me dire « Calme-toi, ma chérie, calme-toi, tout va bien aller maintenant ». Mais comment est-ce que ça pouvait aller ? J'avais perdu ma seule chance de le revoir. Il était venu de lui-même, s'était justifié, et j'avais fui. Je ne savais toujours pas si le numéro qu'il m'avait donné était le sien. De toute façon, je n'oserais jamais l'appeler après ça.

Tout me revenait tandis que défilaient les banlieues et les panneaux. Direction Lyon, puis Orly, Longjumeau, Chilly-Mazarin. Ces noms ponctuaient mon calvaire. J'avais l'impression de revenir à la case départ. Là où rien de nouveau ne pourrait advenir, où tout serait à recommencer, mais exactement pareil. *C'est toujours pareil.* Je pris l'embranchement vers Orly. Cette fois, j'y étais dans les rails. Là-bas, un avion devait atterrir, qui charrierait les seuls êtres que je connaissais vraiment et dont j'étais responsable. Les seuls êtres qui m'empêchaient de vivre ma vie. Mais peut-être était-ce mieux ainsi. Peut-être qu'Antoine n'en valait pas la peine après tout. Il fallait toujours se méfier, n'est-ce pas. J'avais grandi dans la méfiance, et tout m'y ramenait. Il ne fallait pas se risquer à vivre.

II

22.

Arrivée à l'aéroport, je passai aux toilettes pour m'asperger le visage d'eau froide. Mes yeux étaient rouges et mon visage bouffi. Le Alger-Paris de onze heures trente était annoncé à l'heure. J'attendis.

Ils avançaient lentement, me cherchant du regard. J'hésitai, juste pour les observer plus longtemps, tels un homme et une femme qui n'auraient pas été mes parents, puis leur ai fait signe. Quand ils m'ont vue, leur visage s'est détendu. Ça y est, ils étaient en territoire connu, ils pouvaient remiser la peur, et abandonner leur masque de petits vieillards. Ma mère eut un moment de gêne puis m'embrassa, mon père me fit une tape sur l'épaule. Ils avaient pris des couleurs, et paraissaient plutôt en forme. Ils me posèrent des questions sur la maison, la voiture, mamie, et qu'est-ce qu'il s'était passé depuis qu'ils étaient partis. Il ne s'était rien passé, absolument rien, je les rassurai. Rien de notable, rien à raconter. Mon visage strié de rouge, cerné, disait le contraire. Je mis ça sur le compte du travail. La fatigue et le travail, les cigarettes, la vie malsaine que je menais entre quatre murs, voilà, c'est ça. « Faut sortir un peu, ma fille... », dit mon père. « Elle aime pas sortir », répondit ma mère, et j'entendais « Elle n'a pas voulu nous accompagner, parce qu'elle n'aime pas sortir ». « Alors comment c'était ? » Mais chaque phrase était piégée. « Bien, c'était bien, enfin c'était ce qu'on devait faire. » Fin de la conversation. Je laissai mon père conduire, il était heureux de retrouver sa voiture pourrie. « T'as pas trop fait la folle avec ? » Mais non, papa, j'ai tellement peu fait la folle que le réservoir a à peine baissé, et que je vous offre le plein, tiens, pour votre retour. « T'aurais pu le faire avant qu'on arrive, quand même » (ma mère), « j'ai pas eu le temps » (moi). Elle s'est abstenue de répondre, après tout c'étaient des retrouvailles. On était censés être heureux de se retrouver, non ? On était une famille, on n'allait pas se disputer, pas maintenant.

Le trajet fut court. « Bourg-la-Reine, c'est pas loin d'Orly. Quel dommage de ne pas voyager plus, hein ? » Mon père semblait incroyablement satisfait que Bourg-la-Reine fût aussi près de l'aéroport. Il ne l'avait jamais remarqué, et pour cause : c'était la première fois qu'il voyageait et la deuxième fois qu'il empruntait cette route. La première, en pleine nuit, ne lui avait laissé aucun souvenir.

Il s'est garé devant le pavillon. Ma mère a soufflé, et enfin elle a souri. Cette maison lui avait-elle donc tant manqué ? Elle qui avait passé sa vie à regretter là-bas, ce là-bas qu'ils venaient de quitter, semblait tellement heureuse de se retrouver ici. Ils ont ouvert précautionneusement la porte. J'eus peur soudain d'avoir oublié quelque chose, mal fermé une fenêtre ou une lumière, j'étais partie si vite la dernière fois. Mais tout semblait en ordre.

Je les aidai à porter les valises en haut. Ma mère sortit un cendrier mal empaqueté dans du papier journal. « C'est pour toi. » J'étais surprise. « Y a plein de trucs pas chers là-bas, mais on n'avait pas assez de place. — Un cendrier, c'est très bien » – toujours mieux que les tasses à café où j'écrasais mes mégots. Je ne savais pas comment prendre congé, mais ça me brûlait – foutre le camp d'ici, rentrer chez moi et attendre. Peut-être était-il encore dans les parages ? Je détestais ces retrouvailles où rien ne serait dit. Ma mère s'affairait dans sa cuisine, visitant les lieux comme si elle les redécouvrait ; mon père, visiblement mal à l'aise, ne savait quoi faire de ses bras. Il s'était assombri depuis que nous avions refermé la porte derrière nous. Il me demanda une bière. Il n'y en avait pas dans le frigidaire, il n'y avait rien, il fallait faire des courses. Je proposais de passer à l'épicerie du coin et de leur rapporter des provisions pour la journée. Aucun ne répondit. J'y allai, inspirant des brassées d'air. Je ramenai un pack de Kronenbourg, des pâtes et des surgelés. Pas vraiment de quoi faire la fête. J'avais décidé de rentrer chez moi dès que je leur aurais déposé les emplettes. « Déjà ? Tu restes pas dîner avec nous ? — Mais le dîner est dans six heures, maman ! J'ai plein de boulot ! Je repasserai ce soir. — Eh bé, on t'a manqué on dirait. — Oui vous m'avez manqué, bien sûr que oui ! Mais on est en pleine semaine, j'ai des cours, maman. Je repasse tout à l'heure, promis. — Bon, ben comme tu veux. Mais vraiment, faire des courses chez l'Arabe ! Alors qu'il y a un Casino pas loin... c'est jeter l'argent par les fenêtres ! » Mon père intervint. « On va se reposer de toute façon. On s'est levés à l'aube ce matin. » Je lui fus reconnaissante d'abréger les adieux. C'était physique, je ne pouvais rester une minute de plus.

Je dis au revoir à la petite R5 qui avait retrouvé ses maîtres, et repris mon bon vieux RER, ligne B. Cette fois, je n'étais pas mécontente de le retrouver.

23.

Pourtant le trajet fut interminable. Serait-il là ? Il n'y avait aucune chance. Quatre heures avaient passé depuis que j'étais partie comme une furie, le laissant en plan.

Comment vaincre son désir, quand on sait que la déception sera trop douloureuse ? Je bataillais pour faire taire en moi cette excitation et cette peur qui gonflaient au même rythme que ma poitrine, l'accélérant. J'essayais de regarder les paysages familiers, mais tout ce que je voyais c'était sa bouche récitant les vers de Pessoa sans le son, cette bouche dont je voulais tant retrouver le goût, entrevu dans une vapeur d'alcool et d'inconscience. Les yeux fermés je tentais d'en reconstituer la saveur, sa langue humectant mes lèvres, ses lèvres que j'avais prises dans ma bouche, et dont il ne restait rien qu'un souvenir douteux. Je n'en pouvais plus de cette rame presque vide, elle était comme un prolongement de mon corps mort qui attendait la résurrection.

J'ai monté au pas de course les escaliers jusque chez moi. Il n'y était pas. Je suis redescendue, et j'ai erré longtemps dans le quartier. J'ai inspecté toutes les vitrines de bar, suis entrée dans le PMU où nous avions discuté la première fois, ai pris un café au comptoir, guettant les allées et venues. Et puis j'ai fini par rentrer. J'avais abandonné mes parents là-bas, à peine revenus d'Algérie, pour me retrouver seule, bien plus seule que lorsqu'ils y étaient. Les battements de mon cœur étaient irréguliers. J'étais persuadée que j'allais mourir. Mon corps ne me tenait plus, je m'allongeai, la pièce tournait autour de moi.

J'en vins à regretter mes études, et mon choix de carrière, qui me laissait tant de temps seule avec moi-même. J'aurais dû marcher dans les pas de mon père, de mes grands-parents, de mes ancêtres ; trier du courrier enfermé dans un hangar, pointer, faire ses heures, être pris dans une structure, des horaires, des journées, une entreprise, enchaîner des gestes mécaniques, tuer les heures, tuer le temps sans s'en apercevoir, et laisser sa vie passer sans rien attendre, avec la bénédiction des autres.

Mais j'étais là, dans ce studio, j'avais un cours le soir à dix-huit heures, deux séminaires en semaine, et le reste du temps je pouvais arranger mes horaires. Aucune vraie obligation, sinon de poursuivre un travail solitaire, qui au lieu de m'emmener loin de chez moi – ce qui était le but, l'unique but – m'y ramenait sans cesse. Je n'avais plus l'envie. Plus l'envie de lire, de noter, d'architecturer, de démontrer, plus envie de faire des plans avec des parties et des sous-parties. Plus envie de chercher pourquoi dans la littérature testimoniale que j'auscultais depuis deux ans, chaque témoignage scellait l'impossibilité du retour, et acceptait cette impossibilité. J'hésitais à me rendre à la fac. C'était ma seule véritable obligation. Et si je l'abandonnais ? Alors plus rien ne tiendrait. Et je pourrais m'endormir chez moi. Avant qu'on vienne me retrouver, il pouvait en passer de l'eau sous les ponts.

Les coups sur la porte m'ont réveillée. J'ai ouvert, les cheveux en bataille, le visage bouffi.

« Ce que je voudrais, là, tout de suite, c'est que tu me fasses entrer. J'ai conscience que c'est précipité, que tu n'as pas confiance en moi, mais j'ai froid. Je sais qu'il y a ce café, où on s'est retrouvés la dernière fois, mais j'ai envie d'être seul avec toi, juste toi et moi, et vérifier la couleur de tes rideaux parce que je ne me souviens pas s'ils sont bariolés ou unis. — J'ai pas de rideaux. — C'est déjà une réponse. Je t'ai apporté un disque que j'ai découvert, enfin que Rodrigo m'a fait découvrir. J'ai envie de te le faire écouter. — Parce que tu crois peut-être qu'il y a un tourne-disque chez moi ? — Mais c'est très grave ça, Théa ! On va réparer ça tout de suite. J'ai besoin d'écouter de la musique, moi ! Viens, on va trouver ce qu'il faut. »

Il était planté là, devant ma porte, sans en franchir le seuil. Et j'étais à l'intérieur, interdite, incapable de faire moi-même le pas qui me rapprocherait de lui. Incapable aussi de refermer la porte sur lui, comme une voix lointaine en moi me recommandait de le faire. La voix de ma mère, *ça sera toujours pareil*.

Il a pris ma main, alors je l'ai suivi. Je l'ai suivi parce que ma main était dans la sienne et que depuis cette première nuit, nous ne nous étions pas touchés.

Après. Après il a fait comme si de rien n'était, et j'acceptais de jouer le jeu, *tellement soulagée*. Il connaissait son chemin, s'engageait sans hésiter dans les rues de mon quartier. C'était un exilé argentin qui savait où on pouvait trouver des tourne-disques d'occasion à vendre dans le XIXe arrondissement, et j'ai compris que l'Argentine pouvait être moins loin de Paris que Bourg-la-Reine.

Il m'a parlé de son tournage en Bretagne, et des falaises battues par la mer. « Il faudrait qu'on y aille ensemble. J'ai besoin de la mer, mais j'aime pas être seul devant un truc trop beau, trop gigantesque, tu comprends ? Si tu avais été là j'aurais réussi à la regarder calmement, j'aurais pu te refiler le trop-plein, tu l'aurais pris, n'est-ce pas ? » Il monologuait. J'étais groggy, en même temps que portée par une vague de joie sans précédent. Je l'aurais suivi n'importe où, à l'écouter parler, m'inclure dans sa logorrhée, me faire jouer un rôle dans ses fantaisies tellement différentes des miennes ; des fantaisies aux intonations latines, tragiques, des tempêtes et des bourrasques. J'entrais dans sa tempête. Je voulais tournoyer et m'envoler, serrée contre lui, qui marchait trop vite pour arriver chez un disquaire devant lequel j'étais déjà passée mille fois sans jamais le remarquer.

Il étudia les différents modèles, choisit une grosse platine ainsi que trois disques : le dernier Pink Floyd,

Joan Jett and the Blackhearts, et *Rock in a Hard Place* d'Aerosmith, « une obligation syndicale dans n'importe quel appartement qui se respecte ». J'aimais le rock, je le lui avais dit la première fois qu'on s'était rencontrés, et il avait hoché la tête. C'était un bon point, oui, aimer le rock était un bon point.

Le paquet était lourd. Nous avons dû le porter à deux, changeant de main, de bras, de côté, et toujours nous frôlant de nos anoraks pas suffisamment rembourrés pour empêcher le léger tremblement à chaque contact. Nous savions l'un comme l'autre qu'après avoir remonté les étages, branché la machine, écouté les disques, il y avait cette possibilité : faire l'amour. Pas comme la première fois. La première fois était une folie inconsciente, un hasard. Aujourd'hui il y avait cette possibilité de *faire l'amour* pour la première fois. Il y avait aussi celle que rien ne se passe, et que la première fois qui n'en était pas vraiment une restât l'unique. Après tout il ne m'avait pas touchée depuis cette fameuse nuit. Mon angoisse croissait à mesure qu'on s'approchait.

J'avais oublié ma colère et mon ressentiment. Je souriais derrière mon écharpe, puis je me mordis les joues. Il prit le paquet pour monter les escaliers, me laissant passer devant. J'ouvris la porte de mon studio, soucieuse de l'état dans lequel je l'avais laissé. Des livres par terre, sur le matelas, ouverts ou fermés, des feuilles éparses et des chaussettes sales. Je les ramassai en un tournemain et poussai tout dans un coin de la pièce. Antoine s'était défait de son manteau et cherchait à brancher le tourne-disque, comme s'il n'y avait rien de plus urgent que de me faire écouter *The Dark Side of the Moon*. Je le regardais faire, accroupie près de lui. Il maniait l'engin avec agilité. Enfin, le bras métallisé s'abattit sur le 33 tours et la musique se répandit dans la pièce, nous laissant essoufflés, l'un à côté de l'autre, soudain timides.

24.

Antoine, doucement, a tendu un bras vers moi, sans me regarder. Il m'a pris la main, m'a relevée, a déboutonné ma chemise, mon jean. La musique accompagnait ses gestes, les rendait plus faciles. J'étais une poupée entre ses mains habiles, le laissant faire, inerte et brûlante. Ses mains se sont posées sur ma poitrine, puis ont glissé vers ma culotte, l'une devant l'autre derrière ; ont doucement caressé les poils, la peau, inondés, pénétrant à tâtons les différents orifices qui s'ouvraient en corolle aspirant le pouce, l'index, le majeur, les dévorant, tandis que son haleine se répandait sur mon visage rougi. Mes yeux fermés ne purent voir ses lèvres s'approcher des miennes ni sa langue me pénétrer et doucement caresser le fond de mon palais. Je respirais de plus en plus difficilement, l'afflux de sang explosait dans mon corps, mes muscles, ma peau, me laissant exsangue, un instant, un court instant, parce que celui d'après c'est moi qui le déshabillais et le menais vers mon matelas, prenant sa queue dure dans ma paume, puis dans ma bouche. Il m'arrêta quand il sentit qu'il était temps. Ce n'est pas dans ma bouche qu'il voulait jouir, mais en moi. Je l'accueillis comme jamais je n'avais accueilli aucun homme, jouissant au premier contact, déjà prête à laisser à nouveau monter le désir, parce que ce que je souhaitais, par-dessus tout, c'est qu'il reste en moi, indéfiniment, allant et venant, me remplissant, m'étouffant. Je n'avais jamais fait l'amour avec un homme que j'aimais, avec un homme dont j'avais *absolument* besoin, dont j'avais d'abord éprouvé le manque, un manque plus grand que moi, comblé par un bonheur plus grand que moi. Il me retourna et me saisit le cou. Je voulais qu'il me fasse mal, me malaxe, me prenne par tous les côtés, de haut en bas, par-derrière, par-devant, qu'il laisse dans chaque ouverture de mon corps sa marque incontestable pour que je puisse plus tard le *respirer* – c'est effectivement ce que je ferais les jours suivants : me renifler, m'inspecter, me frotter avec une serviette et la porter à mon nez, comme pour m'étouffer de cette odeur de sexe, son sexe à lui mêlé au mien.

Il me releva, me plaqua contre le mur, puis à nouveau s'allongea sur moi. J'avais déjà eu quatre orgasmes, et le cinquième fut commun. Il s'affala à mes côtés, tandis que j'observais le plafond, souriant, seule mais souriant, le corps fourbu. Cinq orgasmes. Comme s'il lui avait suffi de m'effleurer pour me faire jouir. Cinq orgasmes qui continuaient de vibrer en moi, et je me dis : en fait, je suis peut-être sensuelle, moi qui croyais que l'acte d'amour était hygiénique, une petite jouissance, et on se rhabille... Je découvrais une nouvelle dimension, ce

Théa

qui m'arrivait était incroyable, extraordinaire, et j'étais sûre à cet instant que rares étaient ceux qui pouvaient éprouver cette satisfaction totale, ce soulèvement intérieur, cet émerveillement.

J'étais seule et heureuse. Pourtant bientôt j'eus besoin qu'il soit là lui aussi. Il avait enfoui son visage dans l'oreiller, reprenant ses forces, lointain tout à coup. Je fus prise de frayeur, celle que je connaissais bien : *l'abandon*. Il était là et m'abandonnait, loin et proche, autre part. Je posais ma main sur ses cheveux et les caressais, pour le faire revenir à moi. « Antoine ? Antoine ? » Il finit par tourner le visage, un visage grave, celui d'un étranger. Il me regarda, puis revint à lui. Je soupirais. « Tu es là ? » Il m'embrassa, tendrement cette fois, et nous avons pu nous assoupir quelques heures, dans les bras l'un de l'autre. En vérité, je ne dormais pas. La musique avait cessé, je le regardais respirer, le frôlant de mes lèvres sans le réveiller, dessinant son épaule de la pointe du doigt, respirant ses cheveux, m'empêchant de fermer les yeux et de sombrer dans le sommeil – je ne voulais pas manquer son réveil, impatiente tout en voulant que rien ne bouge.

Quand je m'éveillai, il était parti.

25.

Je me levai paniquée. Me dressai nue hors des draps et manquai tomber par terre. La pièce était trop petite pour espérer qu'il soit caché quelque part. J'allais hurler parce qu'il fallait que quelque chose sorte, quand on frappa à la porte. Je passai un tee-shirt et me précipitai. Tremblante, mais décidée à n'en rien laisser paraître, j'ouvris la porte : mon père. Je reculai, déconcertée, tellement *déçue*. Je finis par lui dire « Salut, qu'est-ce que tu fais là ? » me rappelant soudain que j'étais censée dîner avec eux, et qu'il était déjà vingt-trois heures. Était-il arrivé quelque chose à ma mère pour qu'il fasse le déplacement ? « Ah ben on a eu peur, dis donc ! Tu files à peine on est à la maison et tu préviens même pas que finalement tu repasses pas ? » J'étais tellement confuse. J'avais oublié, bien sûr j'avais oublié de retourner là-bas. Quelle idée avais-je eu de le leur promettre… « Et ton téléphone toujours occupé ? » Je l'avais débranché et mis de côté pour installer le tourne-disque d'Antoine. « Oui, pardon, j'ai oublié de raccrocher. Oh papa, je suis désolée, mais… », et tout en cherchant une excuse, je vis, posé en évidence sur mon bureau, un mot. Un mot écrit de sa main. Mon père me parlait mais je ne l'écoutais pas, m'approchai du bout de papier : *Je n'ai pas osé te réveiller. Demain, nous écouterons le Joan Baez. J'arriverai vers dix-neuf heures, besos.*

Je me calmai aussitôt. Le temps de prendre conscience que mon père était là devant sa fille en tee-shirt, visiblement inquiet, épuisé de son voyage sans pouvoir trouver le sommeil dans sa maison à peine retrouvée. Ça puait le sexe dans cette chambre. « Papa ? » Il était là, n'avait pas bougé. C'était la troisième fois en un mois que je le voyais hors de son décor familier, et il semblait étranger, heureux et étranger – pas mon père. Je le regardai et eu envie de rire. « Pardon, j'ai... — C'est ta mère qui m'a envoyé. Elle était folle d'inquiétude. — Et toi ? » Mon père se rétracta « Moi ? » Oui, toi, toi le taiseux, toi qui jamais n'exprimes le moindre sentiment, la moindre tendresse, sinon par quelques gestes furtifs dérobés au regard de ma mère. « Ben moi aussi. — Papa. » Je prenais plaisir à répéter ce mot, comme s'il était neuf, dans cet appartement qui était le mien, pas celui de *sa* fille, mais *le mien*. « Tu étais inquiet toi aussi ? Je viens de te le dire. — Mais tu serais venu si elle ne t'avait pas demandé ? — Peut-être, oui. Mais je te fais confiance, moi. Je veux pas empiéter sur ta vie, je sais que tu as du travail. — Oui, du travail, j'en ai beaucoup, et j'ai oublié l'heure, je me suis endormie. — Son poulet a cramé. » J'ai souri, il a souri, nous avons fini par émettre un rire discret. Cela suffisait. « Tu n'aurais pas dû venir jusque-là. Tu dois être fatigué du voyage. — Au contraire, j'ai besoin de bouger. Ça m'a changé, tu sais, d'aller là-bas. Enfin voilà, quoi. Ça m'a fait du bien. Maintenant j'ai envie de bouger, tu vois. Rester à la maison, ça me dit pas trop. » Il n'avait jamais fait une phrase aussi longue. « Comment c'était ? Raconte-moi. — Bof, tu sais, c'est compliqué parce que tu connais pas. Mais ta mère comprend pas pourquoi t'es pas venue ce soir. » J'allais enchaîner quand il m'arrêta. « Moi je comprends va, pas la peine de te justifier. T'es pas venue pour la même raison que moi je suis venu ici. »

Il me regardait en souriant, figé dans la même position. Il ne s'était pas assis, ni sur l'unique chaise ni sur le lit. « Tu veux boire quelque chose ? — Non. Je vais rentrer, elle va s'inquiéter. — Alors dis-lui n'importe quoi, qu'il y a eu un incident dans le métro, n'importe quoi. Tu sauras trouver, non ? » Il avait toujours su trouver s'agissant de ses propres absences. « D'accord, mais tu lui téléphoneras, hein ? — Et elle, elle pouvait pas venir si elle était inquiète ? » Il m'a regardée, étonné, comme si cette question était saugrenue. Non, bien sûr que non elle n'aurait pas pu bouger son cul malgré son *immense* inquiétude. Ma mère régnait, sa maladie régnait, sa tristesse régnait, nous nous étions organisés autour d'elle. Je l'avais abandonnée ce soir de retour, qui aurait dû être dignement fêté, c'est-à-dire dans une solennité d'enterrement.

Et elle me le faisait savoir en envoyant mon père qui détestait venir à Paris, croyait-elle. Et nous, nous acceptions cette tyrannie-là. Parce qu'il y avait Joseph.

Mon père ne bougeait toujours pas. Je commençais à désirer qu'il parte. Sans doute ne savait-il pas comment prendre congé. « Dis-lui que je passerai demain et qu'elle ne prépare rien. J'achèterai un poulet rôti. » Mon père hocha la tête. Il était mal à l'aise soudain. « Et toi, alors, ça va ? » C'était pire que s'il était parti sans rien dire, puisque je n'allais pas lui répondre, et qu'il savait que je n'allais pas lui répondre. Jamais nous n'avions eu de conversation intime, ce n'était pas le moment de commencer. Alors je changeai d'angle : « Tu sais, toi, ce qui se passe en Argentine ? » Je vis qu'il était soulagé « Bah, je regarde à la télé, comme tout le monde. Ces escadrons-là, je peux te dire qu'ils sont efficaces, ils en connaissent un rayon sur les techniques de guerre. J'ai acheté l'autre jour *Le Monde*, ce journal de merde, mais y avait un article intéressant et bien informé là-dessus... » Mon père s'était animé en disant cela, j'eus du mal à mon tour à poursuivre. « Ça t'intéresse alors ? — Ah ouais, ça m'intéresse, ouais, ça m'intéresse. » Je n'en saurais pas plus ce jour-là, mais quelque chose dans son ton me dérangeait. Je ne comprenais pas pourquoi l'Argentine, précisément, ça l'intéressait, lui qui avait si peu voyagé. « Je dois me coucher, papa, il est tard. On se voit demain ? » Il acquiesça et sortit après m'avoir embrassée sur la joue, ce que j'aurais préféré éviter. J'avais l'impression de dégager une si forte odeur de sexe... Mais il ne sembla pas s'en rendre compte, et ferma doucement la porte derrière lui. Je remis la face A de *The Dark Side of the Moon*, et me rallongeai sur mon lit. Inutile d'essayer dormir.

26.

Quand j'arrivai à Bourg-la-Reine le lendemain, je me sentais si légère que j'éprouvais une pointe de bonheur à retrouver la gare, la rue André-Theuriet, et la rue Le Bouvier, la rue de Fontenay pour aller au collège Évariste-Galois, les maisons moches, les places pour garer les voitures le long de trottoirs déserts, le ciel qu'aucun immeuble n'occultait, les boîtes aux lettres en bois, tout ce que j'avais fini par haïr, et que je regardais soudain d'un autre œil, avec aménité. Enfin, je n'en étais plus. Il m'avait suffi de ce pas de côté pour observer tout ça comme le décor d'une enfance heureusement révolue, dont le souvenir maintenant pouvait dégager une certaine tendresse. J'entrai, mon poulet rôti sous le bras, une bouteille de bourgogne dans un sac, ainsi que des bonbons – mais ça c'était juste pour moi, ma potion magique pour supporter un repas du samedi, parce qu'on était samedi, et que déjeuner en famille un jour de week-end, c'était pour moi un cran au-dessus d'une conversation téléphonique avec ma mère sur l'échelle de la torture.

On était samedi, parce que vendredi j'avais oublié. Je pouvais bien faire un effort ce jour-ci, remercier l'éternel poulet rôti d'avoir décalé d'un jour son sacrifice. J'ouvris la porte après avoir sonné – je ne sonnais que pour prévenir de mon arrivée, n'espérant en aucun cas que l'un de mes parents interrompe la tâche qui l'occupait pour venir m'ouvrir. De fait, lorsque j'entrai, ma mère était assise dans le canapé, en train de boire un verre. Mon père, lui, préparait une salade dans la cuisine, avec une vinaigrette toute faite, du genre de celle qui tue l'idée même de salade. « Ah ben t'as fini par arriver ! Ça fait vingt-quatre heures que le couvert est mis... — Je suis désolée, maman, j'ai eu un empêchement. — Et le téléphone, tu sais pas t'en servir ? — On va en parler tout le déjeuner ? Tiens, j'ai apporté du poulet. — T'as bien fait, l'autre est carbonisé. » Mon père est sorti de la cuisine, m'a débarrassée du poulet et de la bouteille, s'est empressé de la déboucher et de nous servir un verre. Je me suis assise à côté de ma mère, en silence, devant la télévision. Au bout d'un moment, j'ai rejoint mon père pour découper le poulet. « Elle va être comme ça toute la journée ? » Il a haussé les épaules. « C'est bon, je vous entends ! » cria-t-elle de son canapé. Je soupirai. « Ça ne te passe pas par l'esprit que les autres ont une vie ? Qu'ils ne sont pas payés à t'attendre ? Ou bien t'en as rien à faire ? Tes bouquins sont plus importants hein ? Et tes copains, ta petite vie de parisienne ? » Je regardais mon père tandis qu'elle égrenait ses reproches. J'avais envie de rire, pour la première fois j'avais envie de rire tandis que ma mère déversait sur moi son aigreur. « Tu réponds pas ? » Ma mère s'était levée et nous avait rejoints dans la cuisine. « Ça te fait ni chaud ni froid que j'attende ? Tu crois que je passe pas ma putain de vie à attendre ? Que j'ai besoin que ma fille me foute dedans, dans l'attente ? On vient de RENTRER ! On est partis trois semaines ! Trois semaines ! Déjà tu nous accompagnes pas, en plus tu nous plantes ? » Je sentais grandir en moi la colère. Qu'est-ce qu'elle attendait ? Pourquoi avait-elle fait de sa vie une longue attente, assise dans son canapé ? Les propositions de boulot n'allaient pas lui tomber du ciel, ni les amis, ni le corps de rêve qu'elle avait perdu depuis vingt ans parce qu'elle avait été belle, ma mère, même si c'était difficile à imaginer aujourd'hui. Ce n'est pas moi qu'elle attendait, je ne le savais que trop. Ce qu'elle attendait de moi c'est que je *le* fasse revivre. Ce qu'elle voyait en moi c'était les possibles ressemblances avec *l'autre*, son garçon, que je n'avais pas connu puisque je n'avais été conçue que pour le remplacer.

Mon père vint à la rescousse. « Arrête, Stéphanie, maintenant, arrête ! C'est bon, on a compris ! Elle s'est excusée. On va manger, maintenant. » Ma mère me regarda, de la haine dans les yeux. C'est à cet instant qu'elle remarqua quelque chose de changé chez moi, une forme de distance, un noyau de résistance qu'elle ne pourrait pas entamer, pas ce samedi en tout cas, et ce noyau était d'autant plus solide qu'Antoine me rejoindrait ce soir, il l'avait écrit. Sa haine se chargea d'une accusation muette. Je passai à table pour échapper à son regard. Nous avons mangé en silence. Je me demandais comment j'avais pu supporter ça. Cette maison comme un mausolée, où j'avais été transparente. Ma mère avait toujours regardé à travers moi, cherchant le visage d'un autre. J'étais Josèphe. Un mort, une vivante, un homme, une femme, un fantôme. Partir d'ici et retrouver mon corps. Je n'avais plus qu'une obsession, m'incarner. Heureusement mes membres étaient fourbus, j'avais des courbatures de la veille, je forçais sur ces courbatures, pour l'éprouver, ce corps, qui à peine au contact de ma mère s'évanouissait.

Je resservis tout le monde en vin, histoire de détendre l'atmosphère. Je décidai de ne pas faire d'efforts. Tant pis si le silence accompagnait tout notre repas. Mon père cependant le rompit : « T'as vu, ça chauffe aux Malouines. » Je levai la tête, surprise. Non je ne savais pas ce qui se passait aux Malouines ni depuis combien de jours je n'avais pas ouvert la radio. « Mais... c'est où les Malouines ? — Pas loin de l'Argentine, sauf que ça appartient à la Thatcher. M'étonnerait qu'elle se laisse faire. — Qu'est-ce qu'elle en a à foutre de l'Argentine ? » dit ma mère en me regardant. Sa suspicion montrait qu'elle cherchait autre chose et qu'elle n'était pas loin d'avoir trouvé. « On peut écouter les infos ? » Mon père alluma la radio, mais c'était une émission musicale qui passait. « Ils sont forts, la clique, là, qu'est au pouvoir. — Qu'est-ce que tu veux dire ? — Ils savent comment on fait la guerre. Mais c'est pas pareil,

faire la guerre chez soi et faire la guerre aux Brit.
— Non, c'est sûr, répondis-je, c'est pas pareil de tuer son propre peuple sur sa propre terre ou d'aller le défendre contre des envahisseurs. — Son propre peuple ? C'est quoi son propre peuple ? Des gauchistes qui mettent des bombes et tuent des innocents ? » J'étais sur le point de répondre, ulcérée, mais m'abstins. Ma mère, mon père, moi, nous n'allions certainement pas nous engager dans une conversation politique. Mes deux parents votaient à droite, le plus à droite qu'ils pouvaient lorsqu'ils se rendaient aux urnes, ce qui n'était pas systématique. Lors de la victoire en 1981 du premier président de gauche de la Ve République, tout Bourg-la-Reine était en liesse, les chants fusaient, les bouchons de champagne sautaient, partout, sauf dans notre maison. Mes parents s'étaient couchés à vingt et une heures trente. Quant à moi, j'étais sortie en douce, pour humer, seule, l'air de la liberté, celui que j'avais contribué à faire naître en pliant soigneusement mon bulletin dans l'isoloir. Mes parents s'en doutaient : dès que la conversation revenait sur cette élection je me levais de table. Ils soupçonnaient mes engagements et mes amitiés.

Nous avions fini par bannir toute forme de discussion politique.

Cette fois, il ne s'agissait pas à proprement parler de politique, mais de l'autre fantôme : la guerre de mon père. J'en connaissais des bribes sans jamais m'y être vraiment intéressée. J'avais été conçue au cours d'une permission, c'était le mythe de ma naissance. Une naissance entre deux fronts. Mon père et sa guerre d'Algérie, sa guerre pour la patrie, sa guerre pour son histoire et sa famille et ses racines et Joseph ; l'enrôlement précoce, les deux années dont il ne disait quasiment rien, sa cuite mémorable quand de Gaulle a « renoncé », les a lâchés, ceux qui s'étaient battus pour la France, sa haine du général. Je me suis levée pour aller chercher mes bonbons. Mais avant de monter, je repassai par la salle à manger : « Tu connais un type qui s'appelle Burgaud ? » Mon père me regarda, sidéré. « Il te passe le bonjour, c'est mon prof de littérature comparée. — Burgaud ! Ça alors ! Mais ça m'étonne pas, ça m'étonne pas c'était une tête ! Il était lieutenant. Et c'était pas le dernier à bouffer du bougnoule. » C'est à ce moment que je montai dans ma chambre d'adolescente, lentement, concentrée sur les marches, entrant en autarcie, un tour de magie éprouvé pour ne rien entendre et ne rien voir. La voix de mon père s'éteignit, même si j'en percevais les ondes.

Là, tout était en place : le poster jaune et noir d'AC/DC sur lequel un poing brandissait l'index et l'auriculaire. Sur le bras était tatoué « ... about to / Rock / we salute you ». J'avais noirci le cœur où les lettres étaient devenues illisibles, et dessiné une tête de mort en dessous. C'était l'époque où je me faisais de faux tatouages au stylo-bille, mais très bien dessinés. Plus loin, la photo en noir et blanc de Patty Smith et Robert Mapplethorpe sur lequel j'avais souvent rêvé.

J'avais longtemps été persuadée que la chanteuse sur cette photo me ressemblait. Chaque nuit, avant de m'endormir, je leur adressais une prière. Je voulais être eux, lui et elle tout à la fois. Deux, et un. Complète. Je m'allongeai et terminai les Car en Sac.

27.

Burgaud : facho. Papa : facho. Guerre d'Algérie.
Papa est algérien, c'est ce qu'il dit, ce que j'ai toujours entendu dire. Longtemps je n'ai pas compris : mon père ne ressemble pas du tout à Ahmed, le garagiste de la rue du Clos-Saint-Cyr, maigre et brun. Sans doute était-ce une question d'âge. Mon père a toujours eu l'air vieux, Ahmed a l'air éternellement jeune. Quand on vieillit on blanchit, et pas seulement des cheveux, de la peau aussi. C'est ça que j'ai cru, longtemps. Papa est algérien. Quelle blague.
Et maman, elle est quoi ? Une sorte d'animal marin, un phoque échoué à Bourg-la-Reine, grâce à quoi elle est devenue une « Réginaburgienne ». Avant, il n'y a pas si longtemps, je croyais que réginaburgienne c'était une catégorie moyenâgeuse, entre reine et princesse. Cependant devenir une Réginaburgienne n'a en rien sauvé maman. Ça n'a pas levé le sortilège qui l'a maintenue toutes ces années en dessous du niveau de la mer.
Ils ont tout gardé à l'identique depuis que je suis partie. Peut-être parce qu'ils n'entrent jamais dans

cette chambre. Peut-être qu'ils ont un problème avec le temps qui passe. Peut-être que la poussière leur fait moins peur que le changement.

Quand je suis redescendue, ma mère faisait la vaisselle. Je me suis approchée d'elle, ai pris les couverts et les plats pour les essuyer, m'inscrivant dans sa chorégraphie afin de partager quelque chose, rien qu'une petite chose avant de repartir. « Je vais m'acheter une nouvelle télé. Tu veux récupérer l'ancienne ? — Oh oui, d'accord. » Mon enthousiasme lui confirma que quelque chose avait changé – j'avais décidé un jour d'arrêter la télévision pour me consacrer aux études, les deux n'étant pas compatibles dans mon organisation mentale. « Je t'appellerai quand la nouvelle sera arrivée. Tu pourras regarder les Malouines. » Elle avait dit *regarder les Malouines* de la même façon qu'elle aurait dit *regarder un match de foot*. Mais oui, je pourrais regarder les Malouines et c'est bien pour ça que j'acceptai l'offre sans hésitation.

De retour chez moi, j'ouvris mon atlas pour y trouver ces Malouines. Je suivis du doigt le long couloir de l'Argentine, pour remonter à cet archipel dont j'entendais parler pour la première fois. J'ouvris mon petit carnet et y inscrivis : *Malouines*. Et plus bas, d'une main tremblante : *bouffer du bougnoule*.

Est-ce que je devrais ne plus jamais voir mes parents ?
Peut-on aimer des gens qu'on méprise ?

28.

Nous avons vécu vingt jours collés l'un à l'autre, ne sortant du lit que pour aller acheter à manger, et moi pour mes cours. Nous ne nous lassions pas de découvrir le corps de l'autre. À peine avions-nous le temps de parler, et lorsque nous nous reposions, c'était pour écouter des disques – Antoine en avait rapporté de nouveaux. La seule chose que je lui demandais concernait les femmes qu'il avait eues depuis qu'il vivait à Paris. S'il ne voulait pas répondre au début, *quelle importance ?* il finit par me raconter dans le détail chacune de ses histoires. Je le soumettais à la question, voulais en savoir toujours plus, mais surtout s'il l'avait aimée, et il me répondait invariablement non, tu es la seule, je les ai bien aimées, c'est tout. « Mais moi alors, pourquoi est-ce que tu m'aimes ? — Toi, parce que c'est différent... — Mais qu'est-ce qui est différent ? — Je ne sais pas. C'est évident. J'ai envie de toi, tu es étrange, on ne sait jamais où tu es réellement. — Où je suis réellement ??? Mais avec toi ! Tous les jours avec toi, où veux-tu que je sois ? — Je ne sais pas. On dirait qu'il y a un endroit où est punaisé un gros écriteau "interdit d'entrer", un endroit où peut-être toi-même tu ne t'aventures pas souvent, mais quand même... parfois. — Tu parles pour toi là, non ? — Eh ben voilà, c'est ça. On a ça en commun. C'est pour ça que je t'ai reconnue. »

Je voulais garder ces mots, mais les mots s'enfuient quand ils ne sont pas écrits. Aussi lorsqu'il dormait ou lors de mes escapades à l'extérieur, j'en profitais pour noter approximativement les phrases qu'il me donnait. Mon carnet s'étoffait : il devait être la mémoire de notre histoire, ou plutôt, je m'en aperçois aujourd'hui, sa preuve. À l'écrire, il me semblait la faire exister, mais je ne notais rien d'autre que des bribes de phrases ou de pensées, qui mises bout à bout ne constituaient pas une trame.

« Tu es myope. Je ne sais pas ce que tu vois et d'où tu le vois... Borges, tu sais, a fini aveugle. Ma mère suivait ses cours. C'était sur Homère. Tu savais, toi, qu'il était aveugle ? » Je fis signe que oui. « En fait, c'est un truc que les Grecs anciens ont inventé. Ça les arrangeait qu'Homère soit aveugle, parce que la poésie, elle doit être entendue, et pas lue. Et Borges disait, j'entends encore ma mère le dire, "J'ai toujours su que tout, à la longue, se convertirait en mots." Ouais, ça elle le disait toujours. Alors tu vois, tu es myope mais c'est que le début du travail... »

Je l'aimais avec une intensité qu'on pouvait appeler de la folie, de l'abandon, de la perte. Je l'aimais. Je voulais qu'il me parle, qu'il me définisse, qu'il cite

Borges et Homère, qu'il me dessine et me fasse exister, qu'il me touche, qu'il me pénètre. Parce qu'on avait beau se ressembler, comme il le disait, il continuait de trimballer son Argentine comme un paquet tellement ficelé qu'il n'arrivait plus à l'ouvrir.

Nous avions mis à distance le monde. Je ne travaillais quasiment pas, et lui n'ouvrait pas les journaux. Et puis un jour, il s'est levé, s'est habillé. J'ai senti mon cœur se serrer, j'entrevis la fin de quelque chose, et pour moi la fin de quelque chose ne signifiait pas nécessairement le début d'autre chose.

« Qu'est-ce que tu fais ? » Je me suis assise au bord du lit, je le regardais enfiler son jean, et sa chemise, et son pull. « Faut que je passe chez moi. » Pourquoi là, maintenant, tout de suite, si subitement, comme s'il y avait une urgence ? « Et… je ne peux pas venir avec toi ? — Si tu veux », m'a répondu Antoine. Ça ne semblait pas lui importer. Il avait changé de ton, de visage, de gestes. Il s'était absenté sous mes yeux. Nous avions vécu l'un avec l'autre sans le moindre écart pendant ces trois semaines, et soudain, il devenait un autre, à tel point que j'avais peur de lui parler. Je restais silencieuse, impuissante à le ramener à moi, à notre présent partagé, l'observant se détacher de moi et de ce décor dans lequel il s'était fondu. « Tu vas revenir ? » C'est la question que je posais – « Tu vas revenir ? » et non pas « Quand tu vas revenir ? ». C'est à ce moment qu'il posa enfin les yeux sur moi : « Oui, je vais revenir Théa. J'ai un ami qui arrive de Suède demain ou après-demain, je ne veux pas le manquer. — Qui ? C'est qui cet ami ? — Un ami argentin. — Et comment il s'appelle ? » Il me fallait un nom, un indice de réalité, ou quelque chose à quoi amarrer mon imagination. « Simon... il est argentin, ça fait un mois qu'il est parti voir un cousin en Suède. Il rentre demain... ou après-demain. » Antoine sourit, sentant sans doute mon inquiétude. « Je te le présenterai, c'est mon meilleur ami. Il faut que je te le présente, ouais. » Et j'avais l'impression qu'en le disant il venait d'y songer. Me présenter à son meilleur ami, mais oui, tiens, pourquoi pas, pourquoi je ne présenterais pas mon meilleur ami à la fille avec qui j'ai vécu collé vingt jours durant, et à qui j'ai eu l'imprudence de dire des mots d'amour, n'est-ce pas une bonne idée ?

J'enrageais de le voir joyeux tout à coup. « Je t'appelle dès qu'il est arrivé, et on va dîner tous les trois ? » Avais-je un autre choix que d'accepter ? Il ne m'avait pas parlé de cet ami, ni du fait qu'il devait arriver *demain ou après-demain*. S'était-il réveillé ce matin en sachant qu'il me quitterait dans la journée, ou bien s'est-il remémoré subitement qu'il avait un ami, que cet ami rentrait *demain ou après-demain* ? Et d'abord que pouvait bien signifier « aujourd'hui », pour quelqu'un qui pas une fois n'avait ouvert un journal ni allumé la radio ? Comment pouvait-il savoir quel jour on était ? À moins qu'il n'ait profité de mes rares absences pour se tenir au courant, et peut-être même pour téléphoner ? Je ressentis cette éventualité comme une trahison.

J'aurais dû lui dire : *je veux voir chez toi, je veux rencontrer le type chez qui tu vis, je veux connaître*

Simon. J'aurais dû continuer, *je veux dormir dans tes draps à toi, et prendre une douche dans ta salle de bains*. Mais je ne dis rien. Je ne dis rien parce que en face de moi, il y avait cet homme que je ne connaissais pas, lointain, étranger, fuyant, qui m'embrassa distraitement, et sortit comme il était entré, laissant derrière lui un gouffre.

29.

Vingt jours, puis plus rien. La promesse qu'il appellerait.

J'avais envie de fracasser les murs. Je m'habillai à mon tour, et sortis dans le froid de février. M'éloigner. Laisser couler mes larmes de colère, de tristesse, d'incompréhension. Je m'arrêtai dans une cabine et appelai Sophie. Mon téléphone avait sonné à de nombreuses reprises pendant ces deux semaines, je n'avais pas répondu. Il était temps de renouer avec le monde familier. Elle décrocha tout de suite. « Eh ben, c'est pas trop tôt. T'as hiberné ou quoi ? » Elle était habituée à mes périodes de claustration. « On va danser quelque part ? » demandai-je du tac au tac. « Ah oui, t'as hiberné… — J'ai envie de boire, on se retrouve au Chien qui fume ? — OK, je suis avec Éric et Camille, tu… ça te dérange pas de les voir ? » J'eus un instant d'hésitation : Éric, lui aussi, avait dû essayer de me joindre. Et conclure à la fin de notre histoire. Dans la phrase de Sophie, Camille était collée à Éric. Éric était entre-temps devenu « Camille et Éric ». Sans doute m'avait-il remplacée. « Pourquoi pas », répondis-je.

Quand j'arrivai au café, « Camille et Éric » parlaient avec entrain de la grève des ouvriers immigrés à l'usine Citroën d'Aulnay et à l'usine Talbot de Poissy. Quand Éric me vit, il s'interrompit net. Je l'embrassai sur les joues, ainsi que Camille, et commandai un café, *mine de rien*. Camille continua, mais sur un tout autre ton : « Il y a de fortes chances que la CGT fasse un malheur aux élections syndicales de juin. Et c'est pas trop tôt parce que avec le monopole de la CFT dans l'automobile, les immigrés ne sont pas prêts d'accéder à la liberté syndicale. » Éric avait les yeux plongés dans son demi. Sophie se sentait gênée. « Continuez, faites comme si j'étais pas là. » Je me débarrassai de mon imperméable et m'installai entre Sophie et Éric. Je les observais, les uns après les autres, comme s'ils étaient d'anciens personnages d'une pièce que pourtant je n'avais jamais lue. Je ne connaissais pas encore mon rôle, de toute façon je n'avais plus trop envie de jouer. Je lui demandai comment il allait tandis que Camille continuait de pérorer. Il hocha la tête, dans un geste assez indéchiffrable, et Camille se tourna vers moi. « Si ça t'intéresse pas ce que je dis, préviens tout de suite. » Je me défendis mollement, si, ça m'intéressait, bien sûr, mais elle continua : « On t'a plus trop vue aux réunions. T'as sans doute des trucs plus intéressants à faire... ou des gens plus intéressants à voir »... Éric se leva pour aller aux toilettes. Je le laissai passer. Sophie se racla la gorge pour en appeler au calme, mais je lui fis signe de laisser tomber. Je me fichais pas mal de ce que pensait Camille, elle avait de toute façon toujours été jalouse de moi, puisqu'elle aimait celui avec qui je couchais sans l'aimer. Nous le savions, elle savait que nous le savions, aucune amitié ne naîtrait jamais, pourquoi faire des efforts ? Je proposai qu'à défaut d'efforts nous pourrions faire semblant. « Faire semblant, c'est bien une logique de petite-bourgeoise », renchérit-elle. Mais comme Éric revenait s'asseoir, elle se tint à carreau.

Camille était d'ailleurs bien mieux assortie que moi à Éric. Elle était, comme lui, l'exemple type de l'étudiant politisé, militant depuis le lycée, embrassant toutes les causes, de la lutte des classes à l'internationale communiste en passant par la révolution iranienne, la haine de la police, et l'éternel regret d'être née trop tard – car 68, c'était fait pour elle. Moi, je me disais que s'agissant de prendre en compte la misère, il n'y avait jamais de bon ou de mauvais moment pour naître. Éric et Camille étaient chanceux parce que l'injustice renaîtrait toujours de ses cendres et leur donnerait une raison de vivre. Tandis que moi, insensible à la peine des autres – n'étais-je pas *l'égoïste* ? –, j'avais du mal à trouver une justification quelconque non seulement à ma date de naissance, mais à ma naissance tout court.

Pourtant, j'adoptai leur ton pour les questionner sur l'Argentine. Je n'avais plus les égards d'avant à l'endroit d'Éric. Au contraire, j'avais tout intérêt à manifester mon intérêt pour quelqu'un d'autre. Camille me foutrait peut-être enfin la paix. D'ailleurs je m'adressai à elle, directement : « Et la situation en Argentine, tu en penses quoi ? »

Ma question jeta un froid. Sophie brûlait de m'interroger sur ma vie sentimentale qui l'intéressait beaucoup plus que le destin de l'Argentine – moi aussi d'ailleurs –, sauf que les deux se croisaient, et qu'il y avait plus à dire sur la dictature que sur mon histoire d'amour avortée.

Éric éleva le ton pour reprendre la main. Tout en fuyant mon regard, il cherchait à capter mon attention. Il s'était rendu aux rassemblements devant l'ambassade d'Argentine depuis qu'on en avait parlé, et s'était lié avec un certain nombre de militants. « Des Argentins ? » Il haussa les épaules. « Non, plutôt des Français et un Chilien. » Je ne pus m'empêcher de sourire. Éric avait toujours l'impression d'être au cœur de l'histoire en se baladant tranquillement à la marge. Je ne lui en voulais pas. Je n'avais pas l'impression d'avoir une vie plus réelle que la sienne. Au moins se racontait-il des histoires plus riches que les miennes, et peut-être finirait-il par y jouer un rôle.

Camille s'interposa, avec sa dialectique bien particulière aux militants, qui traite du général à l'aide de quelques situations particulières, tout en maniant la culpabilisation avec hargne : ceux qui ne souffraient pas étaient des êtres inférieurs, seules les victimes étaient dignes de son respect. Puis elle m'attaqua directement. « C'est ton type qui te rend curieuse tout à coup ? » Des frissons me parcoururent. Je n'avais pas vraiment envie d'aborder cette question avec elle. Antoine ne deviendrait pas un sujet de conversation avec mon ancienne bande. Antoine ne deviendrait pas un objet politique. Antoine de toute façon n'était nulle part, insaisissable, disparaissant. Je haussai les épaules et me levai. « Qu'est-ce que ça peut te foutre ? — Oh, là, siffla-t-elle, c'est donc bien ça, y a un type ! » Sophie me retint par la manche. « Reste ! On va aller boire et danser, tu veux ? » Pourquoi pas. Pourquoi ne pas aller boire et danser ? Qu'avais-je de mieux à faire ?

Éric se leva pour nous suivre mais Camille posa sa main sur son bras pour l'arrêter. Il se dégagea et enfila son manteau. « Je vous emmène. On va au Café rouge ? » Camille lui emboîta le pas. Dans la voiture, Éric continua à m'exposer patiemment la situation : « On les laisse faire parce que ça arrange tout le monde ! Comment ils sont arrivés au pouvoir à ton avis ? Est-ce que tu crois vraiment qu'ils auraient pu renverser le régime sans l'aide des États-Unis ? À qui ça profite ? Hein, demande-toi à qui ça profite. » Camille répondit comme une bonne élève « Kissinger ! » Et Éric de continuer, sous les yeux brillants de sa petite fiancée : « T'as tout compris. La CIA est impliquée jusqu'à l'os. Ces enculés financent en douce toutes les dictatures d'Amérique latine. Pas de raison pour que l'Argentine soit l'exception. — Et pourquoi nous on fait rien ? » intervint Sophie tandis que je cherchais sur les trottoirs, à travers la vitre, la silhouette d'Antoine. « Nous ? Tu veux dire la France ? L'Europe ? Ce genre de trucs ? Mais on est à la botte des États-Unis, ma cocotte, c'est maintenant que tu t'en rends compte ? Notre lâcheté ? Parce qu'on préférera toujours un régime fort au pouvoir du peuple... » Je voyais Marx pointer son nez – il n'était jamais très loin dans les logorrhées d'Éric –, tandis que je suivais du regard un homme grand et brun, de dos, espérant qu'il se retourne, sachant que ce n'était pas lui, mais espérant quand même. Je demandai à Éric : « Et les disparitions ? »

« On n'a pas attendu de voir les cadavres pour avoir des preuves. Tout le monde ne se tourne pas les pouces... » C'est ce qu'a dit Éric. *« Les infos sur la gravité de ce qui se passe là filtrent en réalité très lentement »*, c'est ce qu'a dit Camille. *Pourquoi ? Pourquoi tout est si difficile avec ce pays et les gens qui en viennent ? Pourquoi on ne peut rien savoir, rien faire, pourquoi est-ce qu'il faut attendre ? « Les autorités argentines. Elles filtrent tout, un vrai travail de dissimulation. — Mais comment on peut être sûrs alors ? Comment tu sais qu'elles dissimulent les traces si on n'a pas accès aux traces ? — Traces = corps = cadavres. »*

« Josèphe ? » Je revins à moi, au présent, à Éric qui parlait, à Camille qui renchérissait, à leurs phrases qui retrouvaient leurs émetteurs. J'arrêtai de me perdre dans la contemplation du dos des hommes et regardai vers Éric, qui conduisait la tête tournée vers moi.

Sophie lui enjoignait de fixer son attention sur la route, mais à chaque fois il recommençait. Je me souvins alors pourquoi je détestais monter en voiture avec lui. Le flot continuait. « Je sais, c'est ça qui est compliqué. Mais justement on commence à avoir des témoignages assez précis sur des centres de tortures. Je sais pas si t'as suivi ce qui s'est passé au Cambodge ? » Non, je n'avais pas suivi. « On a découvert y a pas très longtemps un ancien lycée qui avait servi de centre de torture et de disparition, et je te parle pas des autres exactions. Il faudra du temps pour qu'on connaisse vraiment la nature du génocide. — Mais quel rapport ? » demanda Sophie. « Le rapport, c'est qu'en Argentine, on a plus d'informations. Y a un certain nombre de réfugiés qui ont fui pendant le coup d'État et d'autres après. On a un réseau d'information de mieux en mieux organisé, c'est même ça qu'on a fait en priorité si tu veux savoir. Et on commence à pouvoir recouper des témoignages. On n'est pas au bout de nos peines, hein. Mais les disparitions, aujourd'hui on est sûrs qu'il y en a plus que ce qu'ils veulent bien laisser croire. » *On, on, on*, Éric s'incluait dans tout. Camille reprit la main, avec arrogance. « Tu peux lire le rapport de la Commission argentine des droits de l'homme si ça t'intéresse. Tu auras tous les détails sur les exactions. — Chouette ! » répondis-je d'une voix fatiguée. « Tu sais comment le trouver ? » relança-t-elle. « Non. — Je te ferai passer une copie. Ça fait deux ou trois ans qu'il circule maintenant, personne ne peut dire qu'il n'aura pas été informé. » J'étais clairement visée. En attendant, j'étais bien obligée d'admettre qu'ils l'étaient tous les deux très bien. « Depuis quand vous vous y intéressez ? » leur demandai-je. Sophie me chuchota : « Depuis quand TU t'y intéresses ? » Éric ne releva pas. « Quand Amnesty a publié son premier rapport sur les camps d'extermination. »

Paris était embouteillé, on avait du mal à avancer place de la Bastille. Peut-être y avait-il eu un accident. Camille reprit : « Tu sais, ça fait déjà deux ans que les nouvelles commencent à arriver. L'année dernière ils ont publié un rapport sur les disparus, on en a parlé dans le groupe, tu t'en souviens pas ? » Je n'en avais aucun souvenir. « Pourtant je suis sûre que tu étais là quand on a bossé avec la CADHU. Tu te rappelles pas qu'on faisait partie du CSLPA, quand on a rencontré un mec qui connaissait Rodolfo Mattarollo ? » Non, décidément, aucune idée. C'en était presque inquiétant. Heureusement Sophie me fit du coude – il ne fallait surtout pas que je la regarde, nous nous moquions souvent d'Éric et des autres qui parlaient par sigles, la ROO, du PSGY, qui ont organisé un EQQTRAZ. « Rodolfo Mattarollo ? » je poursuivis. « Un avocat argentin réfugié. Bref son pote nous a branchés sur leur groupe. — Et vous faites quoi ? — On aide les militants. — Et on informe », dit Camille. « Je croyais que vous ne connaissiez personne ? — On connaît les Chiliens et les Uruguayens. Tu les as vus chez Juliette la dernière fois. »

« Alors vous hébergez des réfugiés ? » Camille rigola. « Pourquoi ? Tu veux qu'on te branche ? Tu te sens seule chez toi ? » Éric cette fois s'interposa.

« Arrête. » Mais Camille était lancée. « En même temps tu en héberges déjà un, non ? C'est la caution "militantisme" que tu veux en bas de ton certificat ? » Je demandai à Éric de s'arrêter, Sophie l'en empêcha. « On peut pas essayer de se calmer là ? » Tout le monde se tut dans la voiture.

Au premier feu rouge j'ouvris la portière et sortis. Éric m'interpella : « Si tu veux, tu peux me rejoindre jeudi prochain devant l'ambassade d'Argentine, y a Foucault qui vient parfois. » Je claquai la porte.

Dois-je appeler Léa ? Lui raconter ? Léa me manque. Il me faut quelqu'un pour parler de lui, toute seule je n'y arriverai pas. Il va finir par s'évanouir, je ne parviendrai peut-être même pas à me souvenir.

Bien plus tard, on sonna à ma porte. C'était Sophie avec une bouteille de vodka. Je tombai dans ses bras. « Ne les écoute pas, ils sont cons. » Je n'en avais rien à foutre de Camille ou d'Éric. Je voulais le voir, lui. « On va la descendre à deux », je lui ai dit. Sophie m'embrassa les cheveux. « On va la descendre jusqu'à ce qu'elle nous tue. »

Elle ne m'a pas tuée, mais j'avais une sacrée gueule de bois le lendemain. Mes vêtements et mes cheveux sentaient la cigarette. Je restai une demi-heure sous la douche en tâchant de reprendre mes esprits. Ma tête me faisait mal, j'avais l'impression qu'on me balançait des décharges électriques. Je pensai à une rupture d'anévrisme ou à une attaque cardio-vasculaire. Mon cœur s'emballait, j'eus un début de crise de tachycardie et sentis ma tension faiblir. J'eus peur de mourir.

Non. Je n'allais pas crever toute seule. Je n'allais pas attendre qu'il m'appelle, qu'il me siffle, pour accourir comme un chien. J'allais sortir, et travailler dehors. J'allais casser l'attente à coups de batte de baseball et de piolet d'alpiniste, j'allais la fracasser contre les murs de Paris. Il ne m'aurait pas.

30.

Ma mère m'appela pour me prévenir que je devrais récupérer la télévision au plus vite, sans quoi elle la donnerait à Roger, le voisin. Ça ne pouvait mieux tomber. Pour une fois, je n'étais pas mécontente d'entendre sa voix, même si elle ne parvenait pas à me demander gentiment de venir chercher un téléviseur qu'elle m'avait promis et qui ne lui servait plus à rien – c'était à peine un cadeau. Je lui promis de passer dans l'après-midi, mais pourrais-je emprunter la voiture pour transporter la télé ? Elle allait voir avec papa, il pouvait en avoir besoin. Dans tous les cas, quoi qu'il arrive, si jamais je prenais la voiture, je devais la ramener le soir même. Voilà comment transformer cet *à-peine-cadeau* en calvaire, un art consommé de ma mère. Je m'en fichais. Il me fallait de la distraction. Et un prétexte pour sortir de chez moi.

Ma mère me rappela un peu plus tard pour m'offrir une heure de voiture, entre cinq et six. Je pouvais arriver plus tôt, *à moins que je n'aie pas envie de la voir...* Ce qui signifiait, *viens discuter avec moi, ça me ferait plaisir, mais ne prends pas ça pour une requête, qui pourrait ressembler à une plainte, je ne dépends de personne.*

Le rituel ne souffrait aucun écart. Arrivée chez mes parents, je sonnai. Puis j'entrai sans attendre qu'on m'ouvre. La télévision était allumée. Ma mère en vieux jean et chaussons. On pouvait imaginer qu'elle avait été belle, très belle même. Ses jambes étaient encore fines, sous son ventre gonflé. Elle gardait une silhouette longiligne lorsqu'elle se tenait debout. Ce qui était rare. C'est avachie sur son canapé que je me la représentais le plus souvent, oubliant qu'elle avait eu un corps alerte, qu'elle avait été jeune et déliée, qu'elle avait été en vie.

Je l'embrassai sur le front. Elle baissa le son. Nous étions seules. Mon père travaillait. Je m'assis à côté d'elle, devant la nouvelle télévision, plus large et en couleur. Nous ne nous regardions pas. Nos corps étaient proches sans se toucher. Nous avons laissé passer un moment de silence, face à l'écran muet. Très vite, je réagis. Il me fallait remplir le silence, tout de suite. Sans quoi j'allais être attirée dans ce tourbillon qui depuis l'enfance me terrifiait, car je savais qu'il vous attirait au fond d'un gouffre dont on ne revenait pas. Toute ma vie j'avais réussi à rester au seuil du gouffre, résistant de toutes mes forces, sans que ma mère comprenne comment.

« Alors, comment ça va depuis que vous êtes rentrés ? — Bof, comme ci comme ça. J'aime bien retrouver mes habitudes tu sais. Ils ont livré la télé hier, elle est belle, non ? » Je savais que ma mère avait autre

Théa

chose à dire, qu'elle n'était pas seulement cette femme décérébrée qui passait ses journées à regarder des émissions, à faire les courses, à préparer à manger, à discuter parfois avec les voisins. Je savais qu'elle avait eu en elle d'autres aspirations, de la vivacité, qu'elle avait été drôle, qu'elle avait été connue pour son humour même, qu'elle faisait rire les gens. « Oui, elle est grande. — T'es contente de récupérer l'ancienne ? » Elle savait. J'avais jusque-là refusé fermement d'avoir une télévision chez moi, elle m'aurait empêchée de travailler parce que j'avais moi-même cette habitude chevillée au corps de regarder des émissions débiles dès que je n'étais plus inspirée, ou que j'avais besoin de faire une pause. Je connaissais ma propre addiction, née de l'enfance – la télévision avait été le substitut de ma mère, ou son clone. Ce refus de ma part avait agacé ma mère. Je voulais partir, très bien. Me différencier d'eux, pourquoi pas. Puis carrément les rejeter. Et voilà qu'aujourd'hui j'avais fini par céder. J'avais accepté sa vieille télé, c'est-à-dire celle que je regardais moi-même enfant, mon objet transitionnel, l'unique meuble hérité de mes parents qui entrerait jamais dans mon studio. Le plus pernicieux, le plus séduisant, le plus dangereux des meubles.

Elle était donc sur le point de remporter une victoire. Et je jouais le jeu. « Bien sûr, je suis contente. Je n'aurai pas vraiment l'occasion de la regarder, mais le soir, pour les infos, ça me semble quand même pas mal. Et je vais te dire, ça me fera gagner du temps. Plutôt que d'acheter un journal pour me tenir au courant, il suffira que j'allume la télé. Et en plus, je pourrai dîner devant... » Je ne m'arrêtais plus, étonnée moi-même devant cette logorrhée qui montrait mon enthousiasme, ainsi qu'un rapport très maîtrisé à la chose, puisque je déroulais mon plan de vie commune avec la télévision. Et ma mère qui était loin d'être idiote, et particulièrement affûtée s'agissant de nos rapports, trouva ma démonstration un peu longue pour quelqu'un qui se voulait détaché. « Ça me fait plaisir. Je trouve que tu travailles trop. Tu as aussi besoin de te détendre... » Ça n'était que trop vrai. Mais j'aurais préféré me détendre avec un être humain, et plus particulièrement un homme de huit ans mon aîné, qui avait partagé mes nuits et mes jours trois semaines durant, et qui s'était volatilisé, comme ça, *pfuit*, pour voir un ami à lui, comme s'il ne pouvait faire entrer dans la même réalité « un ami à lui » et moi, son amante, sa femme.

Je me levai pour aller à la cuisine. « Tu veux quelque chose ? » demandai-je tandis que devant le vide du frigo, je décapsulai une bière, bruit familier qu'elle reconnut. « Comme toi. » Nous trinquâmes ensemble avec une Kronenbourg à quinze heures. La première gorgée me donna le courage de me lancer : « Raconte-moi un peu ton voyage. — Mais on l'a déjà fait, non ? — Non. — Qu'est-ce que tu veux que je te dise, moi ? C'est des lieux que tu connais pas, ça sert à rien de te raconter qu'on a été avenue... qui était avant avenue... et dans l'immeuble de mamie, puis celui où on a habité pendant dix ans, avant de déménager dans un autre quartier, puisque de toute façon tu le connaîtras pas non plus. — Ben si, justement, ça m'intéresse. Ce qui m'intéresse ce n'est pas le nom du quartier en arabe, c'est où vous avez vécu, comment, et qu'est-ce que ça t'a fait d'y retourner ? — Du mal. »

Cette fois je n'allais pas me laisser intimider. « D'accord. Ça, j'ai compris. Mais tu peux quand même faire l'effort de me raconter, même si ça te fait du mal. Je sais pas, peut-être que j'ai envie de savoir ce qui te fait du mal. » Je n'en revenais pas de mon audace. Jamais je n'avais interrogé ma mère de façon aussi frontale. Était-ce le fait qu'elle m'ait appelée alors que je n'étais pas loin de sombrer ? Que je suffoquais à force de n'y rien comprendre, Antoine qui part, revient, repart, ma mère qui retourne là-bas comme si de rien n'était, mais qui n'est en réalité jamais vraiment revenue ?

Ma mère fut elle aussi surprise par mon ton. Elle tourna enfin la tête de son écran muet pour me regarder, rien qu'un bref instant certes, mais du moins posa-t-elle les yeux sur moi. « Qu'est-ce que tu as ? me demanda-t-elle, depuis que je suis rentrée y a quelque chose qui a changé. — Maman, je viens de te poser une question. Ne réponds pas par une autre. Et je ne suis pas obligée *d'avoir quelque chose* pour te poser une question simple. » Je haussai le ton, exaspérée. Elle battit en retraite. « Oh pardon ! Qu'est-ce que t'es susceptible, c'est bien ce que je disais... » J'attendis. Inutile de la relancer, nous ne sortirions pas du piège. Il fallait qu'elle se retrouve face au silence, au mien et au sien, pour que sorte peut-être enfin une parole vraie.

Peu à peu des mots se sont mis ensemble. C'est cela, ensemble. Ils n'avaient pas vocation à s'associer ainsi dans sa bouche. Portés par toute autre voix, si. Mais pas par la sienne. J'étais si inquiète que le flux cesse, que je restai immobile, la jambe ankylosée, repliée sous ma cuisse, concentrée sur mon silence autant que sur ses mots, si bien que certains sans doute ont disparu, avalés par ce double effort.

« On est revenus. C'est tout. On est revenus chez nous. » Je songeais à ce pavillon sans vie où nous étions assises, un pavillon qu'elle avait pourtant fait mine de retrouver avec joie, avec soulagement peut-être, un chez-elle qu'on ne lui arracherait pas. « Le plus drôle, mais tu le sais pas, c'est qu'on n'est pas français à l'origine ! Pas du tout, moi quand je suis arrivée en France, je connaissais pas. J'étais jamais venue. Et là, on contrôle tes passeports, on te toise comme si t'étais une bête curieuse... » Quel voyage me racontait-elle ?

« Papi, il était là depuis belle lurette. Mais mamie, elle est arrivée d'Italie à cinq ans. » Mamie m'avait déjà raconté. Pas tout bien sûr. Mais elle m'avait appris que sa famille avait émigré d'Italie pour l'Algérie, où ils étaient arrivés les mains vides et s'étaient installés comme ouvriers agricoles. Ils avaient fini par devenir propriétaires. On leur avait donné des concessions qui les ont fait passer plus tard pour de riches colons. Mais en guise de concessions, c'étaient des marécages. Ils ont mis du temps pour les assainir, le temps d'améliorer leur situation et de se déchirer. Et puis, la maman de mamie est rentrée en France. Elle était malade des nerfs.

Théa

Il fallait l'éloigner. Pourquoi la France ? Pourquoi pas l'Italie ? Sans doute parce que en devenant algériens ils étaient devenus français, qu'ils parlaient désormais cette langue, et que les hôpitaux psychiatriques français avaient meilleure réputation. En tout cas, ils étaient loin. « Moi je suis née à la ferme, tu comprends. Au douar Beni Maida. Mais on a quitté la campagne assez vite. Je suis allée voir le collège Notre-Dame-d'Afrique. Les gens ne savaient même pas que c'était ça. Il a changé de nom. On a mis du temps à le retrouver. » Elle s'arrêta, plongée dans des souvenirs superposés, sans souci de les classer par ordre chronologique. Il n'y avait plus d'ordre dans la tête de ma mère.

Ma mère avait été relativement seule par rapport aux enfants de son âge. Elle n'avait qu'une sœur, au contraire des autres familles pieds-noirs, où les enfants pullulaient. C'est une chose dont elle me parlait parfois, lorsqu'elle me surprenait, enfant, allongée sur mon lit, rêvassant. Elle ne supportait pas de me voir inactive. Je devais bouger, courir, être dehors. C'était une question d'éducation, sur laquelle on ne revient pas. Je m'ennuyais ? Et alors, elle aussi elle avait été seule durant son enfance, quand toutes les autres maisons débordaient de fratries où l'ennui était une chose inconnue – la promiscuité oui, la jalousie, oui, la violence oui, la pauvreté oui ; mais pas l'ennui. Je n'avais pas à me plaindre. La solitude, ce n'était pas un mal. Elle, par exemple, ne s'ennuyait jamais – enfin, en tous cas, *avant*. Depuis qu'elle était en France, ma mère avait découvert l'ennui. Moi-même je ne la connaissais qu'ennuyée, s'ennuyant, ennuyeuse. La télévision avait peu à peu grignoté l'ennui, au cas où il aurait pu produire quelque chose, un déclic, un désir.

Me voir m'ennuyer était pour elle un aveu d'échec. Parce que si nous avions été deux enfants, eh bien... si nous avions été deux sans doute ne nous serions-nous jamais ennuyés. Mais si Joseph n'était pas mort, je ne serais peut-être pas née.

Déjà elle reprenait son récit alors que j'étais perdue à mon tour dans les picotements de ma jambe et mes propres souvenirs. « C'est la cuisine que j'ai retrouvée. Surtout la cuisine, tu peux pas t'imaginer. Les épices. C'est pas les mêmes qu'ici. Tous les trucs que tu achètes, le paprika, le cumin, la coriandre, ça n'a rien à voir, je te jure. Absolument rien à voir. Et même l'huile d'olive. Elle a tout simplement pas le même goût. »

Ma grand-mère m'avait raconté la cuisine. Et la première fois qu'elle avait mangé du beurre et de la crème fraîche, ça l'avait écœurée. Elle avait fini par s'y habituer puisqu'elle aimait préparer des gâteaux, au contraire de ma mère qui ne s'était jamais résolue à utiliser ces ingrédients *cancérigènes*. « On a cherché la boutique de ton père. — Papa, il avait une boutique ? » C'était sorti tout seul. Je m'étais pourtant jurée de ne pas intervenir. « Sa mère, oui. Elle était modiste, quand je l'ai rencontré (elle avait la voix de quelqu'un d'étonné que son interlocuteur ne fût pas au courant d'une chose si évidente). Après elle a tenu le salon de coiffure. » Je m'en voulais d'être intervenue, et me tint silencieuse, pourtant ahurie d'apprendre ces choses dans une conversation qui de l'extérieur aurait paru normale, voire banale, et qui pour moi relevait d'un miracle, un enchaînement de circonstances mystérieux, la digestion de ma mère, l'heure qui n'était pas à sa série préférée, l'ensoleillement, la température, peut-être un parfum, que sais-je. « Ils sont arrivés en Algérie en âne. Ils ont fini par tenir le salon de coiffure le plus huppé d'Alger. J'étais toujours bien coiffée, moi, tu sais ! J'avais les dernières coupes à la mode. On regardait les magazines, et Paulette me les faisait. J'étais un peu son mannequin coiffure. J'avais des cheveux magnifiques. C'est comme ça que ton père est tombé amoureux de moi. » Que mon père tombât amoureux des cheveux de ma mère, c'était proprement inimaginable. Les cheveux de ma mère que ma grand-mère paternelle coupait dans le salon de coiffure le plus huppé d'Alger, elle qui était arrivée à dos d'âne. Cela relevait-il du mythe ? Un mythe du même acabit que les pirates dont me parlait ma grand-mère maternelle pour m'endormir. Les pirates grâce auxquels mon père était mon père. Un ancêtre enlevé en Sardaigne avec ses fils alors qu'il pêchait, vendu avec eux comme esclaves à Carthage, avait enflammé mon imagination pendant la petite enfance.

« On l'a retrouvé. » Je ne savais plus de quoi elle parlait. Puis je compris, le salon de coiffure. « À partir de là, j'ai réussi à refaire le chemin. » Il suffisait d'un point de repère pour retrouver la géographie de sa jeunesse. Faire émerger une ville disparue, dévorée par une autre qui avait tout transformé jusqu'aux noms de ses rues. Le salon de coiffure était la première balise de cette ville engloutie. « Évidemment, c'est plus un salon de coiffure. Juste une épicerie. Ils ont tout salopé. » Ma mère s'est arrêtée un moment, au bord des larmes. J'aurais voulu l'interrompre pour ne pas avoir à affronter ça. Mais elle reprit. « On habitait à deux rues de là. On a retrouvé l'immeuble. Il était toujours là, lui, au moins. C'était un bel immeuble tu sais, le plus beau d'Alger. C'est un architecte connu qui l'a fait. J'ai demandé si on pouvait monter à l'étage. On habitait au quatrième. On est montés, tout était dans un état ! Je te dis pas. On n'a pas pu rentrer dans l'appartement. J'ai l'impression qu'ils l'ont divisé en plusieurs appartements parce qu'il y avait plein d'enfants qui jouaient dans le couloir : c'est leur cour de récré, le couloir. Des mères les ont appelés depuis d'autres appartements. Avant, ces appartements ne faisaient qu'un. Il était grand notre appartement. Finalement je pense que c'est mieux qu'on n'ait pas pu entrer dedans. Mais les propriétaires n'étaient pas là, il n'y avait que les femmes. J'ai retrouvé mon arabe, difficilement, mais je l'ai retrouvé, sauf que je ne savais plus comment dire que je voulais juste visiter. Je ne me souvenais plus comment dire "visiter", tu te rends compte ? Juste au moment où on était là, sur le palier, je ne me souvenais plus. Ton père ne m'a pas aidée. De toute façon c'est à cause de lui qu'on n'a pas pu entrer. On ne fait pas entrer un homme dans une maison arabe si le mari n'est pas là. » Elle parlait très vite tout à coup. Chacun de ces détails avait l'air primordial. Elle *devait* expliquer pourquoi elle n'avait pas pu rentrer. « Ton père, il a oublié. Au début, il savait juste dire bonjour, au revoir, comment ça va et tous les salamalecs. Mais pas une phrase, tu te rends compte, pas une phrase ! À la fin, ça pouvait aller, il a retrouvé un peu... » J'attendais, en suspens. Son phrasé n'était pas celui que je connaissais. Ma mère semblait parler pour la première fois. Elle *racontait*.

Ma mère n'était pas quelqu'un qui raconte. Ses paroles étaient soit des ordres, soit des récriminations. Des plaintes ou de l'information. Mon père quant à lui était silencieux. J'avais cherché dans les livres d'autres vertus au langage. J'en avais même fait mon domaine de recherche, parce que j'étais sûre qu'il n'appartiendrait qu'à moi. Et je découvrais ce jour, dans un étrange malaise mêlé de sidération et de quelque chose qui s'apparentait à de la joie, que ma mère était capable de *narration*.

« On devait y retourner, et puis j'ai pas voulu. Ça allait. On avait vu le porche, l'escalier, les étages, et même la porte d'entrée. Peu de choses ont vraiment changé à part que c'est mal entretenu. Trop mal entretenu, je n'avais plus envie d'y aller. Ça me suffisait, tu comprends. De savoir que c'était encore là. Mais plus, ça devenait difficile. » Elle s'arrêta de parler. Je pris sa main.

Je sentais la vieille douleur remonter en elle. Depuis trop longtemps, cette douleur était tapie bien au fond, coulée dans les fondations. Elle frayait maintenant avec difficulté un passage qu'elle n'avait pas emprunté depuis longtemps, cherchant pour s'épanouir une forme autre que la léthargie dans laquelle je l'avais toujours connue. La douleur s'exprimait.

Ma mère se ressaisit vite. Je ne sais si j'avais eu raison de lui prendre la main, soulignant ainsi son moment de « faiblesse » – c'est ainsi sans doute qu'elle considérait ce que j'appelais, moi, un moment de vérité. Elle changea de sujet.

D'abord elle s'est levée, et nous a rapporté à toutes deux une bière. Puis elle m'a expliqué comment brancher la télévision et les précautions à prendre. Elle n'était pas mécontente que je la récupère, sa vieille télé, parce que mine de rien, elle y était attachée. Je ne suis pas revenue sur son voyage. Nous avons laissé l'Algérie flotter entre nous. J'espérais qu'elle me reviendrait, ma mère, ou l'Algérie, c'était pareil, mais je ne pouvais les brusquer. J'avais vécu un moment de grâce, il faudrait attendre le prochain. Tandis que je sortais, elle m'arrêta : « Attends, tu peux aller faire développer les pellicules ? Je te donne l'argent. » Je refusai son billet de cinquante francs. « Elles sont ratées à mon avis. C'est ton père. Je vois pas bien l'intérêt de prendre des photos, surtout qu'il y a que nous deux. J'ai pris surtout des paysages, nous deux c'est pas follement intéressant, hein ? — Ben si, c'est plus intéressant que les paysages », lui dis-je en rangeant les pellicules Kodak dans mon sac à main. « Garde la voiture, va, tu me la rendras quand les photos seront prêtes. » Je hochai la tête, hésitant à l'embrasser, mais l'habitude l'emporta. Je partis en lui faisant un signe de main aussi tendre que je pus.

Théa

Sur le chemin du retour, au volant de la R5, je tâchais de me remémorer tout ce qu'elle m'avait dit, affolée à l'idée que son récit s'évanouisse. Et de fait, il n'en restait pas grand-chose. Juste suffisamment pour nourrir un lancinant désir de savoir.

Mon studio exhalait l'absence d'Antoine. Mon tourne-disque, c'est lui qui l'avait branché. Acheté et branché. Et ça avait eu l'air si facile. La télé, il aurait dû s'en occuper. Je me retrouvais devant l'antenne, la remuant dans tous les sens pour capter les chaînes, noyée dans le brouillard et les rayures, le crachin. J'avais envie de pleurer à mon tour pour accompagner ce temps de merde, cette télé qui charriait les humeurs de mon appartement, alors que j'avais abandonné ma mère, là-bas, à Bourg-la-Reine, avec son histoire, et qu'Antoine était quelque part à Paris, chez lui, avec son copain et leur histoire à eux. Tout le monde avait son histoire, sauf moi. Et personne ne m'intégrait dedans. Même la télé résistait. Elle refusait de me donner des nouvelles du monde dans ce studio que la vie avait décidé de déserter.

Au bout d'un moment, je finis par capter correctement Antenne 2. C'était l'heure des infos. Je m'allongeai sur mon matelas et attendis qu'on me donne des nouvelles d'Argentine. Mais il n'y avait pas grand-chose. Un homme politique qui en faisait mention. C'est tout. Pas d'image. J'avais besoin d'en apprendre plus, mais retourner à la bibliothèque me déprimait. Pourquoi Antoine ne pouvait-il pas me raconter lui aussi de vive voix ? Pourquoi n'aurais-je pas droit à un récit en bonne et due forme, porté par sa voix grave, un récit subjectif qui me fût adressé ? Je m'endormis devant la télévision. Son ronronnement me fit sentir moins seule.

31.

C'est quatre jours plus tard qu'il débarqua à la maison, avec son copain, Simon. « Je suis passé hier, y avait personne. » Le ton n'était pas à l'excuse. Il fallait que je me fasse au mode d'apparition et de disparition d'Antoine. Simon m'observait. Je me sentais autopsiée sous ce regard, entre ces quatre murs, et proposai qu'on sorte. On étouffait ici. On se promena tous les trois dans le quartier. Antoine parlait, tandis que Simon et moi l'entourions, silencieux, intimidés par nos présences respectives, mais surtout par la transformation d'Antoine en présence de l'autre. Après tout je ne connaissais aucun de ses amis, personne qui le connût, de surcroît qui le connût mieux que moi. Simon aussi se méfiait de moi comme d'une part inconnue de son ami, peut-être dangereuse, qui l'éloignait un peu plus de leur pays. Je ne savais pas encore s'il allait être ami ou ennemi, me rejetant dans l'accessoire ou m'accueillant dans leur histoire, qui avait partie liée avec l'histoire de leur pays, histoire dont j'étais exclue. Pouvais-je faire partie d'une histoire sans en faire partie ? À quel degré la vie d'un exilé fait-elle place à la nouveauté ? À quel niveau d'être la rencontre amoureuse en terre lointaine appartient-elle ?

Antoine nous conduisit aux Buttes-Chaumont. Nous marchions. Parfois ils échangeaient des mots en espagnol. C'étaient des mots comme ça, informatifs, les bières pour le soir, et du dentifrice qu'il fallait racheter. Simon avait-il eu froid en Suède, et Felipe allait-il bien ? Un silence aménagé. Antoine entre nous était le seul à parler. Il se mit à siffloter un air qui traînait sur les ondes à l'époque, « Do You Really Want to Hurt Me » de Culture Club, que je fredonnais dans ma tête. Des deux côtés nous étions des pans de sa vie, dont il n'était pas sûr qu'il faille les rapprocher.

Puis nous sommes descendus dans le métro, à la station Colonel-Fabien. La rame, bientôt, sortit de terre. Nous observions autour de nous, sous un soleil de printemps, le troisième étage des immeubles du boulevard de la Villette, puis de Clichy, protégés par les feuilles naissantes des platanes. Le printemps m'a toujours fait mal, je ne sais pourquoi. Le temps change trop souvent et trop vite, on ne sait jamais comment s'habiller, on croit que le beau temps va enfin s'installer, et puis non. Il vous trompe. Incessamment, il vous trompe. Les bourgeons vous narguent, la vie renaît, sans vous. Mais à cet instant je me *souvenais* de l'impact du printemps sur moi, car il ne me faisait pas du tout l'effet habituel.

Théa

La rame rentra à nouveau sous terre, et nous descendîmes place des Ternes. J'ignorais la raison de ce parcours, jusqu'à ce qu'Antoine entre dans une boutique spécialisée en matériel cinématographique. Ça me rappela qu'il me fallait récupérer les photographies de ma mère d'ici quelques jours, dans un laboratoire non loin de chez moi, rue des Pyrénées, dont le propriétaire avait absolument tenu à faire un double tirage pour le même prix. J'avais décliné l'offre. C'étaient les photos de vacances de mes parents, pas les miennes, je ne vois pas à quel titre j'en garderais des doubles. C'est une promotion, insistait-il, et s'ils les perdent, ils seront bien contents de vous demander les doubles. Où sont-ils allés, vos parents ? Quand je lui répondis en Algérie, son visage changea d'expression. Il me scruta, comme pour vérifier quelque chose. « Je suis harki, tu sais ce que c'est, harki ? — Non », lui répondis-je. Je savais vaguement de quoi il s'agissait. « C'est ceux qui ont combattu à vos côtés, et qui n'ont pas obtenu une miette de reconnaissance. » Je me sentais coupable sous son regard, et obligée d'ajouter : « Mon père aussi a fait la guerre. C'était son pays, enfin il l'a défendu comme son pays. » Le visage du type s'était détendu peu à peu, jusqu'à s'affaisser complètement. « Je vous les fais en double. On n'a jamais trop de souvenirs de là-bas. »

Tandis qu'Antoine discutait avec le vendeur, Simon et moi avons fumé une cigarette sur le trottoir. Enfin seuls, nous pouvions essayer d'échanger quelques mots. Nous étions particulièrement maladroits. Je savais pourtant qu'il parlait bien le français puisque Antoine ne s'était adressé à *nous* quasiment que dans cette langue. Simon était brun comme Antoine, les cheveux drus, plus petit, plus épais aussi, plus masculin. Je l'observais, me demandant s'il me plaisait. J'étais trop absorbée par Antoine et l'incertitude de sa présence pour être touchée par la beauté d'un autre homme. « Où tu as appris à parler français ? — Ça fait sept ans que je suis là. — Sept ans ? Mais... tu n'es pas un... réfugié politique ? » Simon sourit tristement de ma naïveté. « Je crois bien que si, c'est l'expression non ? Réfugié politique, c'est mon statut, ouais. » Je n'y comprenais rien. Il me semblait que la dictature avait commencé il y avait moins longtemps que ça, qu'elle était même assez récente. Surtout, je croyais qu'Antoine était lui-même arrivé un an ou deux auparavant. Il m'avait dit avoir quitté l'Argentine avec Simon. Ce dernier s'aperçut aussitôt de mon trouble. « Antoine est arrivé après moi. — Il ne m'a pas dit ça. » Simon m'observait tandis qu'il cherchait la réponse la plus facile à comprendre pour une profane comme moi. « On est partis ensemble d'Argentine. Mais Antoine est resté au Mexique plusieurs années avant de me rejoindre. » J'assimilais ces nouvelles informations, tandis qu'Antoine passa la tête par la porte. « J'ai presque fini. Après on va manger un truc. » Je me demandai s'il n'avait pas prévu cet achat pour nous laisser seuls quelques instants. « Qu'est-ce qu'il faisait au Mexique ? — À peu près comme ici, sauf que les conditions étaient moins bonnes. Mais il était plus près de la maison et pendant quatre ans il a pensé chaque jour y retourner. — Alors venir ici, c'était renoncer à rentrer ? » Simon resta songeur. Cette conversation ne lui était pas agréable, cependant il répondait avec franchise et simplicité, comme si c'était pour lui un prélude nécessaire à toute relation saine. Je ne pouvais pas en dire autant de son ami. « Un peu. Mais j'étais là, j'avais préparé le terrain. Et au fond, on a autant d'informations ici qu'au Mexique. C'est-à-dire pas beaucoup. — Vous vous connaissiez bien là-bas ? — Oui. C'était mon beau-frère. » Son beau-frère ? Cela voulait dire qu'Antoine avait une sœur, dont il ne m'aurait pas parlé ? Ou bien alors... Non, ça ne pouvait pas être ça. Antoine revenait, un lourd paquet à la main, ne nous laissant pas finir. « On va à la maison, annonça-t-il. Il doit rester des œufs, on se fera une omelette. » Ce projet, au lieu de me réjouir, ne fit qu'accentuer mon malaise.

Mais je ne dis rien, comme à mon habitude, et suivis. Je n'étais pas capable de les laisser sur le bord de la route et de m'en aller de mon côté. Je n'avais plus de côté, plus d'à-côté, plus d'ailleurs. Je devais être près de lui, un point c'est tout. Pas d'autre choix que de le suivre, n'importe où. Y compris chez lui, quand il ne m'y invitait pas vraiment, mais juste me proposait, comme ça – on aurait pu aller ailleurs n'est-ce pas –, de *passer* manger une omelette.

32.

Nous avons repris le métro jusqu'à Couronnes, là nous avons descendu la rue Jean-Pierre-Timbaud, puis la rue des Trois-Bornes où Antoine habitait avec le documentariste dont il m'avait parlé et qui n'était jamais là – soit en tournage, soit chez sa copine (lui, au moins). Aussi ce dernier offrait-il l'hospitalité à Simon. Je me demandais s'il s'agissait d'un appartement spécialement affecté à l'accueil des réfugiés argentins. Antoine l'avait trouvé grâce au réseau de solidarité, et sans doute d'autres exilés y transitaient-ils. Peut-être même était-ce pour cette raison qu'il ne m'y avait pas encore accueillie, échafaudai-je, car j'avais déjà pris le parti, sans me le formuler, de justifier coûte que coûte ses actes. Après tout, je ne pouvais pas toujours tout comprendre des raisons d'un exilé. Il semblait normal qu'il ne pensât pas de la même façon. Je m'en voulais de l'avoir jugé. Puis aussitôt me revint en mémoire, tandis que nous montions les escaliers, le lien de famille entre Simon et Antoine. Je devais tirer cette histoire au clair. En même temps j'avais peur de paraître indiscrète.

Je cherchais frénétiquement dans ma mémoire si Antoine m'avait parlé d'une sœur, mais les bribes de nos conversations s'évanouissaient dès que je voulais les saisir. Je n'aurais pu oublier ça. Mais j'en venais à douter de ma propre réalité avec lui, et à confondre mon imagination qui remplissait les trous, et ce qu'il y avait entre ces trous, « notre vie commune ».

Antoine ouvrit la porte sur un grand et lumineux appartement aux poutres apparentes. Je ne l'imaginais pas dans un aussi joli endroit. Un salon s'étendait d'une fenêtre à l'autre. Les meubles qui l'occupaient étaient vieux, décatis, on voyait cependant qu'ils avaient été beaux. De lourdes couvertures indiennes rouges les recouvraient, ainsi que des myriades de coussins multicolores. Sur le parquet, des tapis élimés, rouges eux aussi. Là, une grande table basse, en bois brut. La cuisine donnait dans le salon. Antoine nous invita à nous asseoir, puis se reprit. « Je vais te faire visiter ! » Je le suivis, heureuse de ne l'avoir que pour moi, ne seraient-ce que quelques instants. Il me montra sa chambre, peinte en vert foncé, un matelas au sol, des livres empilés, des cendriers remplis, une armoire. La fenêtre donnait sur la cour. Je m'approchai de lui. Il fallait que je le touche. J'avais besoin de sa peau, de son odeur. Il entoura mes épaules de son bras, et m'attira à lui pour introduire profondément dans mon palais sa langue, chaude, douce. Tout en moi se détendit. Je respirais profondément, prête à pardonner, oublier l'attente, la rancœur, la sœur. Il se détacha de moi, puis leva mon menton pour planter ses yeux dans les miens.

Cuisses transpirantes, doigts moites, je me liquéfiais. Il passa devant moi et me montra l'autre partie de l'appartement : deux chambres, celle du réalisateur et celle pour les amis de passage, Simon en l'occurrence, qui avait déjà défait ses valises.

Nous sommes revenus au salon, tandis que Simon avait cassé les œufs dans la poêle. J'allumai une cigarette, juste pour faire quelque chose. Le temps que mon corps peu à peu s'oublie dans ce nouvel espace. Une fois la cigarette finie, tandis que les deux hommes discutaient autour des fourneaux, je me levai et demandai le chemin des toilettes. Antoine m'indiqua la porte au fond du couloir. Je m'enfermai dans le réduit, soulagée d'être seule. Assise sur les toilettes, j'observai les murs, les cartes postales épinglées, les vieux magazines qui traînaient par terre. Je me rendis compte que le carrelage était inégal. Il était censé, une fois assemblé, représenter des figures géométriques dépassant le cadre des carreaux. Or visiblement, celui qui les avait posés avait inversé l'un des carreaux, ce qui empêchait à la figure de se construire et brisait la régularité de l'ensemble. Ce détail m'accaparait. J'observais ce carreau, comme s'il allait me révéler un secret. Mais je me dis qu'une surface plane n'était pas à même de cacher quoi que ce soit. Puis, les yeux toujours fixés entre mes jambes sur le sol des toilettes, je songeai qu'une surface plane pouvait au contraire dissimuler une profondeur insondable : la profondeur de champ, la profondeur du temps. Les photos. Les photos que j'avais déposées au labo et que j'irais chercher le lendemain. Des images.

Des surfaces planes. Un bout de papier, papier, pierre, ciseaux, puits, le papier recouvre le puits et la pierre, seuls les ciseaux gagnent, mais la photo, que cache-t-elle qu'elle montre ?

J'entendis Antoine m'appeler et m'éveillai de mon vertige, surprise. Ça devait faire un moment que j'étais assise sur cette cuvette, le visage entre les mains, les yeux rivés au carreau à mes pieds, ce carreau qui brisait l'harmonie et racontait nécessairement une histoire. Je me fis la réflexion, tout en tirant la chasse, que c'est en brisant l'harmonie que l'Histoire commence. Mais cette pensée m'a effleurée et s'en est allée, aspirée par l'eau des toilettes, et je les retrouvais, comme après un voyage, légèrement étrangère.

Le couvert était mis et mes œufs refroidissaient. Antoine m'observa. Je lui souris. Je crois qu'il s'interrogeait sur moi. Son regard avait toujours quelque chose d'étonné, de curieux, et j'aimais ce regard parce qu'il me donnait un intérêt que je n'éprouvais pas pour moi-même.

Dès que je fus là, ils reprirent en français. Je les observais, pleine de gratitude pour cet effort qui m'incluait. C'était étrange de les voir converser dans une langue étrangère pour eux. Ils se parlaient, et sans doute leur intimité devait-elle s'en trouver perturbée, légèrement déplacée par la langue, ébréchée par le rythme, mise à distance par les accents et le léger effort qu'une grammaire étrangère impose. Se rapprochant de moi ils s'éloignaient de leur langue maternelle, et je souris en songeant que par cet effort linguistique de deux hommes je devenais une femme, et j'écoutais leurs voix comme si je m'en caressais, les jets d'une douche chaude contre ma peau, mon visage, mon ventre et mon sexe.

« Où tu es, Théa ? » Je sursautai. « Là, je suis là », et je rougis légèrement. « Tu veux qu'on parle d'autre chose ? » Je secouai la tête. Non je n'avais pas du tout envie qu'ils parlent d'autre chose. Ils se donnaient des nouvelles des uns et des autres, ressassaient la situation politique. Antoine m'en avait un peu parlé, Éric m'avait mise au courant, j'avais moi-même glané suffisamment d'informations pour suivre leur conversation, mais il me plaisait d'être à la fois dedans et dehors, comme les enfants qui ont besoin des voix des adultes pour s'endormir. Il y avait là quelque chose de rassurant, une appartenance. Enfin une appartenance, dans une langue chantante qui était bien la mienne, et néanmoins pas tout à fait.

Tandis que la lumière baissait à travers les fenêtres et qu'Antoine avait allumé une à une les lampes, ils continuaient de discuter. De temps à autre ils mettaient un disque, une cassette, roulaient des joints, se couchaient dans le canapé, se levaient, Antoine venait m'embrasser. Je participais parfois à la conversation, parfois je partais dans mes poumons avec la fumée de l'herbe, et voyageais dans mes entrailles, comme dans un film de science-fiction. Des vaisseaux dans les vaisseaux, des couloirs, et ça glissait si bien… J'étais au chaud au fond de moi-même, entre les alvéoles des bronches et le cœur, dans des artères accueillantes, proche du foie et du cordon ombilical qui s'y était replié, puisque c'était dans le foie, siège de l'âme, qu'il se tenait caché. Qui m'avait dit ça ? Était-ce mon père ? Le foie et non le cœur, siège de l'âme, des émotions, des sentiments, le foie, lieu symbolique du centre de la vie... J'imaginais des poèmes où l'on aurait remplacé systématiquement le cœur par le foie, et riais toute seule.

Antoine me proposa de rester dormir. Je me relevai sur mon coude, et le regardai, dégrisée, tout en jouissant pleinement de la proposition dans un temps dilaté, car il s'agissait à cet instant d'un miracle : j'allais dormir chez lui. Certes, son ami aussi. Et sans doute partageaient-ils plus de choses qu'Antoine et moi. Mais moi je partagerais son lit, alors que Simon dormirait seul.

Je me lovais contre son corps nu. Des draps indiens, élimés et doux reposaient sur nos jambes imbriquées. Je caressais sa peau, et le regardais, le regardais si intensément que j'essayais de l'incorporer. Mon regard ne le dérangeait pas. Il me caressait aussi, les yeux au plafond, et sans doute au-delà, se parlant à lui-même autant qu'à moi.

« La mère de Simon et la mienne travaillaient ensemble à l'hôpital. — Elles étaient infirmières ? » demandai-je. « Non, médecins. Ou plutôt sa mère était médecin orthopédique, et la mienne psychologue. Elle était pas vraiment médecin en fait. » Je ne m'étais encore jamais demandé ce que faisait la mère d'Antoine – je savais que son père était journaliste –, même si j'avais perçu qu'il appartenait à une catégorie sociale plutôt privilégiée. Il était cultivé, mais avait milité très à gauche. Sa culture pouvait lui venir de son militantisme, comme chez beaucoup d'étudiants de ma fac. Je commençais néanmoins à comprendre que toute sa famille avait été progressiste, engagée politiquement. Il n'avait rien de l'enfant des rues, et avait dû faire les meilleures écoles avant de s'engager dans la lutte. « Elles travaillaient à l'hôpital polyclinique de Lanús. C'était un hôpital-école. C'est Evita Perón qui l'a fondé. » Evita Perón, oui, je voyais qui c'était. Evita. La femme de Perón. La première, pas la dernière. Pas Isabel parce que Isabel avait sa responsabilité dans le coup d'État et la dictature militaire. C'est drôle qu'un seul et même homme choisisse deux femmes aussi différentes.

« Comment s'appelle ta mère ? — Claudia. — Claudia comment ? — Claudia Goldberg. — Mais ce n'est pas ton nom ! — Mes parents ont divorcé quand j'avais dix ans. — Divorcé ? » Un soulagement immense se répandait en moi. J'avais trouvé la clé. « Pourquoi ? Pourquoi ont-ils divorcé ? — Ils ne s'aimaient plus, je suppose. — Je comprends mieux pourquoi Simon m'a dit qu'il était ton beau-frère. » Je vis le visage d'Antoine se crisper, ses yeux devenir fous. Il se leva d'un bond, se retourna avant de sortir de la chambre : « Qu'est-ce que tu comprends mieux ? » Et c'était dit avec une telle violence que j'hésitais à répondre. J'avais peur de trahir Simon, mais n'était-ce pas déjà fait ? « Eh bien je me disais que tu devais avoir une demi-sœur. Pardon, j'ai dû me tromper. » Il ferma la porte.

Théa

Je me relevai à moitié, et m'assis sur le lit, les bras autour de mes genoux. Je l'attendais, sans comprendre, mais pressentant que j'avais commis une erreur. J'observais autour de moi. Des piles de cassettes audio s'accumulaient le long des murs, posées les unes sur les autres comme des briques instables. Je me rapprochai d'elles, et y lut : « Le Combattant / février-mai 76 », puis « Le Combattant / juillet 77 », « Laura, Simon, Miguel », « Le Combattant / caserne » « Many ». Il y avait des dates qui défilaient, toutes comprises entre 1976 et 1980. Des enregistrements manuels – les dates étaient écrites au stylo-bille, avec quelques ratures, sur des autocollants découpés aux dimensions de la tranche des boîtiers. Nul doute qu'il s'agissait du témoignage de ses camarades et peut-être du sien au sujet de la guerre civile en Argentine. Je me jetai de nouveau sur le lit, guettant les bruits pour deviner ses gestes.

Il revint au bout d'un moment, le visage trempé. Il avait dû s'asperger d'eau. Ça dégoulinait sur ses épaules, son ventre, son caleçon. Je levai les yeux, terrorisée. Il ne me regardait pas. Il vint s'asseoir à mes côtés et s'excusa. « J'avais une demi-sœur, c'est vrai. » Je laissai passer un long moment de silence, mais finis par le relancer. « Tu ne veux pas en parler ? — Je n'ai pas de nouvelles d'elle, je pense qu'elle est là-bas. C'est la fille de la compagne de mon père. » Et la femme de Simon ? La question me brûlait les lèvres, mais je n'osai la poser. J'avais peur qu'il me réponde non, et que leur lien de parenté se situe ailleurs. Peut-être avais-je de vagues soupçons. Peut-être ne voulais-je pas qu'ils fussent confirmés, sans quoi je lui aurais posé la question, non ? Ne lui aurais-je pas posé la question si j'avais vraiment voulu savoir ? J'avais trop peur de le perdre. Je préférai biaiser. « Ton père s'est remarié alors ? — Oui. — Tu as vécu avec ta mère ? — Oui, mais je voyais toujours mon père. Tous les week-ends. Ils n'habitaient pas loin l'un de l'autre. » Je devais m'habituer à ses accès d'humeur. Il me parlait maintenant calmement, s'installant dans son récit. « Je pouvais aller chez lui quand je voulais, et inversement. Ils s'entendaient bien. Juste, ils ne s'aimaient plus... Et quand ma mère a divorcé, elle a repris son travail. À l'hôpital polyclinique de Lanús. Et là, elle a rencontré Irene. — Irene ? — La mère de Simon. Irene Cozzo, divorcée elle aussi... Et juive. — Juive ? — Comme moi. » C'était la première fois que je m'apercevais qu'Antoine était juif, comme si aucun qualificatif n'avait pu jusque-là s'accrocher à lui pour l'inscrire quelque part, dans une histoire, une filiation, un pays et que, soudain, ce simple adjectif l'identifiait. « Ce sont des réfugiés du nazisme ? — Non. Pourquoi ? Tous les juifs argentins ne sont pas arrivés à cause de la guerre ! La famille de mon père était là depuis le XIXe siècle ! Depuis la naissance du pays. On fait partie de ses fondateurs ! » Il disait ça avec fierté. « Ils ont fui des pogroms de la Russie tsariste. Enfin, ils viennent de Russie. Mais ils sont arrivés peu après l'indépendance, dans les années 1820. Comme les autres émigrés. Et comme ceux qui ont réussi, ils sont devenus propriétaires terriens, alors tu vois... » Oui, je voyais qu'il me démontrait qu'il n'était pas un « juif errant », comme aurait pu le laisser supposer son statut de réfugié. Il avait quitté SON pays, et ce pays, l'Argentine, n'était pas une terre d'accueil provisoire mais la terre de SES ancêtres. Et il renchérit : « Ils se sont installés à Entre Ríos. Là, ils ont participé à toutes les conquêtes. » Je ne pus m'empêcher de sourire. Je me voyais mal revendiquer les conquêtes de mes aïeux, qui avaient toujours été du côté des perdants. Mais Antoine devint plus grave. « Là-bas, si tu voulais t'en sortir, il fallait de la terre. Il n'y avait que la terre qui comptait. Encore aujourd'hui, si tu possèdes la terre, t'es du bon côté. Ça fait longtemps que ma famille n'en possède plus... Mais au début, ils en ont supprimé, des indigènes... Aucune famille n'a les mains propres. Elles se sont toutes, à un moment ou à un autre, construites dans le sang. » Il chuchotait. Nous étions au milieu de la nuit, Simon devait dormir.

J'observais sa moue de dégoût. Du dégoût vis-à-vis de lui-même sans doute, vis-à-vis de sa famille, vis-à-vis du combat de juifs réfugiés et désargentés convoitant un bout de terre et éliminant ceux qui l'occupaient, du combat de pauvres désespérés contre d'autres pauvres désespérés, du combat pour la terre. Il était issu d'un génocide, il avait grandi dans les sillons de sang, sur les cadavres décomposés qui alimentaient le terreau du « potager » d'Amérique, de la chair, des cheveux, des os, qui faisaient un merveilleux compost.

« Les parents de ma mère se sont installés il y a moins longtemps. Mais quand même. Il n'y a que ma grand-mère qui soit arrivée juste avant la Seconde Guerre mondiale. Pour les autres, ça fait presque un siècle. » Nous nous sommes tus pendant un long moment, lui sans doute perdu dans ses souvenirs, moi tâchant d'assimiler ces informations et de me les figurer. Antoine s'incarnait doucement à travers un récit murmuré tandis qu'il fumait un joint. Nous nous sommes allongés côte à côte. Je finis par le relancer. « Et toi... — Eh bien moi je suis juif aussi. » Je lui frappai la cuisse, il se moquait de moi. « Tu veux dire, tu as été élevé dans la religion et tout ? — Non, rien, juste les fêtes les plus importantes. On est juifs parce qu'on fait partie d'une certaine immigration. Mais tous les Argentins sont des immigrés, et nous, on est loin d'être les derniers, au contraire. — Alors tu es revenu de là où ils sont partis. — À quelques kilomètres près, oui. C'était plus à l'est, mais enfin ouais. J'ai retraversé l'Océan... » Il rit amèrement.

Et je songeai à ce terme d'« exilés argentins ». Antoine, Simon, exilés comme un destin. Ils étaient tous les deux là, à Paris, une ville que certains de leurs ancêtres avaient peut-être habitée, ou traversée, du moins un point qui n'était pas étranger à leur généalogie. Ils en étaient partis, ils y revenaient, mais toujours en tant que réfugiés. Ils portaient en eux l'Argentine, mais l'Argentine semblait être un pays que l'on ne pouvait incarner que comme émigré ou comme immigré. C'était le Nouveau Monde, le monde hors du monde, le monde de l'exil, et de l'exil intérieur. « Et la famille de Simon, c'est aussi une vieille famille juive ? — Ils venaient d'Ukraine. Ils sont arrivés il y a longtemps eux aussi. C'est pas ça qui nous rapproche. On n'en parle pas. Ce n'est pas un sujet. — Quoi alors ? — La lutte. »

Je laissai ce mot se perdre dans la chambre. Il me paraissait dérisoire, dans cet espace chaud, où je pouvais respirer l'odeur d'Antoine mélangée aux effluves de haschich, sous des draps de lin légers et doux. Peut-être s'en rendit-il compte lui aussi. « Et puis l'enfance. À partir de dix ans, on a vécu comme des frères, côte à côte. La plupart du temps on se retrouvait à l'hôpital. À côté des *villas miseria*. — C'est quoi ? — Des bidonvilles. Nos mères, elles y allaient pour former les femmes à l'hygiène et aux premiers secours. Quand on était gosses, on les connaissait dans leurs moindres recoins. C'est là, je pense, qu'on a commencé à avoir une conscience politique. Ou plutôt c'est là que ça s'est fait, ça s'est... comment tu dis... enraciné ? Avant même d'avoir une conscience politique. » Il avait fermé les yeux. C'est étrange quelqu'un qui parle sans vous regarder, qui parle vers autre part, un autre lieu et un autre temps, présent tout en étant absent. Je tentai de comprendre ce paradoxe qui le définissait si bien, et qui s'incarnait là, dans cette atmosphère nocturne. Je m'en imprégnais le plus possible pour l'avoir à disposition et l'analyser plus tard, sachant qu'il n'en resterait rien, et que cette présence propre à Antoine signerait toujours en même temps son absence. Mais il se mit à rire. « Ça puait tellement ! » Et derrière son rire, je le voyais partir, partir dans ses souvenirs, partir dans le sommeil.

Je le veillai longtemps avant de m'endormir moi-même.

Simon est le beau-frère d'Antoine.

33.

J'avais réussi à quitter les lieux sans trop de déchirements parce qu'il m'avait promis qu'on se retrouverait le soir même. J'avais petit-déjeuné avec Simon, dans une intimité naissante bien que silencieuse. Antoine continuait de dormir. J'avais fini par demander à Simon s'il savait ce que c'étaient, toutes ces cassettes au bord du lit. Simon avait pris tout son temps pour me répondre. Sans doute pesait-il le pour et le contre. Et puis il avait haussé les épaules : « Des enregistrements qu'Antoine a faits là-bas. Il veut les monter un jour, pour témoigner. »

Je me rendis tranquillement au laboratoire photo où la pellicule de mes parents avait été tirée en double, comme me l'avait promis sans que je le lui demande le vendeur harki. Tandis que l'homme me tendait le paquet de photographies pour que je vérifie qu'il n'y ait pas d'erreur, je tombai sur ma mère en gandoura au milieu d'une large avenue blanche et poussiéreuse.

Le vendeur attendait mon accord de principe. Il savait de toute évidence que le tirage n'était pas raté, et que le paquet m'appartenait bien, puisqu'il avait dû, avant moi, les regarder une à une, cherchant à retrouver une rue, une maison, peut-être juste une atmosphère. Mais je ne souhaitais pas m'apitoyer. J'avais assez à faire avec moi-même. Je le payai et repartis chez moi pour affronter ces images qui me semblaient avoir été volées. Je devais être seule pour faire irruption dans la partie de la vie de mes parents dont je me sentais exclue, dans ce voyage que j'avais refusé, vers un ailleurs dont j'ignorais tout, l'ailleurs d'avant moi.

Je montai les marches, avec l'impression que je revenais d'un long périple. Jamais plus ce studio ne serait le même, puisque je n'étais plus la même personne. Il me plaisait d'imaginer que je visitais les traces de mon passé, avec une certaine bienveillance pour la fille qui avait été trop longtemps recluse entre ces quatre murs. Mais en entrant, je vis la télévision fraîchement débarquée dans ma cellule de moine. Je réalisai que ce temps-là n'était pas encore passé, et qu'il ne suffirait pas de quelques nuits chez Antoine pour croire cette vie révolue. Au lieu de me jeter sur les photographies, j'allumai l'appareil que je n'avais quasiment pas utilisé. Il portait encore la marque du doigt de ma mère, le bouton légèrement effacé, me rappelant que j'avais fait entrer le diable, le miroir de ma mère, son jouet, son vis-à-vis, son regard. À travers l'écran, elle me regarderait sans cesse, me rappelant que je suis elle, et que

Théa

quoi que je fasse, je serai toujours un peu elle, son regard et sa chose regardée, exactement comme la télé, oui, exactement comme la télé. Je n'avais même pas encore défait mon manteau que toute la lourdeur de l'existence me retombait dessus.

Je ne trouvai aucune émission intéressante, évidemment. Nous étions en fin de matinée : des jeux télévisés, ceux précisément qu'elle regardait.

Je finis par éteindre le son, juste le son, pour me laisser bercer par les images. Puis par enlever mon manteau, puis par m'allonger sur mon lit, le paquet de photos à la main, et à les disséminer sur les draps. Je ne voulais pas d'ordre. Un patchwork, une composition du hasard, un kaléidoscope de mes parents. C'était à moi de faire le chemin pour les relier les unes aux autres, mon petit privilège, mon maigre espace de liberté. C'était très exactement ce que j'appelais la fiction. Mon maigre espace de liberté. Le chemin à tracer entre les photos éparses. Vers mes origines qui n'étaient pas moi. Vers l'origine de mes origines.

Dans mon petit carnet j'inscrivis *Antoine* au milieu de la feuille et autour écrivis :

Claudia Goldberg, un père, Simon, hôpital de Lanús, Entre Ríos, sang des indigènes. Moi. Ma mère. Mon père. Algérie. Argentine.

Puis je traçai des lignes. Dans tous les sens. Qui se croisaient, se brisaient, se heurtaient, s'interrompaient et finis par tout gribouiller. Je recouvrai les noms.

Le pays quitté est le temps perdu.

Par-dessus, je plaçai les photos, et à nouveau traçai des lignes imaginaires. Mais il m'aurait fallu les photos d'avant. Celles qui dormaient dans des albums secrets, mon Livre interdit, et dont l'une, pauvre rescapée, trônait encore sur la commode.

Je pris mon appareil photo, que j'utilisais rarement parce que je voyais mal, et fixai ce désordre arbitraire de photos, où le visage de ma mère recouvrait celui de mon père, et où un angle de paysage coupait son corps à moitié. Je photographiai la géométrie aléatoire, les vides entre les photos, les chemins à écrire entre elles. Il me fallait une image de ces chemins. Je l'accrocherais au-dessus de mon lit. Ce serait une photo qui prouverait ma liberté d'inventer les chemins. J'appuyais de façon compulsive. Je reprenais en photo mes parents sous différentes coutures, hystérique. Puis m'assis. J'hésitai à jeter la pellicule de mon appareil, mais le reposai à côté de moi. J'avais réussi à me rendre *là-bas*, dans une crise extatique. J'avais photographié une rue d'Alger, puis mon père, puis ma mère dans une rue d'Alger. Qu'importe que ce fût de ma chambre ?

Je pris un calmant. Aucun de mes plans ne se passait comme prévu. C'était devenu une mauvaise habitude. Moi qui tenais le temps comme une laisse, je me laissais déborder depuis quelques mois. Que deviendrait mon mémoire, si je l'abandonnais ?

Je repris pied en songeant à la soirée à venir. Antoine. Que je retrouverais chez lui. Sa peau, son odeur, sa voix. Je n'avais besoin de rien d'autre. Pourquoi me mettre dans cet état ? Je ramassai les clichés et m'assis à mon bureau pour les regarder les unes après les autres, calmement et poliment. De jolies photos de voyage.

34.

Ma grand-mère ne me reconnut pas. Il fallut que je lui mette les photos sous les yeux pour que ceux-ci s'éclairent. La seule personne à même de me raconter était celle qui avait perdu la mémoire, mais je jugeai que ça valait toujours mieux que du silence. « C'est ma fille et mon beau-fils. Ils vivent à Alger vous savez ? » Je hochai la tête. « Vous êtes une amie ? Vous avez des nouvelles d'eux ? Moi j'ai dû rentrer à cause de ma mère. Mais j'ai peur pour eux. Il paraît que ça va mal là-bas, que nos voisins ne nous adressent plus la parole. On n'a jamais eu de soucis avec eux. Au contraire, on faisait toutes les fêtes ensemble... » Elle se tut un long moment, puis reprit. « Ils nous invitaient pour l'Aïd, et parfois on aidait pour acheter le mouton. Y avait une cagnotte dans notre rue. Et tout le monde donnait, ça je peux vous l'assurer. Oui tout le monde donnait. Même ceux qui n'avaient pas le sou. » Elle s'interrompit plus longtemps. Je lui montrai une autre photo. « Mais moi je suis partie au bon moment, eux ils voulaient rester. Pas de raison de partir vous comprenez, on n'avait jamais vécu ailleurs ! Ni moi ni mes parents, pas même la famille de Jean-Philippe, tu parles, c'est ses arrière-grands-parents qui étaient arrivés... — Oui, je sais, en âne. Et après ils sont devenus les coiffeurs les plus importants d'Alger. — Vous avez vécu là-bas, je vois. Vous pourriez demander à ma fille comment ça va ? — Ça fait longtemps que vous ne l'avez pas vue ? — Oh, pas si longtemps, je suis rentrée il n'y a pas si longtemps. Et je compte bien repartir. Mais si les voisins ne me parlent plus, c'est mauvais signe. Je commence à avoir peur. — Et vous, votre famille, quand est-elle arrivée ? — Arrivée ? Où ? — Eh bien en Algérie ! — Oh mais depuis tout le temps ! C'est en France qu'on est arrivés, ma petite, pas en Algérie ! D'Algérie, on est partis. — Vous ne connaissez pas l'histoire de vos grands-parents ? — Bien sûr que si. Depuis qu'elle est malade, ma mère m'en parle tout le temps. Elle radote. C'est l'âge. »

Ma grand-mère avait le visage d'une enfant, un sourire doux aux lèvres, et les yeux dans le vague. Cette fois, ils éclairaient l'intérieur. À l'intérieur s'ouvrait un vaste horizon, plus grand que celui du dehors, l'horizon de la vie, l'horizon du passé, et je compris soudain son refus du présent. Il ne lui réservait que d'obscurs moments, pénibles et courts, avant la fin. Le passé en revanche se déployait, et je sus gré à cette maladie d'atteindre en dernier les souvenirs lointains. « Nous, on avait des origines espagnoles. Les Espagnols et les Italiens, ils se sont toujours bien entendus en Algérie. Les Français, c'était plus compliqué. Enfin c'est que me dit ma mère, parce que moi je vois pas la différence. J'ai toujours parlé français à la maison. Ma mère elle avait encore un accent. Moi je sais pas parler espagnol. Je le comprends, mais je le parle pas... J'ai inscrit ma fille et ma petite-fille en cours d'espagnol, comme ça, pour perpétuer. Pour l'entendre, parfois. Mais c'est vrai qu'à l'époque, les gens de la métropole, ils venaient pas pour faire les métiers difficiles. Les métiers difficiles, c'est les Italiens et les Espagnols qui les prenaient. Et y avait les Maltais aussi. Tiens, mon grand-père, il était manutentionnaire. Son grand-père à lui, il était parti d'Espagne à la fin du XIXe siècle, alors tu vois ça remonte à loin. Et quand il est arrivé, il a travaillé comme agriculteur chez un colon, comme tous les Espagnols. Enfin pas tous, hein, mais beaucoup. Et puis ma mère, elle a le sens de l'exagération. » Une infirmière entra, pour donner un médicament à ma grand-mère et s'assurer que tout allait bien. Je lui jetai un regard noir. Elle avait peut-être coupé le fil.

Lorsque l'infirmière ressortit, j'attendis quelques secondes, dans un suspense douloureux. À mon grand soulagement, ma grand-mère reprit le fil de son récit – exploit héroïque, tant pour le récit que le fil. « Il s'était installé en Oranie. Mais y a eu une épidémie de typhoïde et sa fille est morte. Alors mon arrière-grand-mère a voulu partir. Pas rentrer, non. Partir. Ils se sont installés à Oran. Ils ont fait encore plein d'enfants – pour ça, ne vous inquiétez pas, y a toujours eu plein d'enfants, oui, plein d'enfants... Mais vous voyez, il était régisseur chez des gens qui venaient de la métropole. Et ceux-là, ils se sentaient toujours supérieurs, ils étaient plus riches. Et vous savez pourquoi ils étaient plus riches ? Eh bien à cause d'une maladie. La maladie de la vigne, dans le Sud-Ouest. Et vous savez quoi ? Ces pauvres paysans, ils ont obtenu des terres en Algérie. Alors ils pouvaient toujours la ramener face à leur main-d'œuvre, n'empêche ils méritaient pas plus leurs terres que ceux qui travaillaient dessus ! » Ma grand-mère riait toute seule. « Une maladie, et ça vous donne des droits... » Je lui pris la main. Elle avait toujours eu un rapport délicat à la loi et au droit. Lorsque j'étais petite, elle me demandait de tricher sur mon âge : me rajeunir afin de voyager gratuitement ou de payer le demi-tarif au cinéma, me vieillir afin de me laisser seule patauger dans la piscine municipale pendant qu'elle retrouvait ses copines au café d'à côté, pour boire des coups et fumer des cigarettes en cachette de leurs maris et enfants. Et moi, ça ne me dérangeait pas de nager seule, sans ma grand-mère dans son maillot de bain immonde qui me faisait un peu honte quand même. Et j'aimais sa liberté transgressive qui était celle d'une petite fille. Elle m'abandonnait seule dans un endroit réservé aux enfants à partir de dix ans pour rejoindre ses copines au bar. C'était notre secret. Nous savions sans avoir à le dire que nous n'en parlerions à personne.

« Et du côté de mon père, les arrière-grands-parents, ils sont arrivés d'Italie, du nord de Turin. » Mamie avait plus de suite dans les idées que moi. J'avais perdu le fil. Elle m'y ramenait brutalement. « C'étaient des travailleurs manuels. Alors ça me fait bien rigoler ceux qui nous disent qu'on est des colons profiteurs et exploiteurs. Qu'ils viennent voir comment on vit, comment on a vécu, comment mes grands-parents, ils mangeaient dans des gamelles en fer... Qu'ils viennent ces messieurs bien-pensants prêts à condamner toutes les injustices, et qui pensent avec des grilles en fer dans leur tête au lieu de leurs yeux. Moi je connaissais plein d'Arabes beaucoup plus riches que nous. Alors c'est vrai, y en a qui étaient pas très bien traités, mais c'est pas une raison pour nous chasser ! On n'a rien demandé à personne. On a survécu comme on a pu parce que l'Europe nous a chassés, et après, l'Europe elle nous reprend ? » Ma grand-mère commençait à s'échauffer sérieusement. Ses pommettes étaient rouges, ses yeux s'injectaient de sang. Jamais je ne l'avais vue en colère à propos de son *exil forcé*. Je tentai de la calmer en revenant sur les générations précédentes, celles qui étaient loin de se douter qu'un jour leurs descendants devraient quitter les lieux. « Oh, mes grands-parents... Je les aimais bien. Ils avaient eu la vie dure, je peux vous le garantir. » Ce vouvoiement me glaçait. « Ma grand-mère maternelle, elle travaillait dans une usine, à la Stelline, une raffinerie. Mon grand-père, au Tourneau, dans les montagnes, enfin dans le département d'Alger. C'est là où il y avait les mines. Il était mineur. » Je notais mentalement les noms qu'elle égrenait. « Mes parents, ils se sont rencontrés à Alger. Entre-temps, les situations familiales s'étaient améliorées, des deux côtés. On était

des travailleurs, chez nous, on ne rechignait pas à la tâche. Et on était économes. Alors à un moment, on a fini par avoir un petit capital, par vivre mieux quoi. C'est l'histoire normale des générations. Oh, je sais que ça se fait pas de dire ça, hein ? Hériter, c'est profiter ! Alors ça, oui, on a été des profiteurs jusqu'au bout, colons, et en plus on a hérité presque sans impôts. C'est vos amis de gauche qui seraient pas contents, hein ? »
À nouveau, elle s'énervait. Sa voix se faisait plus forte, plus aiguë. Je ne l'avais jamais entendue tenir ce type de propos, et ne savais même pas qu'elle pouvait avoir des opinions politiques. Je l'écoutais, légèrement sidérée. Moi j'étais de gauche. J'avais milité, voté Mitterrand aux élections, j'espérais dans le communisme. Voilà que ma grand-mère m'apprenait qu'elle était une sorte de « facho », du moins c'est comme ça que l'aurait appelée Éric... Une pied-noir revendicatrice et « Algérie française », une conservatrice réactionnaire ! Que dirait Antoine de ce type de propos ? Lui qui avait dû fuir son pays pour des idéaux totalement opposés ! Au fond, me dis-je, ils ont tous les deux fui leur pays, lui par opposition à un régime inique, elle par nécessité. Et pour l'un comme pour l'autre, l'Argentine comme l'Algérie étaient devenus des paradis perdus.

Ma grand-mère continuait sa vindicte contre la gauche qui était alors au pouvoir et contre les idéaux de gauche en général, qui n'avaient jamais pris en compte les pieds-noirs, doubles victimes d'un manque de reconnaissance dont je voyais à présent à quel point ça l'avait minée. « Mais note bien, on n'avait pas besoin d'être riches pour être heureux. On était en famille, on était en sécurité. Et puis la nature. La forêt. Les fleurs. Tant que t'es pas allée en Algérie, tu connais pas les fleurs. »

Elle était passée au tutoiement et sa voix commençait à baisser. Elle était fatiguée, et j'avais quelques scrupules à la faire parler alors qu'il était manifeste qu'elle souffrait. J'eus de la peine, pour elle, pour ma mère, pour tous ceux qui avaient dû partir sans comprendre, et quitter ce paradis, cette enfance. Paradis perdu, pays perdu. Antoine. Des larmes coulaient maintenant sur les joues de ma grand-mère. Je posai une main sur son épaule, mais elle se retourna brutalement : « Qui êtes-vous, qu'est-ce que vous foutez ici ? » Et c'est surtout l'usage de ce mot inhabituel dans sa bouche qui me bouleversa. « Partez, sortez d'ici ou j'appelle la police. » Je récupérai mon paquet de photos, lui laissant cependant celle où ma mère se tient en gandoura dans une rue d'Alger, je ne sais pourquoi celle-ci – le vêtement peut-être. J'hésitai à la toucher à nouveau. J'en aurais eu besoin, mais j'avais peur de déclencher une nouvelle salve. Alors je fuis, comme une voleuse. J'avais décidé de passer chez mes parents pour déposer le paquet de photos, mais en sortant de la maison de retraite j'hésitai. Voir plus d'un membre de la famille dans la même journée était peu raisonnable compte tenu de ma faible résistance depuis que j'avais rencontré Antoine. Je reculai devant l'épreuve, et repris le RER en sens inverse.

Passer chez moi travailler un peu, il faut que je travaille il faut que je travaille jouait en boucle dans ma tête, comme un chewing-gum collé à la semelle et dont on n'arrive pas à se débarrasser. *Il faut que je travaille.* Oui, mais pourquoi ? Passer mes examens, avoir un poste à la fac, et fuir ? Fuir comme les gens qui m'entouraient, plutôt que de se laisser aller à vivre ? *Il faut que je travaille il faut que je travaille...* Jusqu'au dernier étage de mon immeuble, jusqu'à mon studio et la chaise en face du bureau, jusqu'à ce que je sorte mon paquet de feuilles, mon stylo, ma machine à écrire et que je frappe plus fort encore dans ma tête *il faut que je travaille, il faut que je travaille... Il faut que je travaille* jusqu'à ce que le bruit des touches l'emporte...

« L'usage de l'écriture a été inventé fort à propos », écrit René Descartes. Ce qui libère selon lui la place pour la pensée présente : au lieu d'essayer de se souvenir il suffit d'écrire ce qu'on a pensé ou de lire ce que les autres ont pensé.

Le rapport entre l'écriture et la mémoire est engagé. Rajouter Orphée aux figures du retour.

Borges a dit : « Penser, c'est oublier. » Borges est argentin.

... et m'emporte autre part. Chez Antoine, devant la pile de cassettes. J'y revenais, malgré moi. Antoine ne racontait rien ou quasi, mais il avait tout enregistré. Les étiquettes me revenaient en mémoire, Monte Chingolo, Mexico, Discours de Videla, Laura, Simon et Felipe...

76, 77, 78, 80. J'hésitai longuement, en proie à des scrupules moraux inextricables. Je fouillai mes placards et en ressortis une radiocassette avec écouteurs. Il y traînait encore une cassette enregistrée, avec écrit dessus « Thiéfaine, *Dernières balises* ; Charlélie Couture, *Poèmes rock* ; Renaud, *Le Retour de Gérard Lambert*. Puis il n'y avait plus de place pour inscrire d'autres titres, mais je me souvins qu'il s'agissait de l'année 1981. J'écoutais alors Léo Ferré, « *La violence et l'ennui* », Blondie, The Carpenters, Duran Duran, sur lequel nous avions dansé tant de fois avec Sophie, et bien sûr Bob Dylan, *Shot of Love*, qui restait mon amour secret.

35.

Je suis donc retournée chez Antoine sans avoir vu mes parents. C'est Simon qui m'a ouvert. Antoine n'était pas là. Il est parti faire des courses. Depuis deux heures me dit Simon, sans être plus étonné que ça. J'étais donc la seule à m'angoisser de ses disparitions. Le terme même de « disparition » était sans doute excessif, mais c'est celui que j'avais associé à Antoine depuis sa première fuite, le lendemain de notre rencontre. « Il va revenir ? » Simon sourit. « Puisque tu es là... » Je soufflai. Simon le connaissait. Qu'il dise ainsi l'attachement de son ami pour moi était un gage. « C'est typiquement sud-américain les problèmes d'horaire ? » Simon rit. « Ça, oui. On n'a pas vraiment la même conception du temps. Antoine particulièrement. Il faudra t'y faire. » Mauvaise perspective. Il n'est pas sûr qu'on s'habitue à l'incertitude.

J'allai dans la chambre d'Antoine poser mes quelques affaires. J'attendis qu'il n'y eut plus de bruit et que Simon soit rentré dans sa chambre pour examiner à nouveau le dos des cassettes. S'il en manquait une, Antoine s'en apercevrait-il ? Était-ce mal ? Était-elle mauvaise, cette curiosité irrépressible ? Était-il normal qu'il ne me dise rien ? Était-il normal que je préfère emprunter ces cassettes plutôt que lui demander de me raconter ? J'évacuai assez facilement ces questions. Elles ne faisaient que m'effleurer. Je les savais trop dangereuses pour m'y arrêter plus longtemps. Je m'emparai de trois cassettes au milieu de la pile et les fourrai dans mon sac. J'observai le vide que leur absence creusait, en remis deux, gardai la troisième. Je ressortis dans le salon. Simon buvait un verre d'eau. Avec lui, je me sentais plus libre. « Pourquoi vous n'êtes pas arrivés ensemble à Paris ? — Parce que Antoine est resté au Mexique, je te l'ai dit. Y avait sa mère. — Sa mère ? Elle n'est plus en Argentine ? — Non, toute sa famille était listée. Sa mère a pris un aller-retour pour Mexico. Elle n'a pas pu utiliser son retour... » Le bruit des clés dans la serrure a annoncé Antoine. Simon s'est tu aussitôt.

« Salut les gars ! J'ai rapporté de la bouffe argentine. J'ai rencontré Pablo à Montmartre, tu savais qu'il était là ? — On m'avait dit qu'il était à Paris, mais je sais pas depuis quand. Il a des nouvelles ? — Rien qu'on ne sache déjà. Mais ça tremble là-bas. Ils sont en train d'organiser quelque chose à l'extérieur. »

Je ne comprenais rien à ce qu'ils disaient. Mais l'excitation était palpable. Ils parlaient moitié français moitié espagnol. Antoine me répéta en français ce qu'il venait d'annoncer, comme pour s'en assurer lui-même. « Les Malouines, ils sont en train d'envahir les Malouines. » J'étais surprise d'entendre pour la seconde fois ce nom, dont je connaissais désormais la localisation pour l'avoir cherchée sur une carte. Antoine s'est dirigé vers la télévision et a allumé la première chaîne. Ce n'était pas encore l'heure des infos, mais un ballet s'est organisé autour de la table basse du salon : assiettes, couverts, bières. Les deux parlaient en espagnol et Antoine, quand il passait près de moi, me caressait la joue, ou l'épaule, pour me montrer qu'il ne m'oubliait pas. Parfois Simon traduisait. Je le rassurais : je comprenais presque tout même s'ils parlaient vite. Alors il insistait. Les Malouines, s'ils font la guerre, ils vont la perdre. Et s'ils la perdent... Je levai les yeux vers lui. Mais il se détourna. Il y avait eu trop d'espérance et de désillusion pour envisager un après, un futur. Leur futur était suspendu entre deux continents, deux langues, à équidistance avec un passé qui s'amenuisait à mesure qu'il se romançait. L'un et l'autre n'étaient nulle part, ni à Paris où ils squattaient un appartement, ni là-bas où ils ne pouvaient retourner. L'un comme l'autre vivotaient, avec des boulots de fortune, des boulots qui ne fixent pas, chef opérateur pour Antoine, traducteur occasionnel pour des revues hispanisantes pour Simon. À cheval, ailleurs, toujours ailleurs, avec moi, parfois.

On avait déjà bu quelques bières quand les informations commencèrent. Ce fut le deuxième titre. L'Argentine envahit les Malouines. Le Royaume-Uni proteste.

Une conférence de presse de Margaret Thatcher. Des images en toile de fond montraient des gens dans la rue, heureux, comme après un match de foot. Tout le monde se taisait dans la pièce. Je regardais en biais Antoine pour tenter de surprendre ses réactions et savoir à quoi m'en tenir. Une fois que les titres eurent défilé, nous avons ouvert d'autres bières. Antoine se levait et se rasseyait, on attendait que Patrick Poivre d'Arvor lance le sujet. On attendait des images d'Argentine. Enfin elles arrivèrent. La foule en liesse, les Argentins dans les rues de Buenos Aires. Je ne comprenais pas comment un peuple qu'ils disaient persécuté puisse s'adonner à de telles manifestations de joie. Je me tournai vers eux, sidérés devant l'écran. Une colère sourde montait, visible sur le visage d'Antoine. Et enfin ses mots. « Quels cons, mais quels cons ! » Il se releva pour faire les cent pas. « Qu'est-ce qui se passe ? » demandai-je à Simon. Il prit du temps pour me répondre : « Il se passe que ces cons d'Argentins aiment faire la guerre. Et il se passe que ce con de Videla leur donne la guerre. Que la situation va suffisamment mal pour qu'il fasse la guerre. » Faire la guerre. L'union nationale autour de la guerre. L'ennemi commun, à l'extérieur. Des ennemis tout court. Simon et Antoine étaient oubliés, désavoués dans leur lutte commune. L'important était les Malouines. Et qu'importe que ce fût une île que personne ne connaissait. L'île les niait, l'île les effaçait. La répression serait d'autant plus invisible qu'elle se ferait au nom de l'unité nationale. Puis Antoine changea de ton : de la colère, il passa à l'enthousiasme, sans prévenir. « Ils vont perdre. C'est écrit, ils vont perdre. » Mais voulait-il qu'ils perdent ? Qui perdrait ? Videla ou l'Argentine ? La défaite de l'Argentine pour que Videla en soit éclaboussé... Simon comme Antoine n'avaient pas le choix. Il leur fallait un pays défait, comme ils l'étaient eux-mêmes.

Antoine ouvrit une bouteille de vin. « Nous allons trinquer », dit-il. J'étais déjà passablement ivre. Mais ne pouvais l'abandonner en chemin. Les informations étaient passées à un autre sujet. Simon et Antoine se mirent à parler fébrilement en espagnol. Je suivais tant bien que mal la conversation. Ils parlaient maintenant avec un accent à couper au couteau. Puis c'est Antoine qui décida de revenir au français pour moi. Ils racontèrent des histoires, celles qui leur étaient arrivées depuis qu'ils vivaient à Paris : les malentendus, les gaffes, les quiproquos, des histoires drôles qui nous firent rire. Antoine finit même par mimer ma danse, celle du soir où nous nous étions rencontrés. Il en avait retenu chacun des gestes et nous expliquait, à Simon et à moi, pourquoi ils l'avaient marqué au cœur, et comment leurs vibrations s'étaient répercutées dans chacun de ses membres. J'avais trop bu pour me sentir gênée par la présence de Simon, mais notai qu'Antoine ne m'avait jamais parlé comme ça. Peut-être que l'intimité du couple l'incommodait. Il lui fallait un tiers. Un spectateur. Une béquille. Simon le rassurait, lui prouvait qu'il existait, lui Antoine, Argentin exilé à Paris, amoureux pour la première fois depuis son départ.

Antoine m'a tendu la main, m'a tirée au milieu du salon en dégageant les chaises d'un coup de pied et nous avons dansé. Mon visage s'est niché dans son cou. Je palpai sa peau, son dos, ses fesses, je massai ce corps, le modelai, le caressai, remontai sur son crâne, dans les cheveux, et respirai au plus près l'odeur de sa peau. Son sexe se frottait contre moi à chaque passage. Il m'embrassa longuement. C'était un slow, un vrai slow. J'étais en train de danser un vrai slow avec l'homme que j'aimais, et qui m'embrassait. Nos corps s'ajustaient si bien... Puis il me posa sur le canapé et continua à tourner seul autour de lui-même.

Il était deux heures du matin. J'étais fatiguée, le lendemain je donnais un cours. Nous avions passé une soirée formidable, ri, échangé. Pourquoi ne pas aller se coucher maintenant, se serrer l'un contre l'autre, commenter la soirée ? Faire l'amour. Je me levai, la tête lourde. Nous avions terminé la deuxième bouteille, et je commençais à tanguer. Je m'approchai de la porte du salon, et me retournai pour attendre Antoine. Mais il ne me suivait pas. Il avait allumé une nouvelle cigarette et regardait dans le vide, partageant avec Simon un nouveau type de silence, un silence qui m'excluait. Je partis dans la chambre, espérant qu'il m'y rejoigne vite. Mais une fois dans le lit, je les entendis reprendre une discussion, en espagnol cette fois. Le ton était bas, l'élocution lente. Je me laissai bercer par l'évocation d'un monde auquel je n'appartiendrais jamais, dans lequel, de toute façon, ils ne me conviaient pas. J'étais comme ces enfants chassés de la scène adulte qui l'espionnaient par le trou de la serrure. Je tombai de sommeil. Leurs voix se mélangeaient. Bientôt ce ne furent plus Antoine et Simon que j'écoutais, mais Claudia Goldberg et Irene Cozzo, juives toutes les deux, ou mariées à des immigrés juifs, non pas ceux qui ont fui l'Allemagne nazie mais les pogroms d'Europe de l'Est et de Russie du siècle d'avant.

Puis ils parlèrent d'une bombe. Je sursautai, soudain réveillée. Jamais un mot ne filtrait sur leur action. Au fur et à mesure je comprenais qu'il s'agissait d'une bombe destinée au camion éboueur... Des mères du bidonville voulaient la poser... Ils avaient aidé à la fabriquer. Je ne saisissais pas la logique et refermai les yeux lentement, pour pénétrer pleinement leur conversation, comme si j'étais l'air dans lequel s'échangeaient et s'épaississaient ces paroles. Dans le quartier Villa Fiorito, Claudia et Irene avaient réussi à empêcher les femmes de le faire. Mais pourquoi ? Pourquoi voulaient-elles mettre une bombe ? « Ça puait tellement », dit Antoine, et Simon rit. Ils accompagnaient leurs mères dans les bidonvilles pour former les « intermédiaires »... C'était déjà de la politique ? Ou juste du travail social ? Des petits garçons dans les rues puantes, les mouches, la boue dans les ruelles en terre sous des baraques en tôle...

Je ne dormais plus. Je commençais à me raconter une nouvelle histoire, mais c'est eux qui la murmuraient. Les militaires – mais lesquels ? – jetaient les ordures dans les bidonvilles pour chasser les habitants et récupérer les terres. Il y avait des militaires avant les militaires et encore avant eux, d'autres militaires. La dictature était tout autant une habitude pour eux que la démocratie.

36.

Simon et Antoine étaient des êtres entièrement traversés par la politique, depuis leur naissance jusqu'à ce jour. Enfants, ils avaient parcouru avec leurs mères les champs de misère empuantis par les hommes au pouvoir, passant d'un quartier à l'autre, d'une banlieue aisée à un quartier délabré, de Perón au général Onganía. Perón avait lui-même été un militaire fascisant avant de s'intéresser au peuple et de devenir un dictateur éclairé. Les catégories n'étaient pas les mêmes. Je n'essayais plus de comprendre. J'imaginais Antoine, tenant la main de sa mère, les pieds nus dans les ordures, ou plutôt non, au contraire bien chaussé mais se fichant pas mal de ses chaussures car déjà conscient des différences de classe. Un enfant aguerri au discours politique, appartenant aux cercles de collégiens, puis de lycéens déjà syndiqués. Une autre enfance oui, qui l'été courait dans les grands espaces de la province d'Entre Ríos, entre le fleuve Uruguay et le Paraná où il avait l'habitude de se baigner avec son père, de monter à cheval et de chanter des comptines indiennes. Et ces histoires pour l'endormir, qu'ils partageaient avec Simon, tandis qu'ils partageaient maintenant un joint dont je pouvais sentir l'odeur arriver dans la chambre par la porte entrouverte. L'enfant fleuve, *le niño del rio*. Antoine se demandait s'il avait un lien avec Moïse, ce bébé transporté par les grands groupes de *camalotes* qui formaient dans leur entrelacs des petites îles flottantes, et qui, s'il survivait, devrait accomplir à son tour un miracle lorsqu'il serait adulte. Ce n'étaient plus les voix d'Antoine et Simon, ni celles de Claudia et Irene, mais celle de Maria, la nounou indienne, qui vivait avec eux, et dont la mère, une Charrúa, avait été envoyée en cadeau par l'arrière-grand-oncle après qu'il eut décimé sa famille.

Toute cette violence, ces exils, ces fuites, ces exactions et ces massacres pour en arriver là : Antoine et Simon, murmurant de plus en plus bas, comme s'ils pénétraient ensemble une autre dimension où les sons sont amortis parce que leur écho est trop violent. Les échos d'une enfance exhumée grâce au vin, aux litres de vin qui coulaient dans leurs veines et les miennes... Je résistais contre le sommeil. Mon attention était maintenant intermittente. J'entendais *lobizón*, troupeaux, j'entendais Guaranis du nord-ouest et Patagons, Juan Domingo et Rafael, les *estancieros*, Leó Rozitchner à la maison, Leó Rozitchner dans l'intimité, avec eux, pour eux, et les questions interminables, le *Capital*, et la place de Mai, qui était déjà la place des manifestations *avant*, et je m'endormis sur le récit d'une de leurs manifestations, quand il était encore possible de manifester.

Je me réveillai une heure plus tard pour aller a la fac.

37.

Je rentrai tôt chez moi. Toute la matinée j'avais manipulé la cassette dans mon sac, avec un sentiment d'appréhension grandissant. Il n'était pas encore certain que je l'écoute. Je pouvais la rendre sans qu'il s'en aperçoive. Donner une chance à Antoine de me raconter de lui-même. J'avais peur de son silence, mais plus encore qu'il me dévoile des choses que je n'aurais pas voulu entendre. Et cette situation, je la connaissais par cœur. C'était toute ma vie : vouloir savoir, ne pas vouloir entendre, laisser les autres habiter le silence, le maîtriser, le meubler, sans avoir de mon côté le moindre pouvoir sinon d'attendre. J'étais une prisonnière du silence, de ses remparts invisibles que je ne faisais rien ni pour détruire ni pour escalader, lâche que j'étais et tellement obéissante à la loi des autres – surtout quand cette loi n'était pas énoncée. Alors oui, j'étais coupable du silence d'Antoine tout autant que lui. Et cette cassette au fond de mon sac me brûlait de honte. Elle était une piètre transgression qui continuait d'avaliser le système. J'écouterais en douce ce que je ne pouvais lui arracher de vive voix, je me cacherais pour savoir.

Et je l'ai fait. J'ai sorti la cassette. Sur l'étiquette un peu décollée était écrit : 1979/1980. J'ai mis la cassette dans le lecteur, l'ai rembobinée, et appuyé sur « On ». Ma respiration s'est arrêtée. Mes mains tremblaient. J'entendis des froissements de vêtements, une toux, des bruits de voix mais pas encore des mots. « Miguel, un deux, un deux... » Évidemment, c'était en espagnol. La langue me remit d'aplomb : un stylo à la main, mon petit carnet devant moi, ma tâche n'était plus d'espionner mais de traduire. Mes scrupules s'en trouvaient déroutés, pour un temps.

Voix d'homme (celle d'Antoine, j'en suis sûre, mais légèrement différente, à cause de la langue ou de la qualité de l'enregistrement ? Plus jeune aussi) : « Vas-y Miguel, reprends. »

Voix d'un autre homme, Miguel sans doute, à quelqu'un : « À toi l'honneur. »

Crissement, brouillage, puis le son devient clair.

Voix de femme, claire, limpide : « C'était à Córdoba, la veille de l'anniversaire de Cordobazo. Ils ont eu peur que les ouvriers et les étudiants manifestent, alors ils ont raflé. La veille. Il était dedans. C'est à ce moment que je suis arrivée à Buenos Aires. Je savais que j'avais un peu de temps avant qu'ils ne me retrouvent, et j'ai été tout de suite prise en charge par le mouvement. »

Voix de Miguel : « Tu as eu des nouvelles de ton frère ? »

Voix de la fille : « Non. »
Voix de Miguel : « Mais tu sais qui a fait ça ? »
Voix de la fille : « Bien sûr. Tout le monde connaissait déjà l'existence de la Triple A. Les commandos paramilitaires ont commencé les enlèvements avant 76. »
Voix d'Antoine : « Redis-le : le coup d'État, c'est en 76, mars 76, redis-le. Je monterai après. »
Voix de la fille : « Le coup d'État, c'est en mars 76, le 24. Mais déjà les commandos avaient commencé à enlever des militants. Et les organisations politiques, surtout les plus petites, comme celle de Córdoba, à laquelle j'appartenais, eh ben elles ont été très touchées. Les militants étaient complètement paumés, tous les camarades avaient disparu, ils étaient arrêtés. D'autres disent qu'ils sont morts. Je sais pas, moi. J'espère toujours. Il y a des morts, on sait qu'ils sont morts. Alors les autres, ceux dont on n'a plus de nouvelles, s'ils étaient morts, pourquoi on ne saurait pas ? »

Je notais fébrilement. La voix qui interrogeait semblait être celle d'Antoine. Le son était mauvais et elle paraissait déformée, mais j'avais peu de doutes que ce fût la sienne. Il interrogeait, il posait les questions, il faisait son travail de journaliste parmi ses camarades. La cassette s'arrêta. Une coupure, des bruits à nouveau de froissement, puis les voix ont repris. Ce n'étaient pas les mêmes.

Voix d'Antoine : « Et toi, Simon ? »
Un homme, Simon : « Quoi moi ? »
Voix d'Antoine : « Tu vas faire quoi ? »
Derrière, on entend des bruits de vaisselle. Un bébé pleure.
Le même homme, Simon : « Arrête, Agustín, arrête ces trucs-là, tu vas finir par nous faire prendre. »
Voix d'Antoine : « Tu veux que tout disparaisse ? Les corps, et les souvenirs des corps ? »
L'homme, Simon : « Sois pas grandiloquent. Je veux juste qu'on survive à toute cette merde d'accord ? »
Voix d'Antoine : « Non, pas d'accord. Ton frère, mes cousins, papa, ils ont déjà disparu, tu les as déjà oubliés ? »
Voix de Simon : « Si tu répètes ça une fois encore je te casse la gueule. Éteins ton truc. On pourra pas témoigner quand on sera morts, imbécile. »
Voix d'Antoine : « Tu vas partir ? »
Voix de Simon : « Tu le sais très bien. »
Voix d'Antoine, de loin, ce n'est plus lui qui enregistre : « Tu vas trahir alors... Si tu pars tu trahis, tu nous trahis tous ! »
Voix de Simon, calme : « Et si je reste ? »
[...]
Voix de Simon, plus haute : « Ben réponds, Agustín ! Réponds, putain ! Si je reste ? »
[...]
Voix de Simon : « Tu te crois utile, ici ? Tu verras si t'es utile quand tu seras au fond d'une cave ! »

Voix d'Antoine : « Et toi ? En Europe, tu serviras à quoi ? Tu nous enverras des cartes postales ? »
Bruits d'une rixe. D'autres voix, des personnes s'interposent.
Une voix : « Et arrête cette merde, là, tu vas tous nous faire prendre ! »
Fin de l'enregistrement.

J'arrêtai, les jambes ne me portaient plus. Agustín. Nul doute qu'il s'agissait d'Antoine. C'était encore la même voix, pas tout à fait identique à celle que j'avais pris l'habitude d'entendre, mais la sienne quand même. Et puis Simon, Simon c'était Simon, là non plus il n'y avait pas de doute. Simon qui part avant, Simon qu'Antoine traite de traître, parce qu'il s'exile. Je rembobinai le tout pour le réécouter, prenais en note, et tâchais de traduire, m'arrêtai entre chaque phrase, et m'imprégnais de cette voix jeune et lointaine, de la voix d'Agustín. Miguel, Simon, Agustín. Le son était mauvais, on les sentait en mouvement, ou en repli, cachés quelque part, car parfois les voix se faisaient volontairement plus feutrées. Je percevais la colère d'Antoine, son désir de témoigner et de garder le témoignage, j'entendais sa rage, son désespoir, mais aussi la vie qui l'habitait et semblait l'avoir déserté, ici, à Paris, car aucun de ces accents capturés par la bande ne s'était ici libéré. Peut-être Antoine avait-il fait taire Agustín. J'entendis un bruit dans la cage d'escalier et me figeai. Si Antoine débarquait à cet instant, qu'aurais-je pu lui expliquer qui ne soit pas l'aveu d'une trahison ? Mais il n'y avait aucune chance qu'il fût là, il devait encore dormir en début d'après-midi, et que serait-il venu chercher chez moi ?

Je réenclenchai le magnéto. C'étaient encore d'autres bribes, détachées des premières.

Voix d'homme : « Arrête d'enregistrer, s'ils tombent dessus, on est morts. »
Voix d'Antoine : « [Un rire] Mais Miguel ! On est déjà morts ! »
Une voix féminine : « On ne sait même pas lesquels d'entre nous. »
Un briquet s'allume, ou une allumette ? On tire sur une cigarette.
Voix d'Antoine : « Manuel a disparu et Victor a été touché en premier, j'ai vu son corps. La première voiture, celle sur laquelle ils ont tiré, ils sont tous morts. »
Voix de Miguel : « Alberta n'a pas donné signe de vie, Philippe a été blessé à la cheville, les autres, il faut attendre. »
Voix de la fille : « Attendre quoi ? »
Voix d'Antoine : « Ils se cachent dans les bidonvilles. »
Voix de Miguel : « On va pas les attendre, on va aller les chercher ! L'armée est déjà en train de les quadriller, t'as pas entendu, ce matin, les haut-parleurs ? Les habitants ne tiendront pas, ils ont peur. »

Voix d'un autre (déjà entendue ? à vérifier) : « Je sais. Tu peux demander à ta mère, Agustín ? »
Voix d'Antoine : « Ma mère ? »
Même voix que la question : « Elle a l'habitude du bidonville. »
Voix de la fille : « Many a déjà prévu d'y aller, pas besoin de lui demander. Elle veut te voir, Agustín, elle m'a fait savoir qu'elle voulait nous voir. »
Voix d'Antoine : « Elle sait qu'on est en vie ? »
Voix de la fille : « Oui, elle le croit. »
Fin de l'enregistrement.

Many. La mère d'Antoine ? Qui est la fille ? Je relisais la transcription rapide que j'avais faite de l'espagnol et sa traduction plus rapide encore, en dessous des lignes. N'arrivais pas à me concentrer. Et Miguel ? Pourquoi n'en parlait-il jamais ? Simon du moins était à Paris. Simon était réel. Mais les autres ? Qu'étaient-ils devenus ? J'écoutai alors la fin de cette première cassette, impatiente.

Voix d'Antoine : « Simon est parti. »
Voix de la fille : « Je sais. »
Voix d'Antoine : « On va le rejoindre. »
Voix de la fille : « Quand tu auras les passeports ? »
Voix d'Antoine : « C'est Many qui y va. Nous on peut pas, c'est trop dangereux. Ils attendent à la sortie de la préfecture. »
Voix de la fille : « Mais Many ? »

Voix d'Antoine : « C'est elle qui l'a proposé. Je voulais pas, mais elle a insisté. On n'a plus le choix, Laura. »
Voix de la fille, Laura : « Je sais. »

Laura. La fille s'appelle Laura. Antoine et Laura devaient partir ensemble. Many irait chercher leurs passeports. C'était daté : décembre 1979.

38.

Le lendemain soir, j'arrivai bouleversée chez Antoine. Il était aussi fermé que j'étais apeurée. La cassette était au fond de mon sac. Je devais la poser délicatement sur la pile et en prendre une autre dès qu'il sortirait de la chambre. Je n'avais pas décidé si je lui révélerais ce que j'avais fait et ce que j'avais entendu. J'attendais que quelque chose se passe, quelque chose qui ne vienne pas de moi. Et puis j'étais fatiguée, tellement fatiguée.

Ce n'est que le surlendemain, alors que je préparais une salade, lui tournant le dos, que je décidai de tirer un fil, le plus inoffensif, attrapé au cours de sa discussion avec Simon. « C'est qui, Leó Roztichner ? » Antoine prit un moment avant de répondre, comme s'il pesait le pour et le contre. Il s'engagea finalement de plain-pied dans la discussion. « Leó Roztichner, c'était un philosophe qui venait donner des cours d'économie marxiste à la maison. — Chez vous ? — Oui. C'est mon père qui l'avait invité. Il y avait les voisins et des

Théa

copains. Il faisait ça. Donner des cours à des petits groupes, et on était un petit groupe. — Mais c'était clandestin ? — Plus ou moins. À ce moment, tu sais, le vent tournait plutôt de notre côté. T'avais quoi, quatre, cinq ans, tu peux pas t'en souvenir. Mais entre le Che en Bolivie, Allende au Chili, les manifs contre la guerre du Vietnam, et même votre Mai... — Notre Mai ? — 68 ! On pensait que tout était possible. — Mais t'étais jeune, toi ! Tu voulais faire de la politique ? — Tout le monde faisait de la politique, Théa, tout le monde ! En tout cas tous les gens que je connaissais. J'étais au lycée, et je militais depuis déjà longtemps. Mon père était politisé, ma mère était politisée, même mon grand-père était politisé ! En fait, ma mère travaillait beaucoup dans les bidonvilles. Je l'accompagnais souvent, et j'ai fini par donner des cours là-bas. La mère de Simon avait monté un atelier d'alphabétisation, et tous les élèves de ma classe venaient donner des cours. D'autres ont bossé en usine... C'est difficile à imaginer, surtout aujourd'hui. Et d'ici. — Raconte-moi. » Antoine soupira. Il s'était avancé vers la fenêtre et me tournait le dos. Je suppose qu'il regardait les immeubles en face, ou le ciel, un point au loin, un lieu d'où j'étais absente. Son débit se fit monocorde, comme s'il se parlait à lui-même, ou comme s'il enregistrait l'une de ses bandes – *pour l'Histoire*. « Au début, j'étais à la CGT des Argentins. — C'est quoi ? — Une centrale syndicale qui luttait contre le gouvernement militaire. Mais c'était pas le gouvernement d'aujourd'hui. On était déjà sous une dictature militaire.

Beaucoup moins sévère que celle de Videla, mais on n'avait pas le droit de se réunir, pas le droit de militer dans un parti de gauche, pas le droit de grand-chose en fait. » Il ponctuait son récit de silences. « Plus tard, j'ai milité dans l'ERP... la branche armée du Parti révolutionnaire des travailleurs... » Il se tut un long moment. D'une voix faible – j'essayais d'ajuster ma fréquence à la sienne – je le relançai. « Mais ta famille, elle était plutôt "riche", non ? — Oui. Mon père était journaliste, ma mère médecin. La classe moyenne, quoi. La classe moyenne est très développée là-bas. » J'observais son dos, comme pour en faire sortir la suite à force de concentration. Antoine racontait sa révolution, comme il avait sans doute appris à le faire dans sa profession, de façon claire, pédagogique, factuelle. J'avais l'impression d'être une bande électronique sur laquelle s'inscriraient ses mémoires. Une nouvelle cassette où inscrire une date et un nom. Après Laura 78, Théa 82. Il ne pouvait se rendre compte qu'au moment même où enfin il parlait – il *me* parlait – je souffrais intensément qu'il utilisât ce ton de commentateur de l'actualité, oubliant les accents hystériques ou tragiques de la cassette, le rire capturé ici ou là, la confrontation avec les autres, Miguel, Simon... Et cette Laura. Le ton qui change, la voix qui faiblit, le cri, la précipitation, les froissements, la course. Nous étions dans l'appartement, immobiles. Il ne me regardait pas. Il tâchait d'ordonner son récit. J'avais tant attendu l'instant où il se livrerait, et cet instant m'était volé. Antoine ne s'adressait pas à moi.

« À cette époque, les étudiants, les ouvriers, les syndicalistes, les intellectuels se mélangeaient, mangeaient ensemble, discutaient. Y avait pas mal de prêtres aussi et des bonnes sœurs, c'étaient eux les plus actifs dans les bidonvilles. Le peuple c'était nous, ouais, on était le peuple. Et ça c'est une expérience politique que tu peux pas imaginer... »

Il se retourna alors, et son regard n'était pas vraiment tendre. J'étais devant lui, pétrifiée. « Tu étudiais quand même ? — Bien sûr. Mais la politique c'était notre vie, c'était aussi notre éducation. » Et il m'assénait ça comme une condamnation. Peut-être me prenait-il pour quelqu'un d'autre. Puis il se radoucit. « Plus tard dans les cours de psycho, dans les cours de journalisme, on faisait autant de politique que d'exercices cliniques, ou d'exercices de terrain. Je veux dire que ça faisait partie de l'apprentissage. »

J'avais terminé la salade depuis longtemps, mais n'osais pas mettre le couvert de peur qu'il s'arrête. Je débouchai pourtant la bouteille et nous servis du vin dans des verres à moutarde. Au deuxième, il finit par s'animer, répétant sans cesse que je ne pouvais imaginer.

Je n'avais pas besoin de tout imaginer, j'avais juste besoin d'entendre des mots pour renaître. Le rythme de la langue quand elle vient caresser le souvenir, le vrai, celui qui vibre encore à peine effleuré, est une expérience vivante, violente et subtile à la fois, une expérience qui donnera à son tour lieu à un souvenir. Antoine ne s'en rendait pas compte : ses phrases se libéraient du carcan dans lequel il les enfermait depuis l'exil. Elles se réchauffaient, sans doute à l'aide du vin. « Ça, c'étaient les années 1970. Le début. Après. Eh bien après ça s'est radicalisé. » J'attaquai : « Pourquoi avoir choisi la branche armée ? — Tu peux pas te rendre compte de la pauvreté, de l'injustice. À part les armes, je vois pas ce qu'on pouvait faire. Il y avait pas d'autre solution. On n'était pas en démocratie, tu comprends ? » La bouteille était vide. J'en ouvris une autre. Hors de question de lâcher le fil.

« Tu n'avais pas peur ? » Antoine s'était animé, il marchait cette fois de long en large, ses joues étaient rouges. « Si, bien sûr, on avait tous peur. Mais c'était excitant. Aussi. Et puis c'est pas parce que tu faisais partie de la branche armée que tu participais à des actions. Il y avait le journal à écrire, maquetter, publier… Je me suis beaucoup occupé du journal… » Je marchais sur des œufs. « Comment il s'appelait ? — *Le Combattant*… Après mes études de psycho, j'ai suivi mon père. Mais lui ne faisait pas partie des clandestins, il pouvait encore être syndiqué à l'époque. C'était avant le retour de Perón. » Je commençais à mieux me repérer dans la chronologie des faits. Après des années d'exil, Perón était rentré en juin 1973, glorieux. Sauf que la gloire avait immédiatement été entachée de sang par le massacre d'Ezeiza. « Tu… tu écrivais les articles ? — Je faisais des enregistrements. Y en a plein la chambre, t'as pas vu ? Pour plus tard. Pour témoigner. » Il resta un moment silencieux tandis que je déglutissais avec difficulté. C'était le moment de lui avouer mon forfait, et de lui poser des questions plus directes :

Miguel, Felipe, Laura, Many... Mais il reprit : « On a milité dans la clandestinité bien avant le coup d'État. — Je ne comprends pas. » « Le coup d'État a eu lieu en 1976, mais avant... Il n'y a eu que neuf mois de tranquillité, neuf mois où on est sortis du bois, pam ! dans notre gueule, juste le temps pour la Triple A de nous repérer. Sauf qu'on y croyait vraiment. Seize ans de pouvoir militaire, neuf mois de démocratie. » Il a ri un long moment. « Tous les chefs d'État sont venus, même Allende... On y croyait vraiment, ouais. On pensait vraiment qu'on allait y arriver. » Et ce fut la fin de son rire.

Je restai silencieuse. La douleur dans la voix d'Antoine m'avait saisie au point de me demander s'il n'était pas préférable qu'il s'arrête. Qu'il oublie. Je m'en voulus de cette pensée. C'était de la lâcheté. Cette lâcheté que je détestais en moi. Oublier, c'était tuer une deuxième fois. Il fallait des sépultures, il fallait raconter. C'était tout le sujet de mon mémoire. « Tu as déjà tué quelqu'un ? » La question sortit sans préméditation. Je m'en voulus aussitôt. Ce n'était pas le sujet. Il aurait pu être tué. Beaucoup de ses amis furent tués, sa famille, son père. Et moi je voulais savoir si *lui* avait tué. Il m'observait et je rougis sous ses yeux fixes, mais peut-être ne me voyait-il pas. Il semblait perdu à nouveau dans ses souvenirs. Il finit par en émerger, à peine. « Oui, avant. Je veux dire avant le coup d'État, j'ai tué un policier. C'est après que j'ai dû entrer dans la clandestinité. » La clandestinité, se cacher, partout, tout le temps. Ne plus voir les siens, ou les apercevoir dans des lieux publics, lors de rendez-vous codés. Pourtant il avait vécu, il ne m'en disait rien mais il avait vécu : dans le secret, dans le silence, avec Simon, Miguel, Laura, et sa mère, Many, il avait vécu. « Et puis après... C'était encore Perón, enfin plus Perón, sa femme, sa troisième femme, Isabel, une idiote dangereuse... Les enlèvements ont commencé. Rien à voir avec après, mais ils existaient. Je veux dire que c'était une pratique qu'on connaissait. Quand je suis sorti du boulot pour rentrer chez moi et que j'ai vu deux types se battre, puis la camionnette plus loin, qui m'attendait, j'ai compris qu'il fallait partir. — Et... tu es parti ? — Pas tout de suite. Je me suis caché dans les bidonvilles. Mais après l'attaque de la caserne à Monte Chingolo, ils les ont rasés. J'ai échappé à la rafle. Et puis... j'ai eu de la chance. J'ai réussi à fuir au Mexique. » Sa voix s'était brisée. « Qu'est-ce que vous aviez fait à cette caserne ? — On devait y prendre des armes, mais on a été balancés. Les militaires nous ont tiré dessus dès qu'on est arrivés. C'étaient les premiers morts que je voyais. Beaucoup de morts. Et le lendemain, ceux qu'ils ont arrêtés, ils ont tous disparu. Fusillés par les militaires. On a envoyé des mains à leurs parents pour les identifier. Ils ne pouvaient pas montrer la preuve de l'assassinat, les balles dans la tête, dans le dos, à bout portant. Alors les parents ont reçu des mains. » Je me sentais mal, mon corps voulait tomber et je le retenais, honteuse de ma « sensiblerie ». Je m'assis et pris sa main. C'est son contact qui me ressusciterait, la vérité de son contact. Son contact ne pouvait être que vrai.

« Et tu as quitté ta famille ? » J'eus l'impression qu'Antoine avait reçu un coup dans la poitrine. Il s'affaissa puis se redressa, tout ça en un quart de seconde. « Pas le temps. Je les voyais déjà plus trop. Dans la clandestinité, tu ne peux plus passer chez tes parents ou tes cousins ou tes potes. Tu les mets en danger, alors tu les rencontres dans des magasins, sur des places publiques. Ils ne savent pas où tu vis... Tu leur fais passer des messages. Mon père m'avait fait passer un message très clair : je devais partir, ils étaient venus perquisitionner chez lui, heureusement il n'y était pas. Lui aussi a dû finalement entrer plus ou moins dans la clandestinité. »

Antoine s'est levé, laissant ma main abandonnée sur le canapé. Il s'est servi une bière qu'il a décapsulée avec sa main, se coupant le pouce. Il saignait. Je voulus l'aider mais il me fit signe de ne pas bouger. Il mit son pouce dans la bouche, le sang semblait le calmer. « Je suis resté au Mexique, à attendre des nouvelles, dans un hôtel de réfugiés, comme tous les réfugiés. Les nouvelles étaient toujours mauvaises. » Il souriait de sa propre naïveté – comme si des bonnes nouvelles leur parviendraient, à lui et aux autres. « J'ai cru que je pourrais commencer une autre vie en attendant, ici. Simon s'était déjà installé et m'avait proposé plusieurs fois de le rejoindre. Je l'ai fait, voilà. » Il s'était rassis entre-temps, cachait son visage entre ses mains. Je le pris dans mes bras et posai mon visage sur ses cheveux.

Nous sommes restés longtemps ainsi. Nos larmes se mélangeaient au sang de son pouce qui coulait, nous ne faisions rien pour les arrêter. Il avait dit qu'il pensait pouvoir commencer une autre vie en attendant. Je faisais partie de l'attente. J'étais prise dans le filet de son attente à lui, ignorant ce qu'il attendait – ignorant *qui* il attendait.

Je n'ai pas le droit de prendre d'autres cassettes. Antoine a commencé à parler. Il a contourné ce que j'aurais voulu savoir, mais il a commencé. Il ne doit pas le savoir. Et je vais l'oublier. Lui faire confiance, à lui. Pas à Agustín, pas à ces voix mal enregistrées. Attendre qu'Antoine me donne ce qui lui appartient. Lui demander des explications, ce serait me trahir. De toute façon ces bandes ne disent rien. Des gens parlent et c'est tout. Des gens que je ne connais pas. C'est Antoine qui doit me dire, seulement lui. Il n'y a qu'Antoine qui sache. Faire des suppositions, c'est déjà contre lui, je n'ai pas le droit de faire des suppositions. Il a commencé à parler, je n'ai pas le droit d'avoir pris cette cassette, cette cassette ne dit rien ; du bavardage, du bavardage en espagnol, pas sûr même que j'aie su correctement traduire.

39.

Le dimanche, je déjeunai chez mes parents. J'avais apporté avec moi le paquet de photographies. Un poulet grillait dans le four. Je connaissais l'odeur par cœur. C'était celle du dimanche midi, l'odeur de la mort.

Avant de nous mettre à table, je déballai les photos devant ma mère, qui mit un certain temps à s'en emparer, comme si elles représentaient un obstacle entre nous. « Tu les as vues ? » m'a-t-elle demandé sans me regarder. J'ai hésité une seconde avant d'acquiescer. Comment lui dire que je ne reconnaissais aucun des personnages, ni mon père ni ma mère ? Ils ne se ressemblaient pas. J'avais eu beau scruter, grossir, recadrer avec mes mains, isoler des détails, ce n'était pas eux. Ils avaient les mêmes traits, mais pas le même air. Je ne connaissais pas cet air. C'est sans doute qu'ils ne me regardaient pas, moi, lorsqu'ils se prenaient en photo. C'était eux, ceux d'avant, et leurs paysages qu'ils voyaient. Mon image avait disparu de leur champ de vision. Si j'avais été avec eux pour les photographier, sans doute n'auraient-ils pas eu le même air, mais l'autre, celui qu'ils me réservaient à moi seule. J'observais ma mère rentrer en elle-même, dans ce face-à-face avec cette autre, celle des photos. Elle m'excluait. Encore. Et moi, quel air avais-je ? Les traits de mon frère sous mon air à moi ? La même ressemblance qui les empêchait de me voir ? Tandis que mon père apportait le poulet à table, je saisis soudain le pourquoi de mon malaise. Ce que j'avais découvert sur ces photos, c'était la totale dissemblance entre la mère de Joseph et la mienne ; une dissemblance aussi grande sans doute que celle qu'il y avait entre Joseph et moi.

Mon père interrompit ce vertige lorsqu'il découpa la bête. La tête de ce côté, la cuisse de l'autre, et le cou dans la sauce. Je n'avais pas faim. « Alors t'as la télé maintenant, tu vas pouvoir te tenir au courant ! » Au courant de quoi me demandai-je, de quoi *elle* se tient-elle au courant ? « Pourquoi tu nous présentes pas ton copain ? » C'était ma mère. Et c'était une agression. Elle avait levé son visage de ses photographies, et semblait dire : si tu es entrée dans mon intimité, à moi d'entrer dans la tienne. Je ne lui avais jamais parlé d'Antoine. Je ne lui parlais jamais de rien, ni de mes sentiments, ni de mes rencontres, ni de mes doutes. Son flair pour débusquer ce qu'elle pourrait détruire, je ne le connaissais que trop. Adolescente, déjà, je n'invitais plus mes amis à la maison. Soit elle me rabaissait, soit elle les phagocytait, leur racontant des histoires que j'apprenais par la même occasion, comme s'il fallait une personne extérieure pour qu'elle sorte enfin d'elle-même. J'étais furieuse, j'avais l'impression d'une profanation. Mais mon père, éternellement naïf, renchérit. « Ah mais je savais pas, moi, que t'avais un copain !!! C'est magnifique ! Je pensais plus que ça allait arriver. Tu l'invites dimanche prochain ? Je lui ferai une côte de bœuf. » Je me levai, livide : « Non ! » Ma mère m'observait avec un rictus ironique. Mon père était lui sincèrement désolé : « Pourquoi ? C'est pas du sérieux ? » Je parlais un peu trop fort. « Comment on peut savoir que c'est sérieux ou non ! Et pourquoi je vous le présenterais alors qu'apparemment j'ai même pas le droit de voir vos photos de vacances ! — C'est toi qui voulais pas venir !!! » renchérit ma mère sur le même ton. « Tu nous as laissés y aller tout seuls, et maintenant tu voudrais... — Non, je voulais pas venir, parce que j'en ai marre de votre Algérie, marre de tout ça, là ! Le paradis perdu, et cette putain de tombe... Mais elle est ici la tombe, vous voyez pas ! » Mon père me gifla. Ça lui arrivait quand j'étais enfant, il était d'un naturel brutal. J'étais bouleversée qu'il puisse encore porter la main sur moi, à vingt-quatre ans. Je sortis de chez eux, et claquai la porte.

Le soir, quand je retrouvai Antoine, je lui racontai la scène. Il ne savait pas grand-chose de mes parents. Il me prit dans ses bras et effleura mon visage de ses lèvres, en me proposant doucement : « Mais pourquoi je n'irais pas après tout ? Hein ? Ce sont tes parents. Je serais heureux de faire leur connaissance. » Je n'avais pas envisagé une seule seconde que ces deux mondes puissent se rencontrer. Pire, ça me faisait horreur. Mais je ne pouvais lui expliquer, et il insistait : « Ça serait peut-être bien pour toi, et pour moi aussi. J'aimerais voir ta chambre quand t'étais enfant, et la maison où t'as grandi. — Tu les connais pas. Ils sont atroces, je n'ai rien à voir avec eux ! — Et alors ? Je voudrais pouvoir t'imaginer. — Mais comment ça... comment cette... médiocrité peut t'intéresser ! — Parce que je t'aime, Théa... et aussi parce que je peux voir ta maison. Toi, tu ne connaîtras rien d'autre de moi que ce que je suis là. » Je fermai les yeux. Il m'aimait, il me le disait. Mais il me rappelait l'asymétrie de notre relation. Il avait besoin de voir un foyer de ses yeux, aussi minable soit-il, et j'allais le lui fournir, comme un lot de consolation.

Mon père m'appela le lendemain pour s'excuser. Je lui annonçai notre visite pour le week-end suivant.

40.

Il avait fait un effort vestimentaire. À sa nonchalance de bon goût, il avait ajouté la touche *repas du dimanche*, la touche *gendre idéal* : une chemise repassée, blanche, et un jean – ni trop ni pas assez, juste ce qu'il fallait. Antoine avait l'art des apparences. Il savait exactement comment se présenter selon l'interlocuteur qu'il avait en face de lui. Je ne lui avais pas beaucoup parlé de mes parents, mais ce que j'en avais dit avait suffi pour qu'il s'en fasse une idée. Laquelle ? Je l'ignorais, mais il n'était pas tombé loin si j'en jugeais au choix des vêtements. Moi, j'étais pétrifiée. C'était la première fois. La première fois que je leur présentais un garçon, officiellement. Ce qui signifiait que je présentais non seulement un homme que j'aimais, mais également que je m'exposais. Tout ce que j'avais refusé de leur montrer jusque-là, j'allais le leur révéler.

J'étais coincée. Je redoutais leurs réflexions, je craignais qu'ils me fassent honte, qu'Antoine les juge, j'appréhendais qu'Antoine découvre quelque chose, comprenne ce qu'il n'avait pas compris, remplisse les cases du puzzle – toujours plus excitant lorsqu'il reste des trous, et qu'on jette une fois qu'il est complet. Décevant au final. J'avais aussi peur que mes parents le méprisent, le prennent de haut, le critiquent dès qu'il aurait le dos tourné. Je connaissais la façon dont ma mère pouvait assassiner quelqu'un par une simple expression. J'avais si peur que je ne savais plus qui j'étais, de la fille ou de l'amante, et qui je préférais être, qui je préférais protéger. Il me semblait aller de soi que c'était Antoine, mais en réalité, et à mesure qu'on approchait de Bourg-la-Reine, je me sentais redevenir une enfant qui, après avoir fanfaronné dans le dos de ses parents, redevenait timide et peureuse à l'heure de leur rendre des comptes. Je me sentais me liquéfier tandis qu'Antoine commentait le chemin, la banlieue française, les lignes du TER, les usagers de la SNCF, toutes ces choses qui lui paraissaient encore exotiques quand pour moi elles représentaient l'enlisement dans le quotidien.

Soudain nous avons aperçu un TGV. Antoine était fasciné, moi aussi d'ailleurs bien que j'en aie déjà vu plusieurs. Dans ses premiers kilomètres, la ligne Paris-Lyon était parallèle à la ligne du RER B. Ça faisait à peine un an qu'ils roulaient, et leur fuselage, leur allure de serpent agressif mais orange offrait un spectacle dont aucun des usagers du RER ne se lassait. Nous avions tous le visage collé à la vitre. Il nous dépassa

Théa

rapidement. Nous l'avons regardé longtemps après qu'il eut disparu. Je me cachai dans ce silence religieux, m'en enveloppai, mais Antoine démasqua ma parade. « Théa ? Eh oh, Théa ? Tout va bien se passer. » Je lui fis un pauvre sourire. Un sourire étriqué, un sourire du mieux qu'on peut, qui n'arrive pas complètement à prendre forme. Il me serra la main. Je fermai les yeux, en me persuadant qu'il s'agissait d'une passation. Nous allions vivre une cérémonie de passation. J'allais rompre avec l'allégeance précédente pour une vie nouvelle. Au revoir parents et enfance, voici venus l'homme et l'amour, et la liberté. Ils vous rendent visite sans aucune crainte, ni de l'odeur du frigidaire, ni de la décoration moche et de la vieille photo qui trône sur la cheminée, ni des carreaux de faïence bleue de la cuisine censés rappeler les carreaux de ciment de l'intérieur familier d'une *casa* défunte, ni de la télévision allumée sur un jeu triste, ni des bières chaudes et du poulet rôti. Ils ne craignent rien de rien de rien des personnes survivantes de cette maison de banlieue. Non, ma nouvelle vie ne craignait rien, étais-je obligée de me persuader. Car en réalité, je la sentais si fragile qu'à chaque mètre supplémentaire, mon cœur se rigidifiait. Je me sentais devenir peu à peu aveugle et insensible, pour que rien de ce que j'allais vivre ne puisse entamer ce que j'étais en train de vivre.

Nous sommes sortis du RER, avons longé les voies, tourné deux fois à gauche pour nous enfoncer dans le quartier résidentiel où vivaient mes parents. J'avais les mains moites. Antoine me les serrait de plus en plus fort, et je ne savais si c'était pour me donner du courage ou s'en donner à lui. Nous n'avions rien à annoncer, pas de nouvelle qui changeât la physionomie de cette famille, en bien ou en mal. Nous ne faisions qu'aller déjeuner chez mes parents, rendre une visite de courtoisie à des vieux qui s'ennuyaient.

Je m'arrêtai devant la porte et repris mon souffle. Pour la dernière fois je le regardai, comme pour garder une image vierge d'Antoine avant toute rencontre toxique. Il me retourna son regard et nous avons fini par nous plonger dans les yeux l'un de l'autre. Je tremblais de tout mon corps et lui de même, et tandis que j'allais appuyer sur la sonnette, il me prit le visage entre ses deux mains, et l'attira à lui. Nous nous sommes embrassés profondément tandis que de l'autre côté de la porte ma mère sans doute s'affairait dans la cuisine – pour une fois qu'elle recevait –, et mon père mettait le couvert. La langue d'Antoine s'enfonçait à l'intérieur de moi, et je fermais les yeux pour m'oublier définitivement dans ce baiser désespéré – car il l'était : il nous disait à tous les deux que quoi qu'il arrive, nous nous serions aimés, aimés passionnément.

J'ai fini par sonner. Puis par entrer, comme d'habitude, sans attendre que l'un de mes parents vienne ouvrir. Mais cette fois, ils étaient tous les deux derrière la porte, comme s'ils nous avaient espionnés depuis le début. Sans doute venaient-ils d'arriver de la cuisine ou d'ailleurs, ma mère sans cela aurait enlevé son tablier, et mon père se serait débarbouillé le visage et recoiffé. Peut-être toutefois n'avaient-ils pas pu s'empêcher de nous épier, pour connaître quelque chose de leur fille qu'elle ne leur montrerait pas, lui arracher un bout d'intimité et s'en repaître. Ils nous observaient comme des bêtes dangereuses mais passionnantes, et nous les regardions comme des proies piégées. Puis tout s'est passé très vite, ma mère nous a fait entrer, a pris nos manteaux, nous a fait asseoir et a commencé à donner ses ordres à mon père.

Tout revenait à la normale. Les marques étaient prises ou reprises, seul Antoine observait la vie familiale comme une chorégraphie curieuse. Mon père nous servit un bon bourgogne qu'il avait débouché une heure auparavant, et qui semblait être *parfaitement aéré*, il nous le confirma deux fois. Ma mère plaça des chips et des cacahuètes en face de nous, sur la table basse. Ils mirent un certain temps à s'asseoir, retardant le moment où il faudrait commencer à parler. Antoine ne leur facilita pas la tâche. Ce n'était pas à lui après tout de faire le premier pas.

Et puis ils furent en face de nous. Je n'osais regarder personne et cherchais fébrilement un sujet de conversation, comme s'il revenait à moi, uniquement à moi, de créer une ambiance joviale. Comme si pour les autres, partager ce moment d'intimité était un effort dont j'aurais à payer le prix. C'est pourtant ma mère qui commença : « Vous venez d'Argentine, je crois ? » Elle avait déduit de mon subit intérêt pour ce pays l'origine de mon compagnon. Peut-être mon père le lui avait-il confirmé. Mais dans son « je crois », il y avait aussi « puisque ma fille ne me dit rien, il a bien fallu que je devine ». C'était pour ça que j'avais perdu l'habitude de lui dire des choses. Elle les devinait. Et sa façon de les deviner était si intrusive que j'avais fini par tout garder secret.

« Oui, je suis argentin. Vous connaissez l'Argentine ? » Ma mère rougit, elle ne connaissait rien, n'avait jamais voyagé de sa vie à part pour aller et venir entre la France et l'Algérie. Cette question était parfaitement saugrenue, mais il ne pouvait le deviner, lui qui avait voyagé plus qu'à son tour. C'est mon père qui prit alors la parole : « Vous êtes en France pour vos études ? » Le visage d'Antoine s'assombrit. Je le sentis hésiter entre un mensonge pratique, pour éviter les explications, et une vérité trop compliquée à énoncer lors d'une première rencontre qui se voulait de pure forme. C'est moi qui vins à la rescousse : « Non, il travaille déjà. Il est chef opérateur. Ça veut dire qu'il tient la caméra, et cadre les images. Il fait des documentaires. — Mais c'est bien, ça », dit mon père, toujours heureux de voir qu'un jeune travaille au lieu de perdre son temps sur les bancs de la fac. « Des documentaires sur quoi ? Les animaux ? » – sans doute les seuls qu'il connaissait – « Ça dépend des commandes. En fait je travaille pour des réalisateurs. Alors ça peut être des documentaires sociaux, sur des thématiques sociales, politiques ; d'autres sur des milieux artistiques. Le

Théa

dernier que j'ai tourné c'était sur un chanteur qui n'est pas très connu je crois, un chanteur de bal musette, mais on n'avait pas d'argent pour le financer. » Je voyais qu'il se débattait comme il pouvait pour raconter quelque chose qui semblait avoir de la consistance, que lui-même n'en trouvait pas, et qu'à ce titre, mes parents non plus n'en trouveraient pas, de la consistance. Des documentaires non payés sur des chanteurs inconnus, de qui se moquait-on ? Aussi mon père revint-il sur le thème dangereux de l'Argentine. « Paraît que c'est très beau là-bas. J'ai regardé sur ton atlas, Josèphe. Je sais pas pourquoi tu l'as laissé là. — Parce que j'en ai un autre actualisé. — *Actualisé* ? Les pays ça change pas, si ? Ah ces intellectuels... Enfin tant mieux tu vois, parce que j'aime bien regarder parfois. C'est bas, c'est beaucoup plus bas que ce que je croyais. C'est l'été, là, en ce moment ? — Oui, c'est dans l'hémisphère Sud. Mais c'est très grand, enfin très long. Selon qu'on se trouve au nord ou au sud, la température peut complètement changer. — Tu vas y aller Josèphe ? » Je tournai la tête vers Antoine furtivement. « Un jour, peut-être. — Ma fille n'aime pas trop voyager », poursuivit ma mère. Elle s'arrêta cependant devant le froncement de sourcils de mon père. Il n'était pas question de relancer le débat. « C'est que pour l'instant elle n'a pas le temps, répondit Antoine, elle travaille beaucoup. » La tension montait. « Ah, ben c'est une bonne nouvelle ! Si vous dites qu'elle travaille ! »

J'avais l'impression d'avoir disparu. On parlait de moi comme si je n'étais pas là. Je sentais la viande griller dans la cuisine, pour une fois ma mère avait troqué l'éternel poulet contre la côte de bœuf promise. Sa provocation s'était transformée en réalité, elle avait bien préparé une côte de bœuf à *ce petit ami qui m'avait changée*. J'aurais aimé être à la fin du repas. Terminer le café et me lever, prendre la main d'Antoine pour rejoindre la station de RER, rire avec lui de tout ce qu'il aurait observé, des manies de mon père, de la dépression de ma mère et de sa tyrannie insidieuse, des objets trônant çà et là, objets aveugles, sans souvenirs, désincarnés, des objets *décoratifs*. C'est ce que faisaient mes parents, ils « décoraient » en achetant des bibelots dans des magasins fantaisie qui vendaient la décoration, c'est-à-dire des choses inutiles et censées être amusantes plutôt que belles, la beauté étant réservée aux porte-monnaie mieux remplis. Ces objets dépareillés ne témoignaient d'aucun style, d'aucun confort, d'aucune préférence, juste une concession pour un enjolivement de pacotille, pour avoir l'impression de se distinguer de ces gens qui n'avaient de rapport qu'utilitaire à leur lieu de vie. Je voyais tout cela à travers le regard que je prêtais à Antoine, sur ce chemin du retour que j'imaginais tandis que mon père attaquait le sujet des Malouines.

Ma mère nous interrompit pour nous faire passer à table. Nous avions quelques minutes de répit. Elle nous plaça avec cérémonie, comme si elle avait élaboré le plan de table depuis le réveil – nous étions quatre. Elle avait sorti des serviettes en tissu. Je ne me souvenais pas de la dernière occasion où nous nous en étions servis, mais elle devait remonter à la petite enfance, car elles m'évoquaient un sapin de Noël. Or nous ne faisions jamais de sapin de Noël, sauf, je crois, dans mes premières années, quand ma grand-mère insistait pour que nous fassions comme tout le monde – ce n'est pas parce qu'il n'y avait pas d'épicéas au bled qu'on allait renoncer à la fête.

Antoine fit un effort sans doute pour éviter le sujet des Malouines en complimentant ma mère sur sa table, ses serviettes, ses couverts. « C'est agréable », dit-il. Je la vis rougir et m'en amusai. Je ne la savais pas si coquette. Mais il est vrai qu'elle avait fait un effort considérable, et j'en mesurais le prix quand mon père revint, avec obstination voire un brin d'obsession, sur les Malouines. Je choisis de rêvasser pour ne pas l'écouter, lui qui admirait « la Thatcher » et m'avait fait entrevoir, la dernière fois qu'on avait déjeuné ensemble, qu'il n'avait rien contre les conflits militaires, l'ordre et la dictature, rien contre le fait d'abattre du bougnoule.

J'avais peur de ce qu'il allait dire. Pas pour Antoine, mais pour lui, mon père. Parce que malgré ses silences, malgré ce qu'il fallait bien appeler sa lâcheté, je l'aimais. C'était mon père. À qui je présentais mon amoureux. Je désirais ardemment que chacun plaise à l'autre, et que tout le monde finisse par s'aimer, oubliant les conflits du passé et du monde, les tristesses et les échecs, dans une grande fête de paix et d'amour. Et plus j'y pensais plus je voulais fermer mes oreilles, car mon père reprochait à l'Argentine cet acte irresponsable, *ils ne savaient donc pas ce qu'était l'armée britannique* ? Et Antoine répondait, « Non sans doute. Ils sont pris de folie de toute-puissance, les militaires de mon pays. Mais ce n'est pas nouveau. Depuis le début de la dictature, ils sont pris de folie. » Mon père le regarda, circonspect. « La dictature, c'est terrible. Mais y a des situations qui l'exigent. — Comme lesquelles, par exemple ? — Quand le désordre s'installe, que les gens ne peuvent plus travailler, que des terroristes mettent des bombes et qu'on a peur d'emmener nos enfants à l'école, quand on peut plus prendre un verre en terrasse, quand on a la trouille pour sa famille. » Antoine devint livide. Moi-même j'en oubliais de respirer. La logorrhée de mon père s'arrêta quand il s'aperçut que tout le monde l'observait, muet et blême. Il fit le tour de la table, m'observa un moment, comme pour vérifier auprès de moi s'il avait dit une bêtise. Puis, comprenant peu à peu ce qui était en train de se jouer, il s'adressa à Antoine : « Vous êtes un gauchiste ? »

Antoine eut un sourire en coin, un sourire étrange, triste sans être ironique, un sourire de quelqu'un qui avait souvent rencontré cette question, dans un passé épuisé, un passé révolu, et qui la voyait ressurgir. Question morte. Qu'est-ce que signifiait « gauchiste » aujourd'hui ? Une question morte qui toujours traverserait l'Histoire, et les siècles et la vie des hommes, collectivement et individuellement ; une question qui reconduisait une vieille partition entre les pour, les contre, les adversaires, les collabo, les terroristes, les réactionnaires et les progressistes, ceux qui voulaient bouger et que les choses bougent, ceux qui ne le voulaient pas, ceux qui avaient peur et les autres, ou ceux qui géraient différemment leur peur, car tous avaient peur.

Au moins mon père et Antoine partageaient cette fracture. Ils se retrouvaient, chacun d'un côté de la barrière, mais sur le même terrain. Ma mère et moi les observions, comme les spectatrices d'un match, comme devant le débat présidentiel à la télévision, comptant les points. « Un gauchiste, oui, c'est comme ça qu'on nous appelle là-bas... » Il avait énoncé cette phrase lentement, signifiant qu'il était prêt pour le duel. Cela suffit à mon père pour crever les monceaux de silence qui s'étaient accumulés depuis tant d'années. « À mon époque, les gauchistes, on les emprisonnait comme les Arabes. — Votre époque ? — L'Algérie. Tu pouvais pas être gauchiste et te battre pour la patrie. Les gauchistes, ils n'aimaient pas leur patrie, ni la France, ni l'Algérie. Ce qu'ils aimaient c'étaient leurs idées. » Ma mère et moi regardions notre assiette. Je mangeais de façon compulsive, bouchée de viande sur bouchée de viande, mâchant frénétiquement, me mordant la joue au sang, me concentrant sur la douleur.

Mon père accepta une accalmie et ajouta un bémol. « Mais c'était une autre époque. C'était une autre guerre. Peut-être que vous avez raison d'être gauchiste de là où vous venez. » Antoine avait les lèvres pincées.

Il n'osait pas poursuivre la conversation, qui risquait de mal tourner. Je cherchais désespérément une issue. C'est ma mère qui nous la fournit : « Mon mari était militaire. Faut le comprendre. Ne jugez pas. Chacun a ses raisons. Mais les militaires restent des militaires, n'est-ce pas ? Et les militaires n'aiment pas les gauchistes. Sauf que vous c'est pas pareil, vous êtes argentin. » Mon père comprit qu'il était allé trop loin. « Excusez-moi. Je vous dis, c'est pas la même époque. Faut sans doute être gauchiste quand on est jeune. Moi, j'ai pas eu ce luxe, c'est tout. Mais je vous en veux pas, vous êtes l'ami de ma fille, je vous en veux pas. » Je commençais à sortir de ma sidération pour entrer dans une colère sourde. « Papa, de quoi tu pourrais en vouloir à Antoine ? C'est quoi le problème ? On n'a jamais parlé politique dans cette baraque et tout à coup tu t'énerves ? — Je m'énerve pas. Excusez-moi, Antoine, ce n'est pas contre vous, hein. C'est juste que j'en ai vu de toutes les couleurs, vous savez. » Nous nous regardions tous les trois, ma mère, Antoine et moi, presque complices, accusant réception des écarts du vieux militaire réactionnaire mais *bon bougre*, parce qu'il avait sans doute souffert, parce qu'il avait sans doute gardé en lui des stigmates, des images de violence, de déchirures.

C'est du moins ce que je croyais. La trêve avait été tacitement déclarée. Ma mère nous servit le fromage. Je buvais verre de vin sur verre de vin, le ventre noué. Je n'arrivais pas à comprendre ce qui avait pu faire sortir mon père de ses gonds, lui qui jamais n'élevait la voix. Était-ce qu'il était décidé à réserver ce traitement à mes « petits amis » ? Était-ce parce que Antoine était argentin, ou seulement parce qu'il était « gauchiste » ? J'avais crains que l'attaque ne vienne de ma mère, mais c'est de mon père que je la reçus, que nous la reçûmes. Et pas qu'à une reprise. Car si nous avons pu terminer le repas en parlant de tout et de rien dans une certaine tension, mon père revint à la charge au moment du dessert : « Les Malouines, ils vont les perdre. Pourtant, les Argentins, ils en connaissent un rayon en termes de pratiques militaires. Mais ils sont plus expérimentés en maintien de l'ordre intérieur qu'en conflit international. C'est nous qui leur avons appris. »

Cette fois il avait dépassé les bornes. Antoine ne souriait plus du tout. Il avait un masque que je ne lui connaissais pas. Les deux hommes m'étaient devenus étrangers. « Que voulez-vous dire ? » J'aurais aimé empêcher mon père de répondre. Partir en courant, ne rien entendre, fuir cette scène, mais je ne pouvais bouger ni l'interrompre. J'étais paralysée : « Je veux dire que les techniques que nous avons mises au point en Algérie contre les Arabes et les gauchistes, on les a exportées chez vous, chez vos militaires, on leur a tout appris, et ils en ont fait usage. » Cette fois, Antoine s'est levé. Il m'a regardée un quart de seconde pour voir ce que j'allais faire, quel camp je choisirais. Je l'ai suivi aussitôt, et nous sommes repartis, sans terminer nos assiettes, sans dire au revoir – ma mère nous poursuivait, « Jean-Philippe arrête ! Les enfants, c'est bon, c'est pas la peine, il arrête ! » –, sans même récupérer nos manteaux. Nous sommes partis comme semblait l'avoir ordonné mon père : pas de gauchistes chez lui. Il pouvait tout accepter, mais pas de gauchistes.

41.

Antoine marchait vite devant moi, je devais presque courir pour le suivre. Et devais-je le suivre ? N'étais-je pas en train de quitter mes parents ? Cela voulait-il dire que je ne retournerais pas chez eux ? Était-ce ainsi lorsqu'on prenait le maquis ? Heureusement il faisait froid et la pluie s'était mise à tomber, elle fouettait nos visages – une adversité bienvenue.

Combien de fois ne s'était-il pas retourné ? Combien de personnes chères, liées à son histoire, à son identité avait-il quittées sans se retourner ? Parce qu'il était obligé, parce qu'il les aurait mises en danger, parce qu'il n'avait pas eu le temps ? Étais-je en train de faire la même chose ? De choisir mon camp ?

Je finis par le rattraper tandis qu'il passait son ticket pour entrer sur le quai. « Antoine, attends-moi. » Il se retourna enfin, me toisa des pieds à la tête, sans mépris, comme si j'étais une étrangère, et c'était pire sans doute. Puis son air changea, et devint tendre, presque... amoureux. Des larmes perlaient à ses yeux et là non plus je n'y comprenais rien. Il me tendit la main, je la saisis, pleine de gratitude, moi qui craignais l'instant d'avant qu'il ne veuille plus jamais me revoir. Il m'enlaça, et me serra si fort contre lui que j'entendis le hoquet qui le fit tressaillir. Je sentis ses cheveux, leur odeur de propre, son parfum sauvage que je n'aurais su identifier, hormis une pointe de sauge, et sa peau brune et musquée. J'embrassais son cou, il passait ses larges paumes le long de mon dos, de mes fesses, nous aurions pu nous fondre l'un en l'autre, et à cet instant, j'aurais sacrifié père et mère pour goûter éternellement cette intensité, l'intensité d'un bonheur fou qui repose sur un malheur fou. Le RER est arrivé, nous sommes montés comme un seul corps. Il me tenait la main, fermement, violemment, et je posai mon visage sur son épaule. Durant tout le trajet, nous nous sommes tus mais nos mains et nos gestes disaient l'absolu besoin de l'autre. Le monde pouvait s'écrouler du moment que nous étions ensemble.

Ensemble. Là-bas, à Bourg-la-Reine, mon père, ce petit homme doux et taiseux, devait ruminer sa guerre sale, sa guerre dégueulasse qu'il avait osé défendre devant un réfugié politique, sous prétexte que l'Argentine avait calqué ses méthodes de torture sur les pratiques françaises. Mais qui était mon père ? Un pied-noir ? Un soldat ? Un militant, un milicien ? Qui étaient mes parents ? Des fachos, des imbéciles, des salauds de colons et de militaires, mes parents ? De pauvres gens qui en leur temps avaient su comment torturer l'Arabe jusqu'à lui faire cracher ses tripes et vomir du sang ? Jusqu'à l'écorcher vif avant de lire dans ses entrailles

Théa

comme les devins de l'Antiquité ? Pour y lire quoi ? La défaite ? La fin du rêve ? La culpabilité de la mort d'un enfant ?

Qui étaient mes parents ? J'avais envie de pleurer, car au fond de moi, tout au fond de moi, je savais qu'ils n'étaient pas des tortionnaires mais des gens malheureux. Tout au fond de moi, je savais qu'ils étaient ces enfants doux qui auraient voulu vivre à l'ombre des figuiers dans une médina blanche. Mais les tortionnaires avaient eux aussi des rêves d'enfant. Je le savais bien, moi qui travaillais sur la littérature testimoniale. Pour la première fois je comprenais dans ma chair la déchirure. Pour la première fois, je comprenais aussi pourquoi j'avais choisi ce sujet de mémoire, moi qui le croyais le plus éloigné possible de tout ce que je connaissais, de tous ceux qui me connaissaient : j'y étais revenue. Le retour. Le paradis perdu. La barbarie.

Ma tête sur ses genoux, brinquebalant sous les assauts du RER, je me laissais aller à pleurer. Je pleurais d'une peine infinie et d'un espoir nouveau, celui de faire partie du camp des vivants.

Lorsque nous sommes ressortis à l'air libre, Antoine passa un bras au-dessus de mon épaule et me chuchota dans l'oreille : « Tu n'y es pour rien. On va faire l'amour tout de suite. » Et comme nous nous dirigions chez lui, je lui demandai si Simon était là. Mais Simon était reparti pour trois jours, nous avions l'appartement pour nous tout seuls.

42.

C'est rageusement qu'il me pénétra, et c'est rageusement que je l'accueillis. Mon corps désirait l'humiliation. La violence et l'humiliation. J'étais née de parents coupables, et je ne laverais jamais complètement la faute puisque je refuserais de les renier. La violence d'Antoine dans mon corps me faisait du bien. Je n'avais même pas envie de jouir, juste d'être possédée, détruite et possédée. Je me retournai. Je voulais être trouée, ébréchée, j'avais besoin qu'il me macule de semence grasse, bouchant artères et vaisseaux, jusqu'à m'étouffer. Je ne méritais pas l'amour.

Quand il s'allongea à mes côtés, le front en sueur, il m'agressa. « Tu connais tes parents ou tu ne les connais pas ? » Il retrouvait l'accent chantant d'Argentine qu'il perdait lorsqu'il parlait normalement. Je me défendis. Ou plutôt je les ai défendus, eux qui m'avaient donné une demi-vie, une vie de substitution. « Et toi ? Qu'est-ce que tu connais de tes parents ? » Antoine se leva. J'avais conscience d'être allée trop loin. Je défendais un militaire obtus et réactionnaire, faisant des insinuations gratuites à propos d'un homme « balancé d'un avion » pour ses idées progressistes et sa résistance à un régime tyrannique que des gens comme mon père avaient aidé. J'hésitais à m'excuser tandis qu'il marchait le long de la pièce, contenant sa fureur. « Moi je suis né du bon côté, et si j'avais pu te présenter mon père, tu aurais vu que tu n'es pas toujours obligé de suivre le cours de l'Histoire... Évidemment ça se paye d'une vie. — Mais mon père n'est d'aucun côté de l'Histoire, tu le vois bien ! Tu le vois bien qu'il s'est fait avoir ! — Alors ceux qui se font avoir vont vendre leurs techniques de torture à ceux qui pourraient bien ne pas se faire avoir ? Tu crois pouvoir me faire pitié ? »

Je me levai : « Je ne compte pas du tout te faire pitié. Mes parents c'est mes parents, je ne les ai pas choisis. Ça aurait été plus simple qu'ils meurent au champ d'honneur ! » Et je sortis de la chambre, emportant mes vêtements. Mais Antoine me retint et me regarda droit dans les yeux, férocement, désespérément. « Parce que tu crois qu'avoir un héros comme père c'est plus simple ? Tu crois qu'être du bon côté quand tout ton pays est du mauvais c'est plus simple, à tel point que parfois tu doutes si c'était vraiment nécessaire, si c'était pas plus simple de fermer sa gueule et de vivre peinard ? Tu crois que je suis heureux de vivre ici ? » J'étais écœurée. « Au moins tu as eu ton lot de consolation. » Je m'habillai dans l'escalier après avoir claqué la porte. J'avais quitté mes parents pour prendre son parti, et il m'attaquait là où j'étais impuissante, moi-même tétanisée par ce que j'avais entendu dans l'après-midi.

Car je ne savais rien de mon père. La mort de mon frère avait interrompu le cours du récit. Le silence s'était alors imposé. Il n'y avait pas de dialogue possible avec des morts vivants. J'avais vu mon père sur des photos en tenue militaire, le visage souriant, dans un coin du désert, puis à Alger, posant avec d'autres camarades. Une période dont il ne parlait jamais mais qui semblait tout à la fois un âge d'or et quelque chose qui s'apparentait à une honte. Pas la honte de ce qui s'était passé. Une honte engendrée par la société d'aujourd'hui qui refusait d'écouter ce type de récit, le récit de ceux qui avaient perdu, le récit des tortures, le récit des bourreaux. Et il avait suffi que j'invite Antoine dans l'intimité de ma famille pour que celle-ci se fissure. Antoine, par sa seule présence, avait exhumé quelque chose d'enfoui, qui avait transformé mon père en un étranger.

Aurai-je le courage d'accepter la possibilité qu'il fût un monstre ? Il m'était plus simple de me faire baiser brutalement et de hurler à Antoine qu'il avait la chance, lui, d'avoir un héros comme père, que de frapper à la porte de mes parents, d'ouvrir une bière à mon père, de le faire asseoir en face de moi et de lui demander par le menu quels furent ses faits et gestes de 1954 à 1962.

43.

Sur le chemin du retour, je pleurais de rage. Fallait-il que je me résolve à haïr mon père ? Pourquoi devrais-je ça à Antoine, cet homme que je connaissais depuis six mois à peine, qui apparaissait et disparaissait dans ma vie sans aucune garantie de retour, me déclarant sans vergogne qu'il n'était pas heureux ici, et que par conséquent notre relation n'était qu'un pis-aller ?

Les hommes fermaient les issues.

Je me pointai à la fac. Il était vingt et une heures quarante-cinq, les derniers cours s'achevaient. Je savais devant quel amphi attendre. Déjà, les premiers étudiants commençaient à défiler – ceux qui partaient en avance parce qu'ils avaient faim et devaient retrouver des amis au café, ceux qui avaient un métro à prendre et ne voulaient pas rentrer chez eux trop tard. Les autres écoutaient encore le cours sur Faulkner, *Le Bruit et la Fureur*, dont je saisissais quelques bribes. Bruit et fureur. Nos vies reposaient sur le bruit et la fureur de nos aïeux devenus silencieux, ceux de nos disparus. Le grondement sourd d'une colère éteinte nous empêchait de vivre : nous ne portions pas le deuil, nous portions la dette.

Enfin ils se décidèrent à sortir, les uns après les autres. Ils étaient encore nombreux à cette heure. Je détestais aller aux cours du soir. J'avais l'impression qu'on me volait les meilleures heures, celles dévolues au plaisir, au partage, aux amis. Suivre des cours de vingt heures à vingt-deux heures, c'était céder à mon démon de rentabiliser le temps, renoncer à la vie sociale au profit d'une prétendue vie de l'esprit.

Enfin il fut là, avec sa petite sacoche et ses chaussures usées, la panoplie de l'homme de lettres dont la culture est proportionnellement inverse au salaire. « Tiens, mademoiselle. Vous avez suivi mon cours ? — Non, je vous attendais. » Il marqua un léger étonnement. Mais proposa de m'accompagner jusqu'à la sortie. Parler aux étudiants, répondre à leurs questions faisait partie de son métier. J'étais moins bravache que j'avais espéré l'être, déterminée par ma colère de l'après-midi. Pourtant, maintenant que j'étais devant lui, je n'avais plus le choix : « Mon père, quand et où l'avez-vous connu ? »

Cette fois il fut réellement surpris. Sans doute s'attendait-il à ce que je renonce à toute question. J'exhumais un souvenir vieux de plus de vingt ans de façon si intempestive qu'il dut faire une pause et sortir de Faulkner pour retrouver d'autres souvenirs, des vrais ceux-là. « Je ne vous l'ai pas déjà dit ? — Non. Vous avez mentionné les Aurès, mais je ne sais rien de plus. Et... j'ai besoin de savoir. » Un sourire énigmatique, voire sadique, se dessina sur son visage. « Tiens tiens, mademoiselle veut fouiller dans le passé des siens, lui offrirai-je ou pas ce plaisir, cette opportunité ? » Je voyais bien qu'il hésitait. « C'est vous qui êtes venu me voir, monsieur Burgaud. Je ne vous avais rien demandé. Maintenant, je veux savoir. » Il réfléchit une seconde et opta pour la transparence. « Vous avez un peu de temps ? » Je fis oui de la tête. Bien sûr que j'avais du temps, pour rattraper un passé entier j'avais la nuit devant moi, et si cela ne suffisait pas, ma vie. Mais j'espérais sincèrement que cela prendrait moins de temps. « Allons, venez, nous allons au Rostand. J'ai une faim de loup. » Je le suivis de la Sorbonne jusqu'au Rostand, en face du Luxembourg. Nous avons pris place dans le café miteux qui deviendrait plus tard un repaire de touristes, inaccessible aux étudiants qui formaient alors sa principale clientèle. Nous avons pris un box au fond de la salle. Peut-être craignait-il d'être surpris avec une jeune étudiante à cette heure du soir. Peut-être avait-il juste besoin d'intimité pour me livrer le récit que j'attendais. Ça m'allait.

« Nous nous sommes connus en 1961 je crois, si ma mémoire est bonne. » Je sentais qu'il allait abuser de ce type de formules faites pour semer le doute ou manifester au contraire l'étonnante hypermnésie dont il ferait preuve. Un sacerdoce. « C'était le milieu de la guerre d'Algérie, n'est-ce pas ? Vous connaissez un peu votre histoire ? Votre père vous en a parlé ? — Non. — Ça ne m'étonne pas, la transmission n'est plus ce qu'elle était. Les gens de notre génération ne parlent pas. — Et

vous ? » Il me toisa une longue minute. « Moi, je n'ai pas d'enfants, et je me fiche pas mal de savoir ce que pensent de moi les jeunes générations, à part mes étudiants bien sûr. Je ne leur cache pas mes opinions. Et d'ailleurs je ne vois pas pourquoi j'aurais honte.
— Parce que vous êtes un facho ? » lui lançai-je, provocante. « Un facho ? répondit-il, amusé. Je vois que vous êtes en colère. Mais, oui, d'accord, si vous le voulez, je suis un facho, un réactionnaire, un pauvre type, un vieux type surtout... Comme votre père. » Et ce trait me foudroya. Je savais qu'il l'emporterait haut la main. J'étais venue en victime expiatoire et je pouvais bien faire preuve de provocation, d'ironie, de tout ce que je voulais, ce qu'il s'apprêtait à me dire allait me vriller le cœur. Il le savait.

« D'abord, arrêtez de penser que nous étions dans une guerre de conquête. Pour nous, on était chez nous, c'était du maintien de l'ordre. Vous imaginez que la Sorbonne fasse l'objet d'attentats répétés, que vos parents soient en danger de mort, que votre amie ait perdu un bras alors qu'elle buvait un café en terrasse ? » Je ne répondais pas. C'était une question purement rhétorique faite pour m'impressionner. « Bien. Ce n'est pas la guerre. Peut-être la guerre civile. Dans ce cas vous êtes content que la police, puis l'armée assurent votre sécurité. Eh bien les gens qui assuraient la sécurité, c'étaient des hommes comme votre père ou moi. »

Je voyais qu'il faisait un effort pédagogique, non pour sauver l'image de mon père à mes propres yeux, mais bien pour se justifier lui-même.

« Mais qu'est-ce que vous croyez ? Qu'on était des *fachos*, comme vous dites ? Qu'on était *tous* des fachos ? Moi, j'étais stalinien si vous voulez le savoir. Je suivais les directives du parti. C'était Jacques Duclos à l'époque. Il avait voté pour les "pouvoirs spéciaux". Après, j'ai changé de bord, peu à peu, sur le terrain. Votre père, je sais pas trop ce qu'il était au début. Mais lui, c'est différent. Il était né en Algérie, il y avait grandi, c'était chez lui. » Le serveur nous interrompit. Je commandai une bière, lui une demi-bouteille de vin, me proposant de partager. Mais je ne voulais rien partager avec lui, juste l'écouter, et décider après. « Il était algérien en fait. Il était trop jeune pour avoir fait la guerre de 39. Moi aussi. Mes parents étaient des résistants. Mon père. Il avait été décoré par de Gaulle lui-même. Alors je ne vous permettrai pas de nous juger. Pour qui vous vous prenez, vous et votre génération ? À tout vouloir critiquer sans comprendre ? On dirait qu'un vent moralisateur s'est abattu sur vous, là, tout d'un coup ! Nous à votre âge, on était obligés de porter des fusils, vous comprenez. Alors les cas de conscience, on se les mettait là où je pense... » Je ne disais rien, pour laisser couler sa colère. Je ne me sentais pas visée. M. Burgaud avait raison, je n'avais aucune légitimité pour juger quoi que ce soit. Néanmoins, cela me contraignait-il à rester neutre ? Fallait-il que je vive, que nous vivions, moi et ma génération, des conflits sanglants pour avoir enfin le droit d'émettre une opinion ? À vrai dire, je n'en savais rien. J'étais malgré moi mise au pied du mur : juger ou ne pas juger, choisir un camp ou ne pas le choisir, mais ne pas le choisir c'était se risquer à le choisir malgré soi.

« On avait votre âge, et on nous a mis des fusils entre les mains. On était des appelés, et on pensait que l'Algérie était française, parce que tout le monde le pensait, y compris le parti stalinien de l'époque. Il n'y avait guère que quelques intellectuels qui n'avaient pas combattu aux côtés de De Gaulle pendant 39-45 – alors quelle légitimité ils avaient, hein ? – qui manifestaient contre. Le Parti communiste, après, s'est retiré. Pas nous. Pas moi. Parce qu'une fois qu'on vous met des armes dans les mains, et une fois que vous les utilisez, c'est trop tard : vous faites partie du camp des bourreaux. » En dix minutes M. Burgaud, dont je ne connaissais même pas le prénom, m'avait déjà plus parlé que mon père en une vie. Sa dernière phrase me faisait mal. Imaginer ces jeunes hommes, un fusil à la main, pris au piège de leur destin parce qu'ils avaient tiré. Tellement pris au piège qu'ils avaient fait cause commune avec celle qui les avait contraints à tirer. Une cause commune sur le tard : pas avant de tirer, mais *parce qu'*ils avaient tiré. C'est ce que me disait M. Burgaud à demi-mot. Tout en ajoutant une nuance de taille : « Pour votre père, je pense que c'était pareil, mais il était algérien. Rien que ça, ça faisait la différence. Il était algérien. Alors tenir un fusil contre le FLN et les rebelles quand on est algérien, ça ne fait peut-être pas la même chose que quand on est français. À l'époque, c'était pareil, notez bien, français et algérien. Mais il y avait ceux qui avaient l'Algérie dans le sang et les autres, les autres pour qui c'était une province où ils ne s'étaient jamais rendus. On voyageait moins à l'époque. Il fallait traverser la Méditerranée, c'était loin. Moi j'allais plutôt en Bourgogne chez mes grands-parents. L'Algérie, vous pensez, c'est dans un bataillon que je l'ai découverte. »

Mon père ne pouvait être ce guerrier qu'il me décrivait. M. Burgaud tentait de se dédouaner, lui, pour laisser la culpabilité à mon père. Peut-être... ou pas. Mes élucubrations m'apprenaient que je mettrais une énergie folle à le sauver, mon père, contre tout ce que les autres penseraient, contre la vérité elle-même. « Mon père était algérien, mais qui vous dit que c'était un *guerrier* ? C'est comme ça que vous l'avez connu ? » Il me regarda attentivement, cherchant encore quelle attitude adopter. Je ne sais celle qu'il choisit, toujours est-il qu'il me sembla dire le vrai : « Votre père, je ne l'ai pas vu depuis plus de vingt ans et nous n'avons jamais reparlé de tout ça. Alors ce ne seraient que des conjectures. — Et pourtant vous vous souvenez de lui, ça veut dire qu'il ne vous était pas totalement indifférent. — Aucun de nos camarades ne peut nous être indifférent. Quand on a vécu ce qu'on a vécu ensemble, on se souvient de tout et de tous avec précision. Sauf si on veut l'oublier. Et moi je refuse de l'oublier. J'ai un peu l'impression que votre père a choisi l'autre option. Sinon vous ne seriez pas là, n'est-ce pas ? » Je ne pouvais le détromper. Il était trop fin pour cela. Et pourquoi le nier ? « Oui, il n'en parle jamais. — Et pourtant ça le travaille, non ? Pourquoi vous viendriez me demander quelque chose à moi que vous ne connaissez pas ? Alors... comment vous avez compris que ça le travaille, c'est ça qui est intéressant. » M. Burgaud se mettait à me questionner à son tour. Ce n'était pas du tout ce que j'avais prévu, inverser les rôles. Je perdis toute agressivité pour me transformer en petite fille. « Je ne sais pas. Je vois juste que ça le travaille. En ce moment... la guerre civile en Argentine... Les Malouines. Ça a réveillé quelque chose. » M. Burgaud sourit. « Je comprends, oui, il paraît qu'il y a eu beaucoup de disparitions. Et les anciens d'Algérie savent de quoi il s'agit quand on parle de disparitions. »

Je levai les yeux, effarée. Qu'était-il en train de me dire ? Que la disparition était précisément la pratique importée de la guerre d'Algérie en Argentine ? Non pas les techniques de guérilla, non pas les stratégies de combat, non pas la discipline militaire, non pas les lois de la guerre, mais précisément cela : les disparitions. Je commençais à comprendre pourquoi Antoine était devenu fou, et pourquoi sa présence avait tant déstabilisé mon père au point de le transformer en robot de haine et de bêtise. Ce qu'il n'était pas. Je tenais à me le rappeler, *ce qu'il n'était pas*. J'avais peur. « Que voulez-vous dire ? — Mais nous pratiquions la guerre, mademoiselle, une guerre, je vous le rappelle, parfaitement orchestrée par le gouvernement. C'est d'ailleurs pour cela que je préfère la terminologie de "guerre civile" à celle de "guerre". Et c'était un gouvernement social-démocrate, au cas où vous ne le sauriez pas. Du

moins en 1956. Il faut aussi que vous compreniez que nous n'étions pas racistes. Loin de là. Votre père comme moi-même, on était même très proches des Arabes. Votre père plus que moi en vérité. Moi, j'étais juste stalinien. Les Arabes je les connaissais mal. Mais votre père, il vivait avec eux depuis qu'il était né. Ses parents vivaient avec eux depuis qu'ils étaient nés. Pas sûr qu'ils fassent la différence entre eux. Ils étaient plus proches d'eux, ils parlaient la même langue, les Français de la métropole, pour eux, c'étaient des étrangers. Les Algériens français étaient plus proches des Algériens arabes. Quand je suis arrivé, votre père me regardait de haut. En réalité il se méfiait, surtout que j'étais son supérieur hiérarchique. J'avais fait des études, moi. » Il parlait de mon père avec une certaine tendresse, même si c'était pour me rappeler la différence de classe. « Et pourtant, lui dis-je, il n'a pas hésité à leur tirer dessus.
— Comme eux. Tout comme eux n'ont pas hésité à mettre des bombes. Moi j'étais pour *un homme une voix*, pour le progrès des droits des *indigènes*, on les appelait encore comme ça. Mais pas pour l'Algérie indépendante ! Ça signifiait quoi, ça ? Depuis 1830 ! On ne faisait plus la différence ! Plus de droits pour les Arabes oui, l'indépendance, jamais ! On s'était battus pour la France en 1940, on se battait pour la France en 1956. C'était comme ça dans ma famille. »

Épargnez-moi votre gloire à la France, par pitié, me dis-je. Je commandai une deuxième bière, de plus en plus nerveuse. Peu importait que cela dépasse mon budget, au pire je me laisserais inviter par mon professeur, il me devait bien ça. « On était sous les ordres indirects du général Aussaresses. Il était chargé des services de renseignement à Alger. Vous savez ce que c'est le renseignement ? » Je fis une moue dubitative. « En temps de guerre, ça s'appelle la question. Vous avez entendu parler du livre de Henri Alleg ? — Vaguement. » M. Burgaud pouffa de rire soudainement, je me redressai dans mon siège, inquiète. « Tout ça pour ça ! Ce sang, ces livres, la torture, parce que c'est ça, mademoiselle, *la Question*. Tout ça pour être vaguement connu par la génération de nos enfants ! C'est à mourir de rire ! » Puis il changea encore brutalement de ton : « Ou à mourir tout court. » J'avais un peu honte. Mais je n'étais pas coupable du silence de mon père ! Certes, j'aurais pu faire des recherches par moi-même comme j'avais commencé à le faire pour l'Argentine d'Antoine. Mais l'Algérie était taboue dans ma famille. Ouvrir un livre là-dessus aurait été une forme de trahison. Or, j'étais une enfant obéissante. M. Burgaud redevint sérieux. « Pour votre gouverne, un homme disparu est un homme mort. » À nouveau cette phrase comme une gifle. « Et pourquoi ne disait-on pas qu'ils étaient morts alors ! » Je criais, sans m'en rendre compte. Des visages se retournèrent vers moi, agacés ou étonnés. Je me calmai aussitôt, mais il m'avait touchée au cœur. « Pour la déstabilisation ! Pour créer l'angoisse ! Pour engendrer la peur ! Pour éviter les sépultures et la héroïsation des victimes ! Pour semer la zizanie... Vous voulez encore d'autres raisons ? — Pour tuer un pays, ses fils, ses petits-fils. Vous avez tué une histoire, des histoires, vous avez tué des racines, c'est ça que vous avez fait ! — Sans doute, oui, c'était une technique de guerre. Et les généraux argentins les ont achetées cher, ces techniques. — Vous êtes un cynique ! » Je me levai, sans l'avoir prémédité car il avait encore beaucoup de choses à me dire, mais c'était plus fort que moi. Comme s'il avait deviné ce qui me faisait mal. Comme s'il prenait plaisir à retourner le couteau dans la plaie. Je me rassis, confuse de mon geste immature. Il sourit à nouveau, comme s'il avait emporté une nouvelle victoire – victoire sur moi, victoire sur ma génération, victoire sur les pauvres idiots ignorants que nous étions tous, ses étudiants, les enfants de ses compagnons d'armes...

« Pourquoi s'énerver, hein ? Vous pensez que votre père a été un tortionnaire ? — Ce n'est pas ce que vous me laissez entendre ? — Je crois que les choses sont un peu plus complexes. Votre père a été pris dans un engrenage. Et oui, il a été obligé d'appuyer sur la détente, comme nous tous. — Arrêtez de me parler d'engrenage et de choses abstraites. Vous semblez vous moquer du silence de mon père. Mais qu'est-ce que vous dites de plus ? » Cette fois, M. Burgaud m'épargna son air méprisant. Je n'avais pas la prétention de le démasquer, mais enfin j'avais une demande, claire et précise, et il ne s'agissait pas d'un cours d'histoire. « Vous voulez savoir ? Vous voulez vraiment savoir ? » Je le regardais intensément, méchamment et intensément. Bien sûr que non je ne voulais pas savoir.

Mais bien sûr que oui j'étais obligée de rester là, à l'écouter, que faire sinon ? À part fuir, éternellement, et me retrouver à cinquante-cinq ans sur un canapé désossé devant une télévision autiste ? « Alors je vais essayer de planter le décor, vite fait bien fait, parce que vous êtes bien gentille. Mais demain je travaille et je ne compte pas rester là toute la nuit. C'est la nuit justement. On fait le guet dans un village dont on nous a dit qu'il appartenait au FLN. On attend. Soudain on entend des hommes dans les buissons puis dans les rues, une porte qui s'ouvre, se referme. C'est un combattant. Il y a bien une planque d'armes. Les villageois nous ont menti. Le commandant nous intime l'ordre de donner l'assaut. Les trois hommes du FLN sont pris comme des rats. » J'attendais qu'il continue, le cœur battant. « Vous savez ce qu'on a fait à l'aube, quand le soleil s'est levé ? » Je fis non de la tête. « On a aligné les femmes, les vieux et les enfants. » Je ne pouvais plus écouter, je portai une main à mon visage, j'avais envie de vomir. « Ordre de tirer. Que fait-on ? Que faites-vous ? » J'avais fermé les yeux, je voulais fuir, fuir cette réalité qu'il allait me dévoiler, parce que je ne m'en débarrasserais plus, je le savais. J'en porterais les stigmates toute ma vie. « Je veux bien être généreux avec vous et vous avouer que votre père a vomi, comme vous avez envie de le faire, là, maintenant. Que nous nous sommes regardés, horrifiés, et que nous avons baissé les armes. Nous ne pouvions pas. C'était impossible, vous comprenez. » Cette fois, sa voix s'était cassée. Elle devenait humaine, enfin humaine, laissait de côté cynisme et ironie. « Le commandant nous a rappelés à l'ordre. Les ordres sont les ordres, n'est-ce pas ? Nous étions des militaires, et nous pleurions, tous les deux, comme des mômes. Votre père a refusé. On lui a alors hurlé tous les noms de ses camarades morts, assassinés, torturés, dont on avait retrouvé les testicules dans la bouche, un pied en moins, la tête en moins. Il a fermé les yeux et il a tiré, et j'ai fait pareil. On a tiré jusqu'à épuiser nos munitions. On a tiré jusqu'à devenir sourds. On a tiré. » Il chuchotait maintenant. Il chuchotait et il pleurait, sans larmes mais il pleurait. Et moi aussi je crois bien. Je pleurais sur mes illusions, sur mon père, sur le silence de mon père, sur l'innocence de mon père. Mon père, ce meurtrier, cet assassin de femmes, de vieillards et d'enfants. « Alors après, vous comprenez, c'était trop tard. Et on a épousé notre cause, on l'a tellement épousée que lorsque l'armistice a été signé, on aurait pu adhérer à l'OAS, tous les deux. L'État nous avait foutus dedans, et il nous trahissait. On a été tentés, on s'en est parlé. On a fini par renoncer et reprendre chacun sa petite vie. Lui en Algérie, moi ici. Et puis lui ici. Mais on ne s'est plus jamais reparlé. Alors quand je vous ai vue. Quand j'ai lu votre nom sur votre fiche... » Depuis un moment M. Burgaud avait baissé les armes, il me parlait comme à sa petite-fille, d'un au-delà que je ne pourrais pas rejoindre, mais avec une franchise et une peine infinies. Il me parlait à moi, l'étrangère, comme à quelqu'un de sa famille. Et peut-être faisais-je un peu partie de sa famille, moi qui étais la fille de son compagnon de meurtre collectif. Je n'osais pas poursuivre. Je savais qu'il ne m'en dirait pas plus. Il semblait vidé, laminé de l'intérieur. Soudain il me regarda comme s'il découvrait ma présence, appela le garçon et régla la note. « Au revoir, mademoiselle... Vous passerez le bonjour à votre père. » J'avais affaire à un tout autre personnage, poli, gentilhomme, vieil ami de la famille qui envoyait ses salutations toutes corsetées dans un code de politesse. Il me serra la main. « N'oubliez pas de réviser *Le Bruit et la Fureur* », me lança-t-il comme un vieux professeur qui avait pris d'un coup vingt ans sur les épaules.

J'en conçus qu'il était fou. Et s'il était fou, mon père devait l'être aussi. Personne ne m'avait dit que mon père était fou. Personne ne m'avait rien dit.

Si, quelqu'un pourtant, très récemment. Aucune famille n'est épargnée. Aucune n'a les mains propres. Quelqu'un qui à cet instant devait tourner comme un lion en cage dans sa chambre. À moins qu'il ne soit sorti pour rejoindre une soirée débridée comme celle où je l'avais rencontré. Il ne s'y était plus rendu depuis que nous nous connaissions, du moins pas avec moi, et je ne savais pas comment il occupait son temps lorsque nous ne le partagions pas. Peut-être était-il aller boire, et danser, et, pourquoi pas, baiser.

Il était temps que j'appelle Léa.

44.

Nous étions assises sur mon lit. Elle avait insisté pour me rejoindre chez moi plutôt que dans un lieu neutre. Mais je me sentais oppressée. Mes murs blancs n'offraient aucune diversion et nous étions contraintes de ne pas nous mentir. Elle me raconta sa vie avec cet homme qui l'avait éloignée de moi et qu'elle avait fini par quitter pour un autre, puis encore un autre, chacun chevauchant l'histoire précédente. Au fond, elle n'arrivait pas à se fixer, ou plutôt, *sans transgression* elle ne parvenait pas à se fixer. Je connaissais ses paradoxes, et lui demandai pourquoi elle voulait se fixer : après tout, nulle obligation, nous étions jeunes. Mais elle y croyait. Elle croyait à l'amour, à la force de l'amour pour vivre, à sa nécessité pour se sentir exister. J'avais adopté l'attitude inverse, refusé toute forme d'engagement, toute prise de risque, toute menace de dépendance. J'avais refusé que mon sentiment d'existence me vienne d'autrui. Mais ce n'était que l'expression de la même terreur et je le savais. Au fond, elle était plus honnête que moi, et plus courageuse. Sauf que cette fois j'étais prise au piège. J'aimais. J'avais besoin de ses conseils. « Tu aurais dû t'entraîner plus tôt, tu serais moins prise au dépourvu », me dit-elle avec une tendre ironie.

En réalité j'avais déjà aimé. Je l'avais aimée elle, qui était en face de moi à écouter le récit décousu de ma rencontre et le portrait en pointillé que je faisais d'Antoine parce que de lui je n'avais que des bribes, la façon dont nos corps s'imbriquaient, et comment, loin, il se dissolvait à nouveau. Et puis il y avait mon père, qu'elle connaissait. C'était l'une des rares à venir dormir chez moi, la seule pour ainsi dire, mon amie de cœur, d'enfance, que mes parents avaient fini par adopter, en se montrant plus prévenants avec elle qu'avec moi. Elle n'était pas dupe et acceptait leur bienveillance pour continuer d'être au plus près de moi. Alors quand je lui appris le passé de mon père... « Je comprends mieux », dit-elle laconiquement. *Je comprends mieux* cet homme muet, effacé, tyrannisé volontaire, maintenant qu'il y a ce passé. Ce passé qui n'était plus seulement un trou dans sa biographie. La mort de mon frère avait permis de recouvrir tout le reste d'un linceul tragique et personne n'osait s'aventurer plus loin. Joseph avait servi de masque, de malle à secrets. Dans son tombeau gisaient tous les autres, qui n'avaient qu'un désir : remonter à la surface, parmi les vivants, hanter leurs nuits et leurs consciences.

« Mais tous nos pères ont péché, me dit Léa, ce n'est pas à toi de prendre la faute sur tes épaules. » Je la regardai sans conviction. Elle savait bien que ce n'était pas aussi facile. Car ce père avait fait couler le sang d'innocents. « Ça s'appelle la guerre, me dit Léa. Et puis si ton père est un salaud, qu'est-ce que tu y peux ? — J'ai envie de l'aimer. Je ne peux pas me décider à ne plus l'aimer. — Comme si ça pouvait se décider ce genre de truc. Tu aimes un salaud. Ça ne sera pas le premier, vu la description que tu m'as faite de l'autre. » Nous avons ri. « Ben justement, c'est aussi le problème. Mon père ou Antoine, j'ai l'impression qu'aucun des deux ne supportera que je choisisse l'autre. » Léa réfléchit un moment. Puis d'un air sage, l'air de quelqu'un qui aurait beaucoup plus vécu que moi, elle m'assena cette vérité : « On doit toujours choisir l'homme qu'on aime et qu'on quittera. Son père, on ne le quitte jamais. » Je ne savais s'il fallait entendre cette sentence comme une condamnation à ne jamais me débarrasser de cette part diabolique de mon histoire, ou si c'était au contraire un mot d'encouragement, un mot de libération. Vis ta vie, de toute façon, rien ne t'éloignera définitivement de tes origines.

Nous sommes tous des exilés, moi y compris. L'exilé est celui qui est incapable de rompre avec ses origines, avec son histoire. L'exilé est le plus aliéné des hommes, le plus dépendant des enfants. Nous sommes tous des exilés, mon père, Antoine, moi. Que construire sur la nostalgie ? Que construire sur le fantasme ? Et que construire sur la disparition ?

Plus tard, quand Léa serait partie, j'inscrirais ses phrases et les pensées qu'elles suscitaient chez moi dans mon carnet. Pour l'instant, je devais profiter de sa présence. Elle m'observait, attendant que je me confie. Après tout, je l'avais fait venir pour ça. « Est-ce que tu crois qu'on peut avoir une histoire avec un homme entouré de fantômes ? » Léa prit autant de temps pour me répondre que moi pour la questionner : « Bien sûr qu'on peut vivre avec un homme entouré de fantômes. Sinon avec qui ? » Je souris, c'est vrai, après tout, avec qui ? « J'ai honte, Léa. Je crois que j'ai honte. » Nous sommes restées un moment en silence. « Et j'ai honte d'avoir honte. — Alors ça ne finira jamais. »

Je me suis levée pour décapsuler une bière. Léa ne buvait pas, je lui proposai un thé. Il y avait entre nous une passion secrète et passée, un amour adolescent encore incandescent bien que mort, qui resterait toujours un peu frémissant. Je n'aimais pas que le silence s'impose trop longtemps entre nous. Nous ne nous faisions pas assez confiance pour supporter les pensées de l'autre, il fallait les interrompre avant qu'elles fassent leur chemin et nous dévorent. Je lui demandai : « As-tu réussi à être heureuse au moins une fois avec un homme ? — Chaque fois, au début. — Combien de temps pour que ça se gâte ? — Entre deux mois et un an. — Pourquoi, à ton avis ? — Je ne sais pas. La peur du réel sans doute. » Léa était toujours grave, ce qu'elle disait ne manquait jamais de profondeur, elle ne savait pas être légère. C'est très exactement ce qui m'avait attiré chez elle, cette propension à la quête, ce désir d'absolu, ce respect de l'« âme ». C'est aussi sans doute ce qui la perdait, ce qui restreignait toute possibilité d'amour à une durée de deux mois, un an, et ce qui avait fini par nous éloigner. Sa gravité ne convenait plus à la mienne qui avait au contraire eu besoin de se divertir. « Moi, j'aimerais beaucoup le rencontrer, le réel, mais il faut croire que je n'y arriverai pas. Je tombe sur l'homme le moins réel qui soit. Parfois j'ai l'impression qu'il s'agit d'une fiction. » Léa sourit. « Tu crois que c'est un hasard ? » Je la regardai et souris à mon tour. D'un coup nous retrouvions la complicité de naguère, la vraie, celle qui se noue en un regard, en une mimique, celle qui se passe de mots.

Je me levai en vitesse pour remplir d'eau bouillante la théière et lui servis une grande tasse. Elle attendit que le thé refroidisse, tandis que j'allumai une cigarette et ouvrai la fenêtre pour que l'odeur ne l'incommode pas. Il pleuvait dehors et je tendis la main. Je comptais mentalement les gouttes qui tombaient dessus, c'était une pluie fine, légère, inoffensive. « Tu t'es enfin mise à écrire ? » Surprise par sa question, je me retournai. Léa tenait dans sa main mon petit carnet, que j'avais inopinément laissé traîner. « *Antoine est en passe de devenir un être de fiction. Il a un nom, des parents, un lieu de naissance, une date de naissance, une carte d'identité, et des visas sur son passeport. Et puis il a un corps, un corps marqué qui offre quelques indices de son histoire. Les indices ne suffisent pas à raconter toute l'histoire. Il faut inventer un récit. Un récit qui, même s'il est une fiction, doit rendre compte d'une vérité. Établir une chronologie qui peut aider à la reconstitution de la vérité. Ses mots qui engagent le passé sont rares, il faudra les extirper un à un comme les échardes dans la chair.* » Je l'écoutais, médusée, lire mes propres mots. « Tu vas enfin écrire un roman ? » Je me ruai sur elle et lui arrachai le carnet des mains. « Certainement pas. Ce sont des notes, des impressions, c'est tout. » Et ils n'appartiennent qu'à moi, brûlais-je d'ajouter. Je refusais que Léa, qui me connaissait si bien, puisse se dire, ne serait-ce qu'un quart de seconde, que j'utilisais mon histoire pour me mettre à écrire, *enfin*. Écrire enfin. D'ailleurs, d'où tenait-elle que je voulais écrire ? « J'écris mon mémoire, c'est tout ce que j'écris, c'est tout ce que j'écrirai jamais. » Léa eut un sourire entendu, « D'accord. » Je rangeai mon carnet sous mon mémoire et fis mine de ranger la vaisselle dans mon mini-coin cuisine pour passer à autre chose.

« J'aimerais le rencontrer », reprit Léa après un moment. Cette possibilité soudaine me vrilla le ventre en même temps qu'elle ouvrit une immense perspective : d'un côté si mon amie, ma seule grande amie le rencontrait, cela voudrait dire qu'il ferait vraiment partie de ma vie. Il se rendrait alors compte que mon environnement affectif n'était pas fait que d'extrémistes et pauvres types en tous genres, mais aussi de femmes belles, intelligentes, ouvertes sur le monde, courageuses, sans peurs. D'un autre côté il y avait évidemment ce danger que Léa plaise à Antoine, crainte aussi bien que tentation perverse de jouer avec le feu. Théa et Léa. L'évidence me sautait aux yeux. C'était quasiment la même sonorité, T et L. Il n'y avait qu'à intervertir T et L. Et si nos noms étaient interchangeables, pourquoi pas nos corps ? L'ancien rêve de fusion revenait. Il n'était pas question que je nous entraîne l'une et l'autre dans cette possibilité-là. Il n'était pas question que je cède à nouveau aux sirènes. Je n'étais pas de taille à jouer. Trop d'enjeux s'étaient accumulés en moi, d'un coup. Cette accélération imprévisible me faisait rentrer, trop brusquement sans doute, dans ma vie et dans mon histoire. « Je ne suis pas sûre que ce soit une bonne idée. » Le désir s'était réveillé. Je n'avais plus qu'une envie : téléphoner à Antoine, le voir au plus vite, chasser toutes ces idées et le reprendre, le reconquérir, l'attacher, lui faire oublier d'où je venais, lui faire oublier qu'un monde nous entourait, lui démontrer que nous étions seuls mais ensemble, et que la vie serait non seulement facile, mais belle.

Léa, je le vis, se sentit blessée par mon refus. Elle n'en laissa cependant rien paraître. Elle se leva et me proposa de venir la voir chez elle bientôt, elle préparerait un dîner et me présenterait son fiancé, Philippe. Nous étions d'un seul coup loin l'une de l'autre, ignorant si nous nous retrouverions vraiment un jour. Cela avait été des retrouvailles douces-amères. Elle ne m'avait pas vraiment aidée, si ce n'est à ressusciter l'évidence du désir. Je n'avais pas de temps à perdre. Je devais envoyer au diable l'histoire de mes parents dont ils avaient les premiers décidé que ce ne serait pas la mienne. Je l'embrassai et lui promis de l'appeler, ajoutant au dernier moment cette ultime concession : peut-être que je viendrai avec Antoine, peut-être que nous pourrons dîner tous les quatre. Elle me sourit comme pour me dire que tout était comme avant, que rien de notre complicité n'avait été altéré, que ce n'était pas si grave si nous nous voyions moins. Sans doute fallait-il encore attendre un peu. Je la vis partir avec regret et soulagement. Je n'étais jamais tranquille en sa présence. J'avais besoin qu'elle m'aime, et en même temps qu'elle s'éloigne. Dès que je refermai la porte, je composai le numéro d'Antoine.

45.

Il ne répondit pas. Je n'avais pas la patience d'attendre de le joindre par téléphone et me rendis chez lui. Après avoir frappé à de nombreuses reprises, je m'affalai devant sa porte, et décidai d'attendre. J'avais toujours sur moi un livre pour ne jamais perdre de temps. C'était ma devise, ne jamais perdre de temps. Dans la queue d'un magasin, dans le RER, dans le métro ou en attendant une amie au café, je sortais mon livre. Le livre n'était que le support de la rêverie, mais sans livre, pas de rêverie. Pourtant, ce soir-là, je n'arrivais ni à lire ni à rêvasser. Mes pensées tentaient obstinément de franchir cette porte. Il pouvait tout aussi bien être là, refusant d'ouvrir, comme il pouvait être sorti. Je commençais à avoir froid, et plus j'avais froid, plus ma résolution faiblissait, et plus le désespoir s'emparait de moi. Si seulement Simon avait été là, il aurait pu m'ouvrir, lui, et nous aurions parlé, toute la nuit peut-être. Simon était le seul à pouvoir me réconforter, le seul qui connût Antoine. Je ne savais même pas où le chercher. J'ignorais ce qu'il faisait lorsque nous n'étions pas ensemble. Les seuls lieux que nous avions fréquentés étaient les Buttes-Chaumont, et le magasin spécialisé en matériel cinématographique avenue des Ternes. Nous nous étions pas mal promenés dans mon quartier, et nous avions acheté le tourne-disque. C'était tout.

Voix d'un homme, limpide, débit rapide : « C'est grâce à la Coupe du monde. Tu te souviens quand ils ont pris Hidalgo ? Ils l'ont fait disparaître. L'équipe de foot, tu te souviens ? » La voix monte, emportée par l'excitation. « C'était fort, ça, quand même. Leur propre entraîneur, le faire disparaître ! Deux jours, c'est pas long, mais quand même, tu imagines l'impact ? »
Silence.
Voix d'Antoine : « Simon, il était en taule à ce moment, et lui aussi il s'en souvient de la Coupe du monde. » Le ton a changé. « Il entendait les gens hurler dans la rue. Ils hurlaient de joie. Et ça, ça fait un choc. Les Argentins hurlaient de joie sous le nez de leurs gamins qui étaient en taule. » La voix se brise.
Voix de l'homme : « Si ils étaient en taule... »
Silence.
Voix de l'homme : « Tu vas le voir, Simon ? »
Voix d'Antoine, de loin : « Oui. »
Voix de l'homme : « Demande-lui de te [inaudible], c'est important ça. Je sais qu'il t'a déjà raconté, mais il faut que tu l'enregistres. »
Voix d'Antoine : « Je sais. »

Théa

Simon reviendrait dans quelques jours, Antoine me l'avait dit en passant. Je pourrais toujours revoir Simon. Et Simon aurait forcément des nouvelles. Je tentai de me calmer. Peut-être étais-je juste en train de paniquer pour rien. Il n'y a aucune raison qu'il ne rentre pas, me dis-je. Il allait rentrer, il était juste parti faire une course, il serait là d'ici une demi-heure, une heure. Il faisait froid dehors, il allait bientôt faire nuit. J'avais des fourmis dans les jambes, mes doigts étaient gelés. Je me levai pour marcher un peu, monter et descendre les escaliers. Je n'avais croisé personne, à croire que c'était un immeuble fantôme, que tous les habitants avaient fui. Soudain j'entendis le téléphone sonner chez lui. Je me figeai, dans l'espoir absurde qu'il décrochât. Mais rien, pas un bruit à part les longues sonneries résonnant dans le vide. Qui pouvait bien l'appeler ? Qui d'autre fréquentait-il à part moi ? Et si c'était Simon ? J'aurais tant aimé décrocher le combiné et entendre sa voix. Le téléphone cessa de sonner. Je me résignai à rentrer chez moi, ne serait-ce que pour me réchauffer. Je reviendrais demain.

Le printemps ressemblait à un mois de novembre. La nuit était tout à fait tombée cette fois. J'allais le plus lentement possible dans l'espoir de le croiser. J'observais chaque visage au loin, les silhouettes qui faisaient irruption au bout d'une rue, mais ce n'était jamais lui. Je finis par arriver chez moi, et me glissai sous la couette aussitôt. Il n'était pas tard, mais je n'avais pas le cœur à veiller. J'appelai le sommeil pour qu'il me vienne en aide. Rien à faire. J'attendais malgré moi que mon téléphone sonne et guettais tous les pas dans l'escalier. Je ne parvenais pas à rester tranquille, changeais de position sans cesse. Pourquoi ne désirait-il pas me voir autant que j'avais envie de le voir ? Je me relevais pour faire un tour dehors. Cette fois, je mis mon manteau fourré et mon bonnet de laine. Sans réfléchir, je pris la direction de chez lui, et traversai Paris presque endormie. Mes pas me portaient, mais il n'y avait plus la même énergie. Juste la rancœur, la rage, la peine, et le désir, aussi.

Mais à nouveau personne. Il n'était donc pas rentré dormir chez lui. Je tambourinai violemment sur la porte, folle de rage. S'il n'était pas là, alors où ? Je donnai un grand coup de pied dans le bois, me blessai, hurlai « Laura ! », entendis des « Chut ! » venus d'un autre étage. Je rentrai en claudiquant, marchant exprès sur l'orteil meurtri, pour calmer ma rage éclipsée par la douleur qui irradiait mon pied. Je relisais, en boucle, les transcriptions des enregistrements. Sans plus n'y voir aucun sens, que des mots, un enchaînement incohérent de mots, vidés de leur substance.

Voix d'Antoine : « Simon est parti. »
Voix de la fille : « Je sais. »
Voix d'Antoine : « On va le rejoindre. »
Voix de la fille : « Quand tu auras les passeports ? »
Voix d'Antoine : « C'est Many qui y va. Nous on peut pas, c'est trop dangereux. Ils attendent à la sortie de la préfecture. »
Voix de la fille : « Mais Many ? »

Voix d'Antoine : « C'est elle qui l'a proposé. Je voulais pas, mais elle a insisté. On n'a plus le choix, Laura. »
Voix de la fille, Laura : « Je sais. »

Un jour. Deux jours. Trois jours sans nouvelles. Ma mère m'avait appelée à plusieurs reprises pour s'excuser, mais elle n'y était pour rien, lui dis-je. « C'est papa, c'est papa qui est fou ! Tu savais toi ? Tu savais qu'il avait aimé tuer des gens ? » J'avais demandé ça en criant, ma mère m'avait raccroché au nez. Le lendemain, elle me rappela pour me demander si j'étais calmée, je lui répondis que je ne me calmerais pas, qu'il n'y avait aucune raison que je me calme. « Très bien, je te rappellerai plus tard, alors. » Ma mère d'un coup était devenue sage, adulte et sage, comme si la saillie de mon père l'avait exonérée de sa propre folie. J'étais décidée à tenir bon, sans mesurer les transformations que cette rencontre avait provoquées dans ma famille. Je ne les mesurais pas car je ne comptais pas revenir de sitôt, ni reparler à mon père. Lui-même ne semblait pas pressé de m'appeler. Peur, lâcheté, indifférence ? Après tout je ne savais plus grand-chose le concernant, et peut-être m'étais-je trompée du tout au tout depuis le début. Comme avec Antoine. Étais-je vouée à systématiquement me tromper sur les hommes que j'aimais ? Je ne voulais pas être ce genre de femme. Je ne voulais plus être moi. J'avais mal au pied, je haïssais mon père, je haïssais Antoine – ils me manquaient tellement.

Voix d'Agustín, seul. Il s'enregistre, comme un reporter : « Hier, l'ERP a lancé une attaque contre la caserne à Monte Chingolo. Ils ont été trahis. Il y avait des armes, beaucoup d'armes dans la caserne. On avait bien préparé le coup. Mais quelqu'un a trahi. On savait qu'ils préparaient un coup d'État. Ils nous attendaient. Normalement, ils devaient être très peu nombreux, mais ils nous attendaient. Beaucoup de militants sont morts. Je suis blessé à la cheville, Simon m'a porté jusqu'ici. Ils sont tous dispersés dans les bidonvilles, mais les militaires sont en train de nous encercler. Je ne sais pas où est Laura. Simon est à sa recherche. Les militaires détruisent le bidonville. Laura est à l'intérieur. Si je meurs et que vous écoutez cet enregistrement, sauvez Laura, elle est enceinte. Et Simon. »

46.

Chaque jour je me renfermais un peu plus sur moi-même. Sophie m'appela à plusieurs reprises pour me convier à des fêtes, des pots, des dîners. Je déclinais systématiquement. Elle sentait que ça n'allait pas fort. Je n'étais plus bonne à rien. Je passai quelques semaines dans un état second. Je ne me souviens plus exactement combien. Le temps s'étirait et se racornissait selon une logique qui m'échappait, je lui étais totalement assujettie.

Puis *comme à chaque fois*, Antoine frappa à ma porte en fin d'après-midi. J'étais en train de travailler de façon machinale, les yeux cernés, le visage blafard. Je lui ouvris. J'étais si fatiguée que sa présence ne me surprit qu'à peine. Je le laissai entrer, sans sourire. Mon visage en avait perdu l'habitude. Il resta debout. Pour une fois, il ne fit pas semblant que tout était normal, qu'il pouvait disparaître quinze jours, comme ça. Il était grave. Sans doute avait-il hésité avant de venir, sans doute avait-il préparé son discours. Je ne l'aidais pas. J'attendais.

« J'ai réfléchi. C'est idiot, je n'ai pas le droit de t'en vouloir. Ni même d'exiger quoi que ce soit de toi. On ne choisit pas ses parents, n'est-ce pas ? » Et son sourire n'était pas joyeux. « J'ai mal agi. Je n'aurais pas dû être aussi odieux, je n'aurais pas dû te traiter comme ça. Tu me manques. » J'étais encore amorphe, ses mots pénétraient lentement mon cerveau. « J'ai déjà perdu trop de monde pour te perdre. C'est stupide. J'aime quelqu'un et je le perds, de mon propre fait. C'est stupide, non ? » Et cette fois il riait, mais d'un rire triste, d'un rire désabusé. « Je suis revenu, cette fois pour de bon. Les Malouines, ça tourne mal. Tu as suivi ? » Je fis non de la tête. Je n'étais pas prête à lui faire grâce d'un mot. « Tu n'as pas très bonne mine, mais je suppose que c'est ma faute. » Je haussai les épaules. Pour qui se prenait-il ? Et avec qui avait-il passé ses nuits ? « Je sais que ça va pas être facile, que tu es en colère. » Il prit alors le temps de m'observer, longtemps, profondément, tellement profondément. J'avais l'impression qu'il pénétrait mes viscères, mais ce n'était pas désagréable. Il me touchait par son regard. Il me caressait, m'ouvrait, massait mes organes déchiquetés, recousait, tissait, tricotait, suturait. Son regard était en train de me guérir. Pourtant je résistais encore. « Tu n'as pas bonne mine mais tu es toujours aussi belle. » Je le crus, je me sentais belle. J'étais livide, j'avais dû perdre des kilos, j'étais encore plus androgyne que d'habitude, mais je me sentais belle. Pour autant, mon visage ne s'adoucissait pas. Il finit par s'asseoir, sans me toucher. Il n'osait pas, mon corps le lui interdisait. « On va vivre ensemble. Là, tout de suite tu n'as pas très envie, mais je vais faire en sorte que tu en aies envie. On va vivre ensemble parce qu'il n'y a rien de plus beau que de rencontrer une personne avec qui on a envie de vivre. Pourquoi se le refuser, hein ? » J'avais envie de crier qu'il en était incapable, que ces promesses auxquelles j'avais tant voulu croire étaient des mensonges, et même s'il y croyait, à l'instant où il les proférait, il serait dès demain un autre homme qui ne comprendrait même plus les phrases qu'il avait prononcées. Il lut dans mes pensées. « Je sais que tu n'as aucune raison de me faire confiance. Je n'ai pas été très fiable jusqu'à présent, n'est-ce pas ? Je m'en rends compte, tu sais, ce n'est pas comme si j'étais fou. Alors c'est sûr, c'est un peu ma nature. Cependant il y a autre chose dont je ne t'ai pas parlé. Autre chose, dont il faut que je te parle si nous décidons de vivre ensemble. Une chose que tu dois accepter ou refuser, avant qu'on vive ensemble. » Mon cœur se remit alors à battre, c'est la peur qui l'avait remis en marche, c'était déjà un début. « Je t'aime, Théa. » C'est donc cela qu'il voulait me dire ? Il se moquait de moi. Pourtant, je n'étais pas indifférente à sa déclaration. « Ma mère est morte. » Je l'observais, mal à l'aise. « Elle n'a pas voulu me rejoindre à Paris. Je n'aurais jamais dû partir. Je ne voulais pas partir. C'est elle qui m'a poussé. » Je me taisais toujours. « Elle était réfugiée au Mexique. Elle a voulu rentrer en Argentine. Ils l'ont eue. » Antoine pleurait.

Je lui demandai alors le plus doucement que je pus : « Pourquoi est-elle rentrée ? » Il sembla hésiter. Puis prendre sa décision. « L'exil est une trahison. » Il s'arrêta. Je laissai monter en moi le sens de ces mots, et compris l'abîme dans lequel se débattait Antoine.

47.

Antoine était assis sur mon lit, sans force, le visage entre ses mains. Je l'écoutais assise à mon bureau, lui tournant le dos. « La doctrine de la sécurité nationale élaborée par la dictature s'est construite sur l'idée d'éliminer les ennemis... Les ennemis ont disparu, les uns après les autres. Et puis il y a trois ou quatre ans, ça a peut-être été la phase de répression la plus violente – les militaires ont commencé à dénoncer une "campagne anti-Argentine" qu'on aurait menée, nous, les exilés... Depuis, on est la cible... Ils dénoncent la "subversion à l'extérieur", ils nous diabolisent. Tu sais, les discours finissent toujours par répandre un peu de poison. Là-bas, on commence à se méfier de nous. Et je ne te parle pas des militaires, bien sûr, mais des gens, les anciens voisins, les anciens amis, même des membres de la famille. — Mais elle, ta mère ? » J'avais failli dire « Many ». C'est lui-même qui utilisa le diminutif. « Many était une militante, elle m'a élevé comme ça. Elle a voulu que je parte, mais pas m'accompagner. » Sa voix s'est brisée. « Many... Elle a toujours essayé de nous aider... et ils l'ont prise. » Je me rapprochai de lui et l'enlaçai, le serrai contre moi. « Depuis quand le sais-tu ? — Deux semaines. C'est Simon qui l'a appris. — Pourquoi ne m'as-tu rien dit ? » Mais Antoine ne répondit pas. Il songeait à sa mère, et peut-être aux autres, Felipe, Miguel, Laura... Il songeait à l'enfance, et à Entre Ríos, il songeait au gâchis de ces vies – et peut-être aussi, j'extrapolais, songeait-il au fait que plus rien ne le retenait là-bas, et qu'il pourrait enfin construire quelque chose de solide, ici.

Car j'avais compris : s'il ne me parlait pas, s'il ne m'avait rien dit, ce n'était pas seulement son incapacité à partager sa douleur. C'était autre chose : la honte. La honte de ne pouvoir revendiquer aucun statut, pas même celui de résistant, qui lui était refusé dans son propre pays. Il avait fini par se voir avec les yeux de ses ennemis, les yeux de ceux qui étaient restés, et qui avaient forcément raison. Sa mère elle-même n'avait pas voulu le rejoindre. Le considérait-elle comme un traître elle aussi ? Comment peut-on préférer son pays à son fils ? « Ils l'ont prise il y a huit mois. — Tu n'as rien su ? — Des rumeurs, je savais qu'il s'était passé quelque chose... mais pas de confirmation. — Comment peux-tu savoir qu'elle n'a pas juste *disparu* ? » Et disant cela j'avais conscience de l'ironie de ces mots : disparaître, c'était mourir, non, c'était pire que mourir.

« Je savais que l'organisation politique à laquelle on appartenait nous avait oubliés, rayés de la carte... On a trahi la cause révolutionnaire et on a trahi les militants, nos camarades, ceux qui sont restés. Mais je pensais que ma mère avait été épargnée. Elle a quand même fait ses preuves ! Et elle n'était plus toute jeune. Elle est rentrée et ils ne l'ont pas protégée. J'en étais sûr. Je savais qu'elle se ferait prendre si elle rentrait. Elle n'a pas voulu m'écouter, elle n'a pas voulu me rejoindre... » Antoine marchait de long en large. « Il ne te reste personne ? — Si, ma grand-mère paternelle. C'est pour elle que Many est rentrée. C'était sa belle-mère, mais elle la considérait comme sa mère. Quand elle a quitté mon père, elle voyait plus sa mère que lui. C'est elle qui l'avait accueillie quand elle était arrivée à Buenos Aires. Mes parents ont longtemps habité chez ma grand-mère... Many n'allait pas la laisser tomber, tu parles, elle et puis ses frères et ses sœurs. Ma mère ne voulait pas laisser sa belle-mère se geler sur la place de Mai toute seule. Elle voulait la rejoindre. » Sa grand-mère paternelle était restée. « Et moi je suis là ! J'avais pas le choix, tu vois, on n'avait pas le choix ! Déjà mon père, disparu, et les autres... » Il étouffa un sanglot. J'ouvris enfin la bouche. « Tu n'as pas à te justifier, Antoine. » Il leva les yeux sur moi. « Si, tu vois. Je dois me justifier. Dorénavant je devrai toujours me justifier. L'exil c'est quelque chose dont tu ne te débarrasses jamais, c'est comme une salissure, et rien ne peut la nettoyer. Ma mère, elle, n'a pas supporté. Ils l'ont tuée. »

Nous sommes restés silencieux. Antoine avait perdu sa mère, sa patrie, sa raison de vivre, et il venait s'excuser auprès de moi. Antoine souffrait. J'avais l'impression qu'il ne me disait pas tout. Et ce n'était pas le moment de le questionner. Le serait-ce jamais ? « Pourquoi penses-tu que je pourrais ne pas avoir envie de vivre avec toi à cause de ça ? » lui demandai-je. « Parce que je suis méprisable, Théa. Je ne suis pas le héros que tu crois. Il n'y a rien de romanesque, rien de beau, chez moi. Même mon histoire est sordide. — Pourquoi tu dis ça ? Tu étais dans l'opposition, tu étais militant ? — Oui. Je l'étais. Mais je suis parti. Je les ai abandonnés. » Et tandis qu'il énonça cette dernière phrase, j'éprouvai une vague inquiétude. C'était cela qu'il était venu me dire : il était capable d'abandonner ce qu'il avait pourtant de plus cher. Il pouvait être un traître à lui-même, c'est comme ça qu'il se percevait ? « Si jamais j'avais des doutes sur toi, Antoine, c'est comment tu passes tes nuits et tes journées lorsque tu ne donnes plus de nouvelles. Ton passé, je le prends en même temps que toi. Je ne me fais aucune idée sur la façon dont tu es parti, tu te trompes, tu te trompes complètement. Ce qui m'angoisse, ce n'est pas ce qui t'angoisse toi. Tu te trompes et tu n'essaies pas de me comprendre. J'en ai assez. Je n'existe pas assez pour toi. — Tu existes plus que tout, Théa. J'ai peur. J'y arrive pas. J'ai pas la force de t'entraîner là-dedans. Et si tu veux savoir, quand je découche, je marche, je squatte chez des copains argentins que je n'ai pas envie de voir dans d'autres circonstances, je sors dans des fêtes, je dors sur place, je dors même dehors, ouais, comme un clochard, ça m'est arrivé plusieurs fois de dormir dehors. Mais je ne te trompe pas si c'est ça qui t'inquiète. — Oui, ça m'inquiète. Ça m'inquiète quand tu disparais. Qu'est-ce qui me dit que tu réapparaîtras un jour ? — Moi je te le dis. Je te le jure. — Sur la tête de qui ? » Il balaya ma question d'un revers de main. « Ce qu'on faisait, c'était une activité *publique*, tu comprends, une activité *publique*, puisqu'il s'agissait de politique. Tu confonds. Tu ne comprends pas ce que signifie la clandestinité. C'est pas une affaire privée la clandestinité, c'est de la politique. » Non, je ne comprenais pas. Qu'il le veuille ou non, il avait importé son « secret public » dans notre vie à deux. Et le secret, n'était-ce pas aussi la méthode de la dictature militaire ? Les exécutions secrètes, les prisons secrètes, les commandos secrets, les corps effacés. Les disparitions. Une méthode de tortionnaires mise au point en Algérie.

Laura. Miguel, Felipe, et sans doute beaucoup d'autres noms que je ne connais pas. Il faut lui demander. Finie, l'intimidation, je dois lui demander. J'ai besoin de l'Exact, des lieux, des noms, des histoires. Pour l'affronter.

48.

Pourtant, bien sûr j'acceptai. J'acceptai de vivre avec cet homme qui ne s'aimait pas, et qui peut-être jamais ne pourrait s'engager totalement. Un homme qui avait tout perdu, mais qui avait aussi tout quitté. Je l'avais pris dans mes bras et longtemps serré, il avait fini par s'endormir, le visage trempé de larmes. Au milieu de la nuit, il m'avait réveillée. Il voulait parler, maintenant. Il me raconta sa mère. Quel genre de femme elle était, les derniers mots qu'ils avaient échangés, son enfance à ses côtés à Entre Ríos, l'hôpital, les enfants des bidonvilles et les « petits demeurés » que sa mère soignait – ils n'étaient pas si demeurés, ils étaient juste misérables. Puis il était remonté à la petite enfance, le grand-père autoritaire qu'il adorait, médecin de campagne, qui soignait gratuitement les plus pauvres, mais ne supportait pas qu'on arrive en retard à table ; sa grand-mère, une femme froide avec laquelle sa mère ne s'entendait pas et qui n'avait jamais de geste tendre pour lui. Antoine s'en fichait, il partait toute la journée avec son grand-père et sa mère à la rivière où on lui avait appris à nager. Il chassait, il pêchait, il courait à travers champs, il était libre. C'est là-bas qu'il passait toutes les vacances. Après, ils rentraient à Buenos Aires et c'était beaucoup plus triste. Son père et sa mère se disputaient souvent, puis ils s'étaient séparés. Antoine était enfant unique, s'ennuyait à l'école, n'était pas mauvais élève mais rêvait de grands espaces. Entre Ríos. Il aimerait tellement m'y emmener. J'embrassai ses paupières. Peut-être, un jour, quand tout cela serait fini. Antoine haussa les épaules, ce qu'il m'avait dit le soir même signifiait précisément que tout cela ne finirait jamais. Je ne pouvais me résigner. Comment bannir tout espoir du récit qu'on avait commencé à se raconter à nous-mêmes, notre fiction, enfin la nôtre ? Nous nous sommes endormis.

Je mis trois semaines à rappeler ma mère. Antoine m'y avait encouragée. Nous habitions tantôt chez lui, tantôt chez moi. Jamais je n'avais retouché aux cassettes qu'il avait rangées au fond de l'armoire. Ne les voyant plus, je n'y pensais plus. Je ne voulais plus y penser. Hormis sa tendance à systématiquement être en retard, Antoine finissait toujours par réapparaître, tenant ainsi sa promesse. Simon nous accompagnait souvent à nos dîners et soirées. J'appréciais sa présence, il me rassurait. Lui aussi m'avait conseillé de renouer avec mes parents. Je lui avais raconté ce que j'avais découvert sur mon père et comment il s'était comporté avec Antoine. Il avait réfléchi, toujours posé, puis avait soupiré : « C'est bien d'avoir ses parents. Quoi qu'ils aient fait, ce sont tes parents. Tu n'es pas d'accord avec eux, tu ne le seras jamais, mais ne les quitte pas si tu n'y es pas obligée. » J'avais entendu. Et j'avais appelé.

Au fond, il était possible que les révélations sur le passé de mon père m'aient arrangée. Elles donnaient un contenu concret au malaise qui avait tapissé mon enfance. La guerre, faire la guerre et la perdre, le sang sur les mains, la trahison des siens, puis la perte de son fils, le départ : cela ne pouvait laisser un homme indemne. J'avais longtemps pensé que mon père était nostalgique, je comprenais peu à peu que ce n'était pas aussi simple. Il avait été contraint, du fait de sa jeunesse, du camp auquel il appartenait, de sa naissance, de son histoire, à tuer des femmes et des enfants avec lesquels quelques années auparavant il aurait partagé un repas. S'il était devenu intraitable, « facho », comme n'importe lequel de mes camarades l'aurait surnommé, c'était sans doute pour ne pas se trahir une troisième fois. Et toute sa vie n'avait sans doute été qu'une longue justification de cet acte fondateur : tuer des enfants et des femmes. Par son silence, mon père retournait cette violence contre lui-même.

Je ne savais pas où situer ma mère dans tout cela. Elle avait suivi mon père, lui avait été fidèle, ne parlait pas de son passé, ne parlait pas non plus d'avenir. Elle avait perdu son fils il y a vingt-cinq ans et ne s'en remettait pas. C'était long. Tous deux avaient renoncé, au profit d'une chimère : sauver un passé.

49.

« Allô, maman ? » Silence au bout du fil. J'entendais presque son cœur battre. « Maman ? C'est moi. » Qui cela pourrait-il être d'autre ? Qui d'autre pourrait l'appeler maman ? À une autre époque, elle me l'aurait fait remarquer. Comme elle ne répondait pas, je ne savais plus quoi dire. « Comment va papa ? » J'entendis enfin sa voix. C'était celle, altérée, de quelqu'un qui ne savait plus faire semblant. « Bof. Pas très bien, tu peux imaginer. » Non, je ne pouvais pas. Il n'y avait pas de raison qu'il aille plus mal que d'habitude si ce n'est que sa fille ne lui adressait plus la parole. Avait-il jamais eu besoin d'elle pour vivre ? Aussi, je demandai, de façon provocatrice : « Pourquoi ? » Ma mère allait répondre. J'entendis le début d'un mot, le début d'un son, étranglé aussitôt dans sa gorge. « À ton avis ? » Une question pour une question. « Franchement, je pense que mon avis n'a rien à voir là-dedans. Il n'aime pas Antoine ? Bon, c'est si grave que ça ? — Tu sais bien que ce n'est pas ça, enfin que ce n'est pas *que* ça. — Alors quoi ?

La politique ? Parce qu'ils n'ont pas les mêmes opinions ? — Tu parles d'opinions ! Il a risqué sa vie, ton père, il aurait pu mourir mille fois ! — Comme Antoine ! — Sauf que c'était contre des gens comme Antoine. — La roue tourne, maman, l'Histoire a changé. Je ne vois pas comment tu peux comparer ce qui s'est passé en Algérie et ce qui se passe aujourd'hui en Argentine ! » Elle laissa passer un temps. « Moi je compare pas... Et d'ailleurs... Je l'ai trouvé sympathique, et surtout... très beau. C'est ton père qui compare. » J'étais touchée par son aveu du bout des lèvres. Ce n'est pas tant qu'elle l'avait trouvé « sympathique », elle l'avait trouvé « beau ». La beauté était encore une valeur pour ma mère – oui, ma mère avachie sur son canapé, ma mère qui avait troqué ses robes contre un jogging difforme, ma mère qui avait été belle et amoureuse, une femme *pour qui la beauté des hommes compte*. « Je lui dis qu'il faut pas s'en faire, que c'est la jeunesse, et que c'est ton choix. » Pour la première fois j'entendais ma mère me parler comme une mère. Je retins mon émotion. « Et toi, maman, qu'est-ce que t'en penses ? Pourquoi il a réagi comme ça ? — C'est compliqué, ma chérie (là encore, je n'avais pas entendu ce mot plus de trois fois dans ma vie). Ton père n'a jamais supporté de quitter l'Algérie. Tu peux pas lui en vouloir, ça lui a rappelé ces années-là. — Mais je ne lui en veux pas. » Un silence s'est installé. « Je veux qu'il sache que je ne lui en veux pas, et aussi que je vis avec Antoine. C'est à lui de prendre une décision, s'il accepte de nous voir ou pas. — Nous ? Parce que tu veux revenir avec ton fiancé ? — Pas forcément. Je ne suis pas sûre qu'il en ait envie... C'est une question de principe. Papa doit accepter mes choix. — Je comprends. Tu as raison. » À nouveau cette bouffée d'émotion qui montait en moi, m'étouffait. Je restai silencieuse pour que ma mère n'en saisisse rien, sans quoi la magie se serait effacée. Elle jugeait que j'avais raison. Elle me reconnaissait donc. Enfin. Dans mon choix. Un choix qu'elle n'aurait pourtant jamais fait, elle. « J'ai vu Léa », lui annonçai-je. La seule de mes amies qu'elle aimait. « Tiens, comment va-t-elle ? — Oh, toujours pareil. » Voilà que j'utilisais les mots de ma mère pour évoquer mon amie d'enfance, celle qui resterait associée à l'adolescence : Bourg-la-Reine, les premiers émois, le premier amour, mon amour pour elle avant qu'elle n'aime les garçons, l'appel de la liberté. Léa ne pourrait jamais devenir autre que ce qu'elle avait été pour moi dix ans d'affilée. Oui, Léa, ça serait toujours pareil pour moi, car ni l'une ni l'autre nous n'évoluerions ensemble, et s'il fallait vraiment devenir adulte, c'est sans l'autre que chacune de nous y parviendrait.

Ma mère entendit-elle aussi ces mots ? C'étaient tellement les siens, si profondément les siens... Elle eut un rire nerveux. La passation avait eu lieu, silencieusement. Ma mère ne pourrait plus jamais me condamner à ce *toujours pareil*, la présence d'Antoine à la table familiale avait définitivement déplacé les forces en présence. « Si tu la revois, salue-la de ma part. » C'est ce que je ferais, oui, si je la revoyais. « Passe me voir la semaine prochaine, me dit ma mère, un matin si tu peux. » Derrière la légèreté du ton, j'entendais la supplique. Ma mère me fit de la peine. Une peine infinie. « Oui, je passerai, maman. J'irai voir mamie, aussi. Je passerai. » Ma grand-mère que je n'avais pas vue depuis plusieurs semaines, ma grand-mère que j'aimais tendrement, et qui était tout aussi « facho » que mon père.

Je remerciais Simon. Il avait eu raison. Ma mère changeait, et mon père... Eh bien mon père, qu'il change ou non, c'était mon père. Et après tout, celui d'Antoine avait été balancé d'un avion.

50.

Je traversai cette période dans un état second. Je m'étais réconciliée avec ma mère à qui j'allais rendre visite régulièrement, comme une voleuse, à l'affût des moindres bruits de clés qui trahiraient l'arrivée de mon père. Peu à peu, ma mère se mit à me parler, de sa jeunesse, de ses premiers flirts, du lycée à Alger, de sa famille. Des souvenirs d'enfance qui dessinaient une mémoire, et s'arrêtaient à la rencontre de mon père. Certes elle distillait au compte-gouttes ses informations, comme si de rien n'était, gardant la pose dans son fauteuil et devant sa télévision inerte, une bière à la main. Il ne s'agissait pas de changer, même si insensiblement ma mère devenait quelqu'un d'autre, ou plus précisément se délestait du rôle qu'elle avait joué de longues années durant. Elle ne savait plus le jouer. Quelque chose en elle s'était réveillé, un premier bourgeonnement de la vie – une souffrance sans doute. J'avais moins l'impression de me rendre dans un cimetière lorsque j'allais la voir. Quelque chose avait percé, infime. Un léger déplacement des meubles et des rais de lumière. Une nouvelle façon pour les murs de renvoyer les sons. Ma maison n'était plus tout à fait ma maison. Elle sortait enfin du sortilège. J'étais heureuse de pouvoir ouvrir les rideaux, puis les fenêtres, de faire entrer l'air, et même de sortir avec ma mère juste « pour faire un tour ».

Ma mère. Ce corps alourdi, couvert d'un pantalon élimé, que je traînais dans la rue pour le voir évoluer dans un air qui ne sente ni l'ammoniaque ni la javel mais qui pue un peu le pot d'échappement mêlé aux parfums faiblards des jardinières, un air vivant. Ses jambes frêles sous son ventre gonflé, qui avançaient l'une après l'autre, comme si elles réapprenaient à marcher. Nous allions jusqu'au bar-tabac. Là, nous achetions des cigarettes – ça nous donnait un but, et surtout une justification à ce détournement de l'habitude dont ma mère n'avait pas nécessairement envie de comprendre la signification. Puis nous rentrions tranquillement, en fumant, observant les passants, parfois échangeant des mots, voire des rires. Je découvrais l'humour de ma mère, celui qui avait séduit mon père. C'était une chose dont j'avais entendu parler. Ma grand-mère se le remémorait souvent. J'en avais fait un doudou, une boîte à fantasmes, la raison première de mon existence : l'humour de ma mère. Il était devenu méchant. Elle savait être cruelle, mais si juste dans son regard acéré sur les autres, les petites manies, un vêtement, un sourire affecté, la façon dont on porte ses lunettes ou met sa main dans la poche, que le monde banlieusard autour de nous se transformait en bestiaire merveilleux.

Un jour, elle me dit : « Je crois que mamie a définitivement perdu la boule. » Malgré ma promesse, je n'étais pas retournée la voir, à part une fois où l'on m'avait prévenue, à mon arrivée, que je la trouverais en compagnie de son beau-fils. Je n'avais pas cherché à en savoir davantage, j'étais partie sans laisser de message. « Je sais qu'elle perd la boule », lui répondis-je. « Non mais complètement cette fois », insista-t-elle. « Que veux-tu dire ? — Qu'elle ne parle plus que de l'Algérie, mais avec des mots qui ne sont pas les siens. » Je compris immédiatement ce qu'elle voulait me dire, et m'en trouvai d'autant plus ébranlée. « Comment sais-tu que ce ne sont pas les siens ? — C'est ma mère, elle m'a élevée là-bas. Je sais quand même ce qu'elle pensait des Arabes, des Français, des événements, enfin de tout ce qui avait trait à la vie là-bas. — Et pourquoi tu as l'impression qu'elle a changé ? — Elle insulte tout le monde, elle est devenue agressive. Ça me fait peur. J'ai peur de devenir comme elle. » Je m'arrêtai, ébranlée. Ma mère se pensait méchante, avait peur de devenir méchante, et elle me l'avouait. « Il n'y a pas de raisons que tu deviennes méchante. » Elle passa son bras sous le mien, nous évitions de nous regarder. « Tu sais bien que je suis méchante, Josèphe. Je n'ai pas d'excuses. » Je serrai son bras un peu plus fort. « Tu as de très bonnes excuses, maman, et d'ailleurs tu n'es pas méchante. Ou si tu l'es parfois, c'est aussi envers toi-même. Mamie n'a jamais été méchante... Mais peut-être qu'au fond d'elle, elle nourrissait du ressentiment. Elle n'a jamais pu l'exprimer, c'est tout. Peut-être qu'on est dans une famille où les choses ne s'expriment pas beaucoup. » Ma mère sourit. Nous savions toutes les deux que j'avais raison. Nous étions dans une famille où les choses ne s'exprimaient pas *du tout*. « C'est bien ma fille, tu as changé. Tu sors du silence, tu vois. C'est peut-être toi qui sors du silence. De la malédiction. Je ne t'ai pas aidée, pourtant. »

J'avais du mal à soutenir cette conversation qui me prenait au dépourvu. Ma mère, soudain tendre et vraie, me faisait peur. Je ne la connaissais pas ainsi. Je craignais qu'au moindre souffle de vent, au moindre mot malheureux de ma part elle ne se retransformât en la mère que j'avais toujours connue. Ce n'était pas moi qui la transformais, même si j'avais été le déclic. Je sentais que sa relation à mon père s'altérait. Le pacte se rompait peu à peu, le pacte par lequel ils se protégeaient tous les deux à condition de ne surtout pas vivre. Si leur couple se délitait, je ne pouvais m'empêcher de trouver ça juste. C'est ce que je racontais à Antoine lorsque je rentrai le soir. Ces relations subtiles et ténues, délicates et angoissantes, avec la femme qui m'avait mise au monde. Au début, il m'écoutait, participait, osait des interprétations. Il nous arrivait souvent de rire pour des choses stupides, nous nous promenions beaucoup dans Paris, en nous tenant la main, nous écumions les bars à vin, bistrots, terrasses, nous nous taisions aussi. Parce que, entre nous, demeurait une béance, et ni l'un ni l'autre ne voulait l'évoquer – la combler peut-être. Mais ce soir-là, il se mura.

Nous étions allongés sur le canapé, dans son salon, en train de terminer le repas. J'avais acheté des fruits, les premiers melons venaient d'arriver chez les primeurs. Ahmed, mon maraîcher, m'en avait fait goûter un morceau. Je lui en avais pris deux, assortis de jambon que j'achetais chez l'Auvergnat, juste à côté. J'étais aussi passée chez le caviste – je m'amusais à jouer à la vie douce. Antoine y prenait un certain plaisir. J'avais débouché le bourgogne – après tout, mon père m'avait éduqué au vin rouge depuis l'adolescence, c'est le seul domaine où il pouvait prétendre à une culture véritable – et nous avais servi deux verres. J'avais poursuivi sur ma mère, expliquant qu'en elle, un désir s'était réveillé, mais qu'elle ne savait comment s'y prendre, par quoi commencer, parce que ça lui faisait peur le désir, ça mettait en question beaucoup de choses. Il restait silencieux. Au bout d'un moment, alors que j'avais l'impression de monologuer, je levai les yeux sur lui. Il avait fermé les siens et semblait autre part. J'en fus au départ mortifiée. Puis je songeai qu'il était indélicat de lui parler de ma mère quand il avait perdu la sienne, sans même l'avoir revue. Je m'excusai.

Il se mit dans une colère comme je ne lui en avais pas vue depuis longtemps. Une colère qui charria une liste de morts, de tortures, d'années, de deuils, de soif, de faim, de voyages, d'épuisement. J'avais attendu qu'il se calme. Mais rien ne calmait Antoine. Il cassa des objets, y compris la bouteille de bourgogne qui attendait sur la table basse d'être dégustée. J'étais terrorisée. Puis, sortant de ma torpeur, je me mis à ramasser les débris tandis qu'il continuait. Je pris un tesson et, le fixant, me coupai le doigt délicatement. Groggy. Il me regardait, groggy. Je ne bougeai pas, le sang coulait par terre. C'est lui qui interrompit le face-à-face pour aller chercher dans la salle de bains coton, alcool, et pansement. Il me soigna avec précaution, toujours en silence. J'étais debout, lui assis pour mieux voir le doigt qu'il badigeonnait de Bétadine, essuyant les traînées qui s'échappaient du pansement. Puis il posa sa tête contre mon ventre, et y demeura.

Mais sa violence avait été libérée. Il retomba dans le mutisme, opposait une sécheresse nouvelle à toute manifestation de ma part d'un désagrément quelconque. À tel point que j'évitais de me plaindre, y compris lorsque je me cognais contre la table basse, ou souffrais d'un torticolis. Et quand ça m'échappait – lassitude ou fatigue – j'entendais alors son soupir, quand ce n'était pas une phrase cinglante du genre « heureusement que tu n'as pas connu les geôles de l'Esma ». Sa souffrance était là, massive, incontournable, qui m'opprimait. Oui, j'étais opprimée par l'incontestable peine qui nous empêchait de vivre puisqu'elle nous empêchait de souffrir – que ce soit d'un rhume ou d'une déception. Pourtant à un moment, je lui ai dit, ou plutôt j'ai hurlé : « oui je suis triste, oui j'étouffe, oui je ne vois plus mon père, oui j'ai le droit moi aussi de souffrir même si mes souffrances ne sont pas magnifiques ! » Il m'a regardée. « Mais bien sûr, mon amour, de quoi tu crois qu'est faite la vie ? » J'étais consternée. Il changeait les règles du jeu trop souvent.

51.

« Connais-tu ce conte de Johann Peter Hebel ? »
J'étais tombée sur ce texte au cours de mon travail.
J'avais l'impression qu'il pouvait nous sauver : il
racontait notre histoire. Je l'avais emprunté à la bibliothèque pour le lui faire lire. Moi qui avais cherché des
heures durant à travers les récits d'Argentine à comprendre Antoine, ou du moins quelque chose de lui,
voilà que je tombais sur un conte, très éloigné en apparence, mais dont tout me ramenait à lui. Pas uniquement
la morale de l'histoire, mais aussi la façon dont Hebel
narrait le temps qui passe, le signifiait par toutes les
grandes morts historiques qui avaient eu lieu entre le
début et la fin de l'histoire. En une page, il déroulait de
longues années. Ces longues années, c'était le temps
du monde. Ce changement d'échelle resituait l'individu
dans son temps propre, sa vie écoulée, toujours au
même endroit. « La Rencontre inespérée des amants »
relatait les fiançailles d'un jeune ouvrier travaillant dans
les mines de Falun en Suède. La veille du mariage, il
est tué dans la mine. Sa fiancée lui restera fidèle, toute

sa vie – une longue longue vie. Un jour, alors qu'elle est vieille, très vieille, un cadavre est remonté du fond du puits. Ce cadavre a été conservé par le vitriol de fer au fond de la mine. Elle le reconnaît, c'est son fiancé. Une fois qu'elle l'a revu, elle peut mourir.

Antoine était cette femme en attente du deuil, qui n'avait pas de corps à enterrer. Et sa grand-mère, la mère de son père, la seule famille qui lui restait, était plus encore cette femme qui réclamait son corps sur la place de Mai. Moi, j'étais malgré moi une troisième femme, qui attendrait tant que les deux précédentes attendraient que le corps remonte. Que ce mort soit mort, une bonne fois pour toutes, rendant sa vie aux vivants. Antoine, sa grand-mère, moi, et ce père disparu dont l'histoire désormais pourrait être racontée, et dont l'âme pourrait aller en paix. Combien d'années faudrait-il pour que nous soyons tous délivrés ? Et ce jour arriverait-il ? Car entre-temps, « la ville de Lisbonne fut détruite par un tremblement de terre, et la guerre de Sept Ans passa et l'empereur François Ier mourut, et l'ordre des jésuites fut dissous, et la Pologne fut partagée, et l'impératrice Marie-Thérèse mourut, et le docteur Struensee fut exécuté, et l'Amérique se rendit indépendante, et les forces unies de France et d'Espagne ne purent s'emparer de Gibraltar. Les Turcs enfermèrent le général Stein dans la grotte des Vétérans en Hongrie et l'empereur Joseph mourut lui aussi. Le roi Gustave de Suède conquit la Finlande russe et commencèrent la Révolution française et la longue guerre, et l'empereur Léopold descendit aussi à la tombe... ».

Je commençai à lui lire le texte, mais il me l'arracha des mains pour le lire seul, en silence. Nous étions allongés tous les deux, c'était la fin de l'été, un drap recouvrait nos corps, nos jambes se touchaient. Antoine était souvent lointain, déconcentré. Ses relations avec Simon avaient changé depuis que nous vivions ensemble. Tantôt il était heureux avec lui comme avec personne d'autre, partageant des souvenirs qui n'appartenaient désormais qu'à eux seuls. Tantôt il semblait se sentir en danger. Je ne l'interrogeais pas là-dessus, doutant de mon propre ressenti, peut-être étais-je trop sensible à la moindre saute d'humeur d'Antoine pour ne pas me tromper et surinterpréter chacun de ses gestes.

Il lut le texte, puis me le rendit dans un grommellement. Il se tourna du côté du mur et s'endormit. J'étais ulcérée. Blessée et ulcérée. J'entendais Simon écouter la radio dans sa chambre. Je me levai et frappai à sa porte. Simon vint m'ouvrir, me sourit. « On se prend un dernier verre ? lui proposai-je, j'arrive pas à dormir.» Simon acquiesça.

52.

« Je ne le comprends pas. Je pensais qu'à vivre plus près de lui, j'y arriverais, mais définitivement je ne le comprends pas. » Simon restait silencieux. Ce qui ne me rassurait pas du tout. Antoine était comme un puzzle, fait de différents morceaux qui n'avaient pas de liens entre eux. Il me manquait une clé pour faire tenir l'ensemble de l'édifice. Il y avait l'Antoine tendre, amoureux, l'Antoine secret, douloureux, l'Antoine agacé ou indifférent, l'Antoine méchant. Il y avait Antoine et il y avait l'autre nom, Agustín, son nom d'avant, le nom que sa mère lui avait donné. C'était cela la clé, je le savais bien. Je restais étrangère à la part restée là-bas, que Simon pouvait ressusciter facilement – il suffisait d'une blague échangée en espagnol, d'une association d'odeur et de couleur, ou même d'un simple regard pour qu'ils replongent l'un et l'autre dans leur pays intérieur, ce pays où je n'étais pas conviée. Nous partagions pourtant des moments forts, aussi beaux que les premières soirées passées ensemble, malheureusement désormais associées dans nos souvenirs à l'invasion des

Malouines (et par ricochet à Bourg-la-Reine). J'avais l'impression que notre histoire épouserait celle de cet archipel qui était en train de laminer les derniers soubresauts du gouvernement Videla. « Tu crois que la dictature va tomber ? » Simon répondit posément – il ne parlait jamais de façon hâtive et donnait l'impression de peser ses mots : « Oui. » J'attendis la suite. « Elle va tomber, et on va rentrer. Pas tout de suite. Plus tard. Et on va compter les morts. — Vous savez déjà qui est mort. — Qui est *disparu*, c'est pas la même chose. — Tu crois vraiment ? » Il me regarda attentivement, puis finit par avouer : « Non. Tu as raison. Nous allons chercher nos morts, pas les compter. — Où ? Comment savoir ? — Partout, comme au début. Au début, on allait dans les morgues et les hôpitaux, mais c'était vain : c'est pas là qu'ils mouraient, tous. — Dans la mer ? — Oui, sans doute. Beaucoup sont morts comme ça. On commence à retrouver des os sur les rives et les plages, la mer est en train de rejeter son charnier. — Tu crois qu'on pourra les identifier ? — Tu connais les Grands-mères de Mai ? — Oui, la grand-mère d'Antoine, par exemple ? — Elles ont rencontré les plus grands noms de la recherche en génétique aux États-Unis et en Europe. Et tu sais ce qu'ils sont en train de mettre au point ? — Non. — Une identification par l'ADN des liens de parenté entre grands-parents et enfants. La torture et l'assassinat de masse font progresser la science ! C'est drôle non ? Alors pour identifier les corps, on trouvera bien une nouvelle manière. Même s'il ne reste quasiment rien, même si beaucoup de familles devront vivre sans sépulture. »

« Vous allez rentrer ? » Simon soupira. « Je ne sais pas ce que va faire Antoine. Il a peur. Y a plus grand monde là-bas. Sa mère est morte, son père aussi... » Simon s'interrompit brusquement, avant de reprendre. « Y a sa grand-mère. — Pourquoi elle est restée ? Pourquoi elle n'est pas partie avec Antoine et sa mère ? — Antoine lui a demandé de partir avec eux. Mais elle attend encore son fils. Elle l'attendra longtemps. Elle n'a jamais voulu s'éloigner de plus de cent mètres de la place de Mai. Et elle va continuer, crois-moi. — Ils vont continuer. — Peut-être, peut-être pas. C'est pour ça que tu ne le comprends pas, Théa. Agustín... » Il se mordit la lèvre. « Son vrai prénom c'est Agustín, comme son grand-père. Eh bien, Agustín, ou Antoine, appelle-le comme tu veux, il ne sait plus à quel pays il appartient. Il se sent coupable. » N'était-ce pas le moment de l'interroger enfin sur les cassettes, et ces noms que j'avais voulu enfouir, Miguel, Laura ? Mais je continuais l'évitement. « Et toi, tu ne te sens pas coupable ? — Non. C'est pas simple d'être exilé et de savoir que certains de tes potes sont encore enlevés, torturés, morts peut-être. Mais on n'a pas eu le choix. J'ai dû beaucoup travailler pour ça, mais aujourd'hui non, je ne me sens pas coupable. »

Nous sommes restés longtemps ensemble. C'était une chaude soirée d'été. Une nuit qui eût été agréable si n'avait plané la menace que l'homme que j'aimais ne retourne dans son pays ou pire, qu'il reste ici sans jamais rien me dire de ses secrets. Tout portait à croire que la situation en Argentine était en train de changer, et que de nombreux exilés se préparaient à rentrer. Pas Antoine. Et son degré d'angoisse montait à mesure que la dictature craquait. J'avais élaboré de nombreux scénarios, et le plus récurrent était mon propre départ pour l'Argentine : je l'accompagnerais, il me présenterait à sa grand-mère et aux amis qui lui restaient (Miguel ? Felipe ? Laura ?) me ferait visiter Entre Ríos, Buenos Aires, la pampa où sa mère avait grandi. Nous chercherions ensemble à en savoir plus sur la mort de son père, je l'aiderais. J'avais même commencé à économiser. Je pourrais toujours donner des cours de français pour nous aider à vivre, au début. Par la suite nous pourrions vivre entre les deux continents – j'aurais alors la perspective entière qui me permettrait de reconstituer la toile, Antoine, Agustín, la France, l'Argentine, moi. Car moi, dans tout ça, je commençais à m'effacer. Antoine m'effaçait. Je voguais quelque part sur l'océan, là où les frontières sont floues, portée tantôt d'un côté tantôt de l'autre, selon la douceur ou le mutisme d'Antoine. Même lorsque nous faisions l'amour il lui arrivait désormais de s'absenter. À deux ou trois reprises il avait cédé à l'appel du mécanisme, oubliant son corps, s'oubliant lui-même – et pour aller où ? Où ses pensées fuyaient-elles tandis que ses mouvements de hanches continuaient leur va-et-vient ? En Argentine ? Dans le passé ? L'avenir ? Je renonçais à le saisir, jusqu'à ce qu'il me regardât à nouveau. Alors je renaissais sous son corps, dans son visage, et nous disions notre amour, d'autant plus fort qu'il était en sursis.

« Qu'est-ce qui s'est passé entre vous ? Pourquoi vous vous éloignez parfois ? » Simon sembla s'éveiller. Je le vis ennuyé. Visiblement il ne voulait pas me répondre, et conclut par un geste qu'il n'y avait rien, rien de spécial, « sinon que le moment approche où nous devrons décider. C'est ça je crois qui crée des tensions ». J'allais prononcer les noms de Miguel, Laura, quand soudain une voix nous interrompit. « Qu'est-ce que vous faites ? » Antoine se tenait derrière moi. Il devait être trois heures du matin, et il était hors de lui. À tel point que je vis passer dans le regard de Simon la même appréhension que la mienne : nous avions peur. C'est moi qui pris les devants. « On discute. J'arrivais pas à dormir, on se prend juste une bière. — Au milieu de la nuit ? » Simon se leva pour signifier qu'il allait se coucher. Antoine ne le retint pas et vint s'asseoir à sa place, en face de moi. « De quoi vous parliez ? » Toujours sur ce ton agressif. « De tout, de rien, je sais pas moi ! Pourquoi ? » Était-il jaloux de Simon ? Que craignait-il ? Il savait pourtant à quel point j'étais dépendante de lui, droguée à lui. « Qu'est-ce qui se passe, demanda-t-il, qu'est-ce que t'as ? » Il retournait la situation. J'étais fatiguée, je n'avais pas le courage d'une scène et me levai pour aller dans la chambre. Il sauta sur ses pieds et me barra le passage. « Laisse-moi passer ! » Je devenais agressive à mon tour. Il saisit mon bras et le serra fort, très fort. Il me faisait mal. « Qu'est-ce que tu cherches à savoir ?

Qu'est-ce que tu attends de moi ? » Je tentai de me dégager. « Mais rien, tu es fou ! » Il continuait de me secouer. « Non, je ne suis pas fou, Josèphe ! » Entendre ce prénom dans sa bouche me glaça le sang. « Je ne suis pas fou, et je n'ai pas l'intention de supporter vos petits conciliabules. Je vais partir. C'est ça que tu veux ? Je vais partir ! » J'avais peur, mais sa violence était contagieuse. « Ah oui, et pour aller où ? Dans un pays qui ne veut plus de toi ? » Antoine me gifla. J'allai chercher mes affaires et quittai l'appartement.

53.

Deux semaines passèrent. J'allais voir ma grand-mère, je travaillais, je retrouvais ma mère régulièrement. Avec elle nous nous éloignions de plus en plus de la maison avant de rentrer boire une bière et trinquer en silence, dans un silence de moins en moins pesant. J'avançais mon mémoire, dans un regain d'énergie – l'énergie de la colère, pas encore grignotée par la peine qui s'ensuit. Je cherchais à ne pas penser.

C'est lui qui vint frapper à ma porte. « Je m'excuse. » Je l'observai un moment, hésitante. Devais-je refermer la porte sur lui ou le laisser entrer ? Il avait maigri, perdu ses couleurs et ses cheveux. Toujours beau, mais d'une beauté de plus en plus tragique, maladive. Je le laissai entrer. Il me prit dans ses bras, nous sommes restés un moment sans bouger. Puis il me poussa doucement vers le lit et nous fîmes l'amour. Mais ça ne suffisait plus. J'avais besoin de mots cette fois. Son corps n'était plus la seule réponse à mon angoisse, ni la garantie de sa présence. Je continuais de lui en vouloir.

« Simon est parti. » Je me relevai, inquiète. « Parti où ? Vous vous êtes disputés ? — Il est rentré en Argentine. »

C'était donc le premier, le chemin du retour était amorcé.

Simon m'avait abandonnée. Il avait abandonné Antoine. C'était la fin de la guerre, la fin de la dictature. Galtieri, qui avait succédé à Videla à la tête du pays et perdu la guerre des Malouines, avait été remplacé par Bignone, chargé d'assurer la transition vers la démocratie. Il était pourtant lui-même mouillé jusqu'au cou – dès qu'il l'a pu, il a ordonné la destruction des archives recensant les crimes de la junte – mais la défaite militaire avait signé la fin de la dictature, et la crise économique sévissait. Des élections s'étaient enfin tenues, qui avaient mené au pouvoir un démocrate, Raúl Alfonsín. L'Argentine était redevenue un État de droit, le travail de mémoire et l'enquête sur les disparitions allaient pouvoir commencer. Nous aurions dû fêter la délivrance. Nous aurions dû boire du vin cher, lancer « Say Say Say » sur le tourne-disque de mon studio meublé et danser, ouvrir les fenêtres et crier comme après un match de foot gagné par les Français. Nous aurions dû nous joindre à d'autres qui sans doute se rassemblaient quelque part, entonnaient le chant national argentin, trinquaient, s'embrassaient. Nous aurions dû marcher dans Paris, le long de la Seine, puis nous rendre devant l'ambassade d'Argentine, où des étudiants, des intellectuels, des militants manifestaient leur joie. Nous aurions dû rencontrer d'autres exilés et partager leur liesse, faire des projets ensemble, acheter des billets d'avion.

« Que vas-tu faire ? — Pour l'instant, rien. C'est compliqué de rentrer. Je n'ai plus de maison, et pas grand monde qui m'attend. Je vais voir comment se débrouille Simon. Il est parti en éclaireur. Il m'appellera quand il jugera que c'est le bon moment. » Pourquoi Simon ne m'avait-il pas appelée avant son départ ? Nous étions amis. Avait-il eu peur d'Antoine ? Antoine le lui avait-il interdit ? Ce n'était pas impossible. Et je ne cherchai pas à le savoir, car malgré le réveil de ma lucidité, ce qui m'importait était qu'Antoine fût là. Je pouvais renoncer à l'amitié, à la délicatesse des sentiments, aux liens profonds, du moment qu'Antoine fût là. Il le savait. Mais il s'apercevait aussi que je me laissais moins faire, et que mon orgueil reprenait du galon. C'est entre les deux que la bataille se jouait.

Est-ce Agustín ou est-ce Antoine ? Celui d'avant ou celui d'après ?

« Tu reviens vivre chez moi ? — Oui. » Ça aurait été le moment de poser des conditions. Mais quelles conditions quand on aime sans condition ? Quand on accepte que l'autre joue au jeu le plus vieux du monde, là, pas là, là, pas là, le jeu qui fait naître l'angoisse, le jeu de l'enfant qui apprend l'abandon. Là, pas là, là, pas là.

Nous sommes repartis vers le XIe arrondissement. La maison était vide. Vide sans Simon. Le propriétaire allait bientôt revenir, me dit Antoine. « Il faudra alors que je trouve un autre endroit. » Je lui proposai timidement chez moi. « On verra bien », répondit Antoine, m'enchaînant à une nouvelle incertitude.

Depuis que Simon est parti, Antoine a changé. Parce qu'il ne partagera plus : l'exil, la langue, les souvenirs d'enfance, les frontières, l'hôtel mexicain, et les familles miteuses qui s'y entassaient, les trois photos et quelques chemises, le reste. Il ne partagera plus ce qui reste. Il ne restera donc rien ?

Ils ont partagé : les appartements de fortune à Paris, ont été hébergés chez les militants puis les amis des militants, puis les bonnes âmes, puis les hôtels de passage, la guitare dans le métro, et puis d'un coup des fêtes, de la drogue, des filles, peut-être.

Ils ont partagé : les nuits que j'aurais dû avoir, seule, avec Antoine, l'appartement que nous habitons – moi j'aimais sa présence à Simon, elle était moins tragique que celle d'Antoine. Et plus réelle.

Il a perdu : la preuve de « l'avant », et son monde commun. Deux ça suffit pour faire un monde commun. Un monde qu'ils réinventaient de loin, et moi j'habitais ce loin. Paris ce n'était pas ici, ici même, c'était « loin ». On n'a pas idée d'habiter « loin ». Ni de vivre avec un étranger. Étrange. Si étrange. Tellement absent.

Je vais voir un psychologue depuis deux semaines. J'avais des vertiges et certainement des tumeurs au cerveau. L'urgentiste m'a orienté sur un psychiatre, qui m'a orienté sur un psychologue. Je ne voulais pas qu'Antoine le sache, puis je lui ai dit. Parce que je suis trop bête. Il s'est moqué de moi. Il s'est moqué de moi et de nos pauvres expériences à nous petits Européens, sûrs de nos acquis et privés de l'épreuve authentique, celle qui nous amène à nous confronter à la mort. Ici, pas de mort sinon dans les hôpitaux. Ici, pas de larmes sinon à la télévision. Ici les au revoir ne signifient jamais adieu. Ici la mollesse et le confort du cœur s'amusent à s'inventer des souffrances inédites, de celles qu'on peut coucher sur un divan. Mais lui, c'est un guerrier, non ? Les guerriers ne s'allongent pas, sauf pour baiser. Je lui ai dit que pour un fils de psychologue, il en manquait, de psychologie. Je ne lui ai pas dit : tu ne fais plus trop la guerre depuis quelque temps, à part avec moi.

Je ne lui ai pas dit : depuis que Simon est parti, tu es aigre, méchant, vide. Je ne lui ai pas demandé à quoi je servais, pourquoi reste-t-il avec moi. Peut-être parce que je suis le dernier témoin de son histoire ? Peut-être parce qu'il tient à moi. Comment savoir ? L'autre soir, nous avons ri, comme au début, en observant la famille qui vit en face de chez lui. Nous avons éteint toutes les lumières, et nous nous sommes collés à la vitre. La femme faisait des va-et-vient entre la cuisine et la salle à manger, le mari aussi, mais jamais en même temps. Dans la chambre, il y avait un enfant. Antoine m'a raconté l'histoire de ces gens, il l'inventait au fur et à mesure, leur prêtait des paroles et des voix. J'étais au spectacle, devant une pièce de boulevard doublée par un Argentin qui inventait des accents marseillais et corse, puis belge et québécois. C'était inaudible, on ne comprenait rien à son histoire. J'étais obligée de poser des questions pour comprendre qui était vraiment le père de l'enfant puisqu'il était question d'adultère et d'un homme passionnément aimé qui était parti loin pour faire la guerre. À la fin, ce n'était plus drôle, j'ai serré la main d'Antoine, et la famille en face a éteint la lumière ; nous sommes restés longtemps silencieux.

54.

Nous avons repris la vie commune. Pas là, là, pas là. C'était de pire en pire. Antoine partait de longs après-midi pour ne rentrer qu'au milieu de la nuit. Puis il commença à découcher. Je hurlais, pleine de suspicion, de blessures et de larmes. Et je le croyais lorsqu'il me promettait n'avoir rencontré personne. Il errait. Dans le métro, dans les bars, dans les rues, il errait. Me disait-il.

Voulant sortir de mon enfermement mental, j'invitai un soir Léa et son compagnon à dîner. J'étais sûre qu'Antoine ne me ferait pas faux bond. C'était la première fois que je lui présentais des amis. J'avais longuement hésité avec des camarades plus légers, Sophie, ou même Éric et Camille, d'autres copains de fac, mais aucun geste ne pouvait être anodin avec Antoine, et si je lui présentais quelqu'un, c'était nécessairement l'amie la plus intime et la plus dangereuse. Je lui en avais parlé, un peu. Ça lui faisait plaisir, me dit-il, de rencontrer des gens que j'aimais. Après tout, à part mes parents, je ne lui avais quasiment rien fait partager de ma vie. C'est aussi qu'il ne se montrait pas plus curieux que ça.

C'était un vendredi, j'avais fait des courses et cuisiné longtemps. J'aimais ça, cuisiner, mais n'en avais jamais l'occasion. Je confectionnais des plats algériens, dont je suivais la recette dans un vieux livre de cuisine que m'avait donné ma mère. Un livre qui lui avait appartenu, avant qu'elle ne cuise plus que des poulets dans le four. J'avais l'impression de découvrir une autre part d'elle tandis que je hachais de l'ail, de la coriandre, mélangeais diverses épices dans un poivrier, puis tournais le moulin qui concassait des parfums orientaux. Je fis mariner des tranches fines de bœuf dans une chermoula qui me rappela ma grand-mère, je humais, je goûtais, me léchais les doigts. Je pouvais entendre le murmure des cuisines, le murmure d'avant moi, le bruissement des femmes, piments, aulx, herbes, la chaleur des fourneaux, l'odeur du charbon, les mains qui malaxent, les rires et les rumeurs, les pleurs, l'oubli. Les cuisines s'étaient fermées les unes après les autres, et j'étais là, seule, dans cet appartement de passage, à mixer, transformer, frire. Le parfum des oignons grillés envahissait mes narines et cheminait au-delà de moi-même, dans cette Algérie où s'était noué le drame, le mien, le nôtre, y compris celui d'Antoine. Et je me disais qu'on avait renoncé à la cuisine mais pas à la torture. Les disparitions faisaient des disparus, des générations et des générations de disparus. Antoine lui-même était un disparu, un fantôme magistral dont le corps parfois s'éveillait, et dont l'esprit saillait quand il se réincarnait en lui-même, mais qui le plus souvent vaquait, quittant son corps et le mien pour des lieux inconnus et des temps immémoriaux. Je visitais ces temps par le truchement des parfums d'Orient, des temps où peut-être nous nous étions connus, des contrées dont tout le monde part un jour, et qui ont abrité tant d'exilés. Europe de l'Est, Afrique du Nord, chacun était parti de là-bas, ses propres aïeux, les miens, et ceux d'avant encore. D'où ? De Judée ? Des déserts du Caucase ? De la mer d'Aral qui avait disparu, elle aussi ? L'ail, l'oignon, la coriandre, le cumin, le piment, tout était là, exhumé. Et tout allait à nouveau disparaître, mais la fumée de la lanterne agissait. C'était cela la lampe magique, c'étaient cela, les parfums de cuisine, la mémoire des femmes et des lignées.

Antoine arriva vers dix-neuf heures, deux bouteilles de bon vin rouge sous le bras. Il m'embrassa dans le cou et me félicita pour les bonnes effluves. Je me demandai pourquoi je ne cuisinais pas plus souvent. Et je le regardai : ce n'était pas un homme pour qui on cuisine. Il aimait le plaisir, mais un plaisir si compliqué qu'un simple plat quotidien ne l'aurait pas apprivoisé. Il a débouché les deux bouteilles, pour que le vin respire. Je m'en suis servi un verre en cachette, j'avais besoin de me délasser avant que Léa n'arrive. Antoine m'aida à dresser la table, et à ranger un peu le salon. J'avais l'impression que nous formions un vieux couple, solidaire, aimant, accordé, dont les gestes obéissent à un rythme mystérieux, commun. Comme j'aurais aimé une vie comme celle entrevue à cet instant-là... Comme j'aurais souhaité que cela reste ainsi pour toujours... Chaque fois que nous passions l'un devant l'autre, nous nous embrassions. Antoine m'a surnommée Sue Ellen parce que je m'étais resservi à boire derrière son dos. C'était l'époque de *Dallas*, nous en regardions parfois des épisodes. Ça nous fascinait ces grandes familles shakespeariennes qui se haïssaient et se réconciliaient dans des décors kitchs – qui rappelaient dans une certaine mesure à Antoine les grandes haciendas de son pays.

Puis Léa a sonné. C'est Antoine qui est allé ouvrir. J'eus un moment d'appréhension. Si cette soirée ratait, si à nouveau elle se terminait sur une dispute, ma foi s'en trouverait ébréchée. D'autant que je n'entendais rien. Il avait ouvert la porte, puis silence. Je sortis de la cuisine pour voir ce qui se passait. Mais Antoine était juste en train de débarrasser Léa de son manteau tandis que Philippe, son compagnon, attendait derrière. Ils en mettaient du temps. Je m'approchai à mon tour et crus percevoir un malaise chez Léa. L'instant d'après, pourtant, nous nous embrassions comme au bon vieux temps. Philippe était plus petit qu'elle, blond, la peau très blanche. Il n'était pas beau, mais Léa n'aimait pas les hommes beaux – elle avait de la beauté pour deux. Ils se sont installés sur le canapé. Antoine ne parlait pas. Je dus faire la conversation, j'en étais agacée. Pourquoi me sentais-je obligée de parler alors que les autres ne craignaient pas le silence ? Léa n'était pas quelqu'un de sociable. Seul Philippe participa, et fit preuve d'intelligence et de finesse dans ses propos. Je

Théa

le trouvais de plus en plus sympathique, surtout par comparaison.

Nous sommes passés à table, après avoir descendu une bouteille. Je disposai tous les plats. Ça sentait bon et ça l'était. Antoine me félicita, mais d'une voix lointaine. Au fur et à mesure l'ambiance se réchauffa. Léa posait des questions à Antoine. Il y répondait de façon directe, de sorte que j'appris certains détails qu'il ne m'avait jamais racontés. J'en étais mortifiée. Léa avait l'habitude de questionner sans ambages. Elle était au courant de tout ce qui se passait en Argentine, suivait les infos, lisait les journaux. Contrairement à moi, sa curiosité se tournait vers le monde. Antoine semblait flatté de susciter ainsi l'intérêt. Il parlait de façon fluide, comme s'il s'agissait d'une conversation mondaine. Et je ne comprenais pas pourquoi ce flot soudain, moi qui l'interrogeais sans cesse et à qui il ne répondait jamais qu'au compte-gouttes. « Oui, en 1978, l'Esma ne se trouve qu'à quelques kilomètres du stade. Tu vois, tous les détenus entendaient les supporters, t'imagines ! Dans le camp de détention, la victoire de l'Argentine ! — Je m'en souviens très bien. T'es arrivé par quel organisme ? J'ai bossé un moment pour l'AIDA. — Oui, l'AIDA a pas mal fait pour nous. J'ai rencontré Ariane Mnouchkine quand je suis arrivé. Tu la connais ? — Un peu, quand je bossais là-bas justement. Mais elle m'impressionnait. — Tout le collectif de toute façon aidait à l'intégration professionnelle. On nous filait des plans pour figurer dans des films ou des pièces de théâtre, et de fil en aiguille j'ai trouvé ce poste de chef opérateur. J'avais déjà fait des films là-bas. Mais sans l'AIDA j'aurais jamais rencontré les artistes français. Et sans leur aide, j'aurais jamais travaillé. » Et les questions continuaient, les réponses leur succédaient. « ... Non, l'Esma et la Campito. » « Oui, ce sont les deux grandes maternités. » « Les exilés sont devenus la bête noire du régime, comme les "guérilleros" au début de la répression. Ils ont redessiné tout un imaginaire que beaucoup de gens partagent aujourd'hui, y compris les gens normaux. Aucun exilé n'échappe à la stigmatisation », et blablabla... Ma tête tournait. « Ça a permis l'instauration d'un projet socio-économique de restructuration industrielle et financière qui s'appuie sur la libéralisation et la concentration économiques... » Léa parlait couramment espagnol. Ils ont commencé à échanger dans cette langue. À la fin du repas, nous assistions, Philippe et moi, spectateurs impuissants, au dialogue bilatéral d'Antoine et de Léa.

Je me levai pour débarrasser. Philippe en profita pour suggérer à Léa de rentrer, il était fatigué et travaillait le lendemain. Elle s'excusa, me félicita pour la nourriture, et nous remercia. Tandis que je l'embrassais pour prendre congé, elle me chuchota dans l'oreille « Bravo, il est formidable ». Je refermai la porte sur elle, et allai me coucher. Je n'avais pas envie de parler ni de faire la vaisselle. Antoine m'appela. « Tu ne veux pas venir prendre un dernier verre ? » Je passai la tête à travers la porte. « Pourquoi pas. Tu as l'air en verve, tu vas peut-être répondre enfin aux questions que je voudrais te poser depuis quoi, un an, deux ans ? — Tu es en colère ? — À ton avis ? — Je ne comprends pas. Tu te fâches parce que je raconte ? C'est pas ce que tu attendais ? — J'attends que tu me racontes à moi, pas quand il y a d'autres personnes. — Tu veux dire pas quand il y a ta meilleure amie ? » Je haussai les épaules. « Tu es jalouse ou je rêve ? — Tu ne rêves pas. Et moi non plus, je n'ai pas rêvé cette soirée. » Mon ton montait. Je revins dans le salon et me servis effectivement à boire. « Je n'ai pas rêvé que tu as parlé de l'Argentine comme jamais, que tu n'as pas adressé la parole à Philippe et que j'aurais pu disparaître, tu ne t'en serais pas aperçu ! — D'accord, tu es jalouse, et en plus, de ta meilleure amie. — Bien sûr ! Tu n'irais quand même pas draguer sous mes yeux quelqu'un que je n'aime pas ! — Mais je n'ai pas dragué, Théa. Je n'ai fait que discuter. C'est pas ce que tu voulais, que ce dîner soit réussi ? — Je voulais qu'il soit réussi pour tout le monde, pas que pour toi ! — Tu ne lui fais pas confiance ? » « Ce n'est pas le problème. » « Tu ne me fais pas confiance ? » Je m'arrêtai de tourner en rond pour le regarder. Je pris le temps de réfléchir. « Non. » C'était vrai, je ne lui faisais pas confiance. Il m'avait ouvert son cœur, avait pleuré devant moi, avait pleuré tandis que nous faisions l'amour. Mais il pouvait se retirer aussi vite, devenir autre, disparaître. Non, je ne pouvais pas lui faire confiance, car lui-même ne se faisait pas confiance. C'était un homme dangereux pour lui-même comme pour les autres. Mais je l'aimais encore. « Alors pourquoi tu restes avec moi ? — Parce qu'on peut aimer quelqu'un en qui on n'a pas confiance. Mais peut-être qu'un jour je ne t'aimerai plus. J'attends ce jour. » Je suis rentrée dans la chambre et j'ai recouvert tout mon corps du drap, mon visage compris. Je ne voulais plus le voir, plus l'entendre. Je désirais dormir.

55.

Le lendemain à l'aube, je me suis levée sans réveiller Antoine. Je l'ai observé un moment, puis me suis lavée sommairement. J'ai enfilé mes vêtements et suis sortie sur la pointe des pieds. La rue était déserte à cette heure. Le ciel s'éclaircissait, des éboueurs m'ont saluée, quelques voitures passaient. Au loin, la sirène d'une ambulance, et je pensais à ces vies peut-être brisées quelque part, un suicide, un arrêt cardiaque, un incendie, des pompiers qui foncent tandis que la ville dort, car dans un appartement, une maison, une rue, la mort rôde. Je marchais dans la fraîcheur du matin, et observais le ciel se zébrer de rose. Un avion le traversait. Je m'engouffrai dans le métro, déjà rempli des premiers travailleurs. Je changeai plusieurs fois pour prendre le RER.

Je débarquai chez mes parents. Je devais voir mon père. Ça avait assez duré. Je préférais le prendre par surprise. C'était la seule façon qu'il accepte de me parler. Mon père était rancunier. Ma mère m'a ouvert, étonnée. « Mais il est là ! » a-t-elle murmuré. « Justement. » J'ai traversé le salon, suis entrée dans la cuisine. Mon père était attablé. Il finissait ses tartines. Il a cessé de mâcher quand il m'a vue entrer.

Je me suis assise en face de lui. Personne ne parlait. Ma mère est venue prendre sa tasse de café, et nous a laissés seuls. Je me suis servi une tasse à mon tour. J'avais l'estomac vide et j'étais fatiguée, même si retrouver mon père provoquait des décharges d'adrénaline certaines. J'ai allumé une cigarette pour me donner du courage. J'en avais, du courage. Je reprenais pied. Mon compagnon m'échappait, et j'avais suivi la pente. Il fallait mettre un frein à cette lente déchéance. Je ne pouvais pas tout perdre.

« Je peux comprendre beaucoup de choses, tu sais. Ce que je ne comprends pas c'est que tu ne m'aies jamais parlé. Que tu n'aies pas eu assez confiance en moi pour me raconter. » Mon père a replongé son visage dans son bol. Un peu trop longtemps. J'attendis. Je n'étais pas pressée. Il a fini par le reposer. Il n'avait plus d'autre choix que de me parler ou de continuer la guerre du silence, seul, officiellement. « Te faire confiance ? Mais tu étais une enfant ! — Et alors ? J'ai vingt-quatre ans, papa. — On peut pas tout raconter aux gosses. » Je me tus. Il parlait sans doute comme son père, qui lui-même avait dû parler comme son grand-père – cette vieille sagesse populaire qui n'avait de sagesse que le nom. L'habitude d'une fausse pudeur, la peur de l'intimité. « Je ne te juge pas. Je ne te juge plus. Je ne sais pas ce que vous avez traversé, ce que vous avez vécu. Je ne peux pas juger. Mais tu comprends que découvrir tout ça alors que je te présente mon copain, que c'est la première fois que je te présente mon copain, c'est... c'est déstabilisant. — Désolé pour ton copain. — Mais papa ! Le problème n'est pas Antoine ! Le problème, c'est nous ! C'est que j'ai l'air d'une idiote qui ne connaît pas son père ! » Je ne lui avais jamais parlé aussi sincèrement. À moi-même, je ne m'étais pas formulé les choses aussi clairement. Et je n'avais pas imaginé que cela pût être à ce point libérateur. « Ben tu me connais autant que je te connais », me dit mon père. Il avait raison. Après tout il ne savait pas tout de moi non plus. « D'accord. Mais tu peux faire la différence entre tout dire et dire les choses importantes. Les choses importantes, c'est pas que tu aies fait la guerre, c'est que tu en as souffert. Être proches, c'est se dire les choses qui nous font souffrir. » Je terminai cette phrase comme un murmure. Des larmes coulaient sur ses joues. Voir mon père pleurer. Je pris sa main, posée sur la table, à côté de sa tartine entamée. Et la serrai. Nous sommes restés un long moment en silence, sa main dans la mienne, sa main qui répondait à la pression de la mienne. Au bout d'un moment, mon père s'est levé. « Je dois aller travailler, ma fille. » Déjà son ton avait changé. Il s'est approché de moi et m'a embrassée sur le front. Et il m'a chuchoté « Merci ». C'est moi, cette fois, qui avais envie de pleurer. Nous avions beaucoup de choses à nous dire, je débordais de questions, de doutes, de tristesse, de petites hontes, mais tout cela viendrait plus tard.

Aujourd'hui, nous avions posé la première pierre. Pour le reste des fondations, nous avions la vie devant nous. Rien n'effacerait les crimes de mon père. Mais ces crimes n'auraient pas raison de moi. Je me levai à mon tour, j'embrassai ma mère et pris congé.

56.

Nous avions fêté nos un an de vie commune. C'était en décembre. Décembre 1983. Le premier jour de la démocratie argentine. Raúl Alfonsín avait été élu président. Nous nous étions disputés la veille. Mais ce soir-là, nous avons dîné au restaurant, puis sommes allés danser au Palace. Ce n'était plus la même ambiance. Fabrice Emaer, son directeur, venait de mourir d'un cancer. La salle avait été fermée puis avait finalement rouvert récemment, mais on sentait qu'une époque était révolue. Nous sommes rentrés à pied, au petit jour, comme la première fois. Nous n'avions plus le même entrain. Nous avions vieilli.

Pourtant, dans l'après-midi du lendemain, Antoine me proposa de marcher dans Paris, comme avant. Il fallait trouver un nouvel appartement, on allait choisir le quartier où nous aimerions vivre. Si je lâchais mon studio, je pouvais apporter la moitié du loyer – je rêvais de factures communes et de placards à partager. Nous avons longé la Seine jusqu'au Pont-Neuf, le pont des Arts, puis le Louvre, et le jardin des Tuileries. Nous

nous dirigions vers le IXe arrondissement en passant par la Madeleine. Nous avions calculé le détour pour voir les péniches naviguer sur le fleuve. Tandis que nous arrivions à l'orée de la place de la Concorde, une voix interpella « Agustín ! ». Antoine s'arrêta net. C'était bien « Agustín » qu'on appelait, pas Antoine. L'accent était argentin. Antoine me prit soudain le bras et pressa le pas. Je le retins. Je ne comprenais pas pourquoi il accélérait et me faisait mal. J'avais des talons, courir m'était difficile. Mais l'homme le poursuivit et en un instant fut derrière nous.

Il n'avait plus le choix, Antoine était obligé de se retourner. Et tout alla très vite, plus vite que ma faculté à enregistrer les événements. L'homme lui parlait de façon enjouée, lui posant des questions, tandis qu'Antoine ne réagissait plus. Aucun des deux ne me regardait, je restai en retrait. L'homme avait à peu près son âge : petit, les yeux clairs, les cheveux châtains. Il semblait excité de rencontrer par hasard « Agustín », et le touchait comme pour s'assurer qu'il ne rêvait pas. « Je croyais que t'avais été pris avec Laura ! » Antoine a reculé d'un pas et l'homme me découvrit. Il m'a saluée, m'a demandé dans un mauvais français qui j'étais, comme si j'avais des comptes à lui rendre. Je lui ai répondu que j'étais l'amie d'Antoine, enfin d'Agustín, et tout est devenu clair, à l'instant où j'ai prononcé le nom d'Agustín. J'ai compris ce que je savais déjà, ce que je savais depuis déjà si longtemps. Antoine se raidissait. J'avais l'impression d'assister à une scène que j'avais

Théa

déjà vécue, d'être dedans et dehors à la fois, appréhendant la suite parce qu'elle ressemblait à un dénouement, et les dénouements, dans ce genre de film, sont toujours tristes. L'homme me tendit la main. « Manuel. » Je la serrai, et me souvins d'avoir entendu ce nom. Bien sûr, Manuel... Il s'adressa alors plus lentement à Antoine, qui se décomposait de plus en plus. L'observer blêmir et transpirer m'empêchait de me concentrer sur les paroles de Manuel, et c'est avec un temps de retard que j'entendis la fin de la conversation, alors qu'Antoine était déjà en train de me tirer par le bras et de m'éloigner de cet homme, proférant en guise d'adieu une insulte espagnole.

Tandis que nous marchions à vive allure – Antoine n'avait pas desserré son étreinte, et me traînait littéralement derrière lui –, je commençai à prendre la mesure de ces mots : « pris avec Laura ». Des mots qu'il me semblait avoir toujours sus, porté en moi, depuis le début, depuis que je l'avais trahi, depuis que j'avais écouté, clandestinement, cette unique cassette. « Pris avec Laura », Antoine, Agustín, et Laura. Agustín n'a pas été pris avec Laura, Laura a été prise, mais pas Agustín. Agustín, ou Antoine, se promène aujourd'hui avec sa petite fiancée française pendant que sa femme pourrit au fond d'une eau quelconque. Je m'arrêtai net au milieu de la rue. Je ne pouvais plus faire un pas. « Laura, Miguel », je hurlais, « ... et Many, et Felipe, et Laura, et les passeports de Laura ! » Je devenais folle, me mis à rire trop fort. Les gens se retournaient sur moi, mais Antoine aussi hurlait. « Qu'est-ce que tu sais ? — Tu es entouré par leurs noms, A-gus-tín ! Tes cassettes, là, toutes tes cassettes de merde que tu caches dans ta penderie, avec les noms, les dates ! Tous tes fantômes, là, tes morts ! » Antoine chercha à me faire taire, mais je me défendis. Nous étions sur le point de nous battre quand des passants sont intervenus. Antoine les écarta et m'entraîna jusqu'à un bar où il me jeta, au plus profond de la grotte, dans l'antre noire, au plus loin de la rue, de la lumière, de la clarté. J'étais exsangue de toute façon, plus un son ne pouvait sortir de ma bouche. Il a commandé une bouteille, et d'une voix dure a commencé à parler.

Agustín était marié avec la sœur de Simon, Laura. Simon, à cette heure, devait sans doute la rechercher, lui. « À quoi ressemblait-elle ? — À Léa. Comme deux gouttes d'eau. » Ce fut comme un coup de poing. Ils avaient une fille. Leur fille avait deux ans quand ils ont été pris. Hannah. Elle avait deux ans. Laura et lui militaient depuis le lycée. Il la connaissait depuis toujours, Laura, la sœur de son meilleur ami Simon. Il la connaissait depuis toujours mais c'est dans la clandestinité qu'ils étaient tombés amoureux et ils avaient eu cette enfant, née chez une amie de sa mère qui était infirmière. L'enfant avait failli y passer, une infection qu'ils avaient pu soigner parce que Many avait trouvé des antibiotiques de contrebande. Laura et lui devaient partir, Many était allée chercher les passeports. Lui, il attendait Many, au coin d'une rue, pour les récupérer, en se croisant, sans s'adresser la parole – on ne pouvait pas s'adresser la parole en public, c'était mettre l'autre en danger. Et puis il était rentré avec les passeports. Mais chez lui, il n'y avait plus personne. Juste du désordre, comme après un cambriolage. Ou un enlèvement.

Nous buvions en silence, très systématiquement. Un verre plein, un verre bu, puis Antoine nous resservait. Nous avons continué de vider nos verres en silence. À un moment, il dit : « Elles sont mortes, aujourd'hui. » Je réagis trop violemment. « Ah bon ? Parce que c'est toi qui décides ? » Antoine ne comprit pas ma question. « Ta femme peut-être, mais ta fille, qui te dit qu'elle est morte ? » Antoine s'est levé, a mis des billets sur la table. « J'ai besoin de respirer ».

Je ne l'ai plus jamais revu.

Et bien sûr, l'œil brûle de voir, il suffit de demander à Œdipe, le saint patron des yeux qui dut se les crever. Pour le coup, il n'a rien vu de ce qu'il voyait.

57.

Je suis entrée dans l'amphithéâtre, et me suis assise. Des têtes se sont tournées vers moi, des murmures d'agacement ont sifflé çà et là. Dans le silence de la salle que je venais de perturber s'élevaient des mots, scandés de façon arythmique, comme pour déjouer l'attention et de ce fait la maintenir. Je n'avais pas remis les pieds dans ce cours depuis notre dernière rencontre, et contemplais M. Burgaud, dans son costume professoral, protégé par son rôle, sa place sur l'estrade, et ce ton, pénétrant, qui rendait sensible pour chacun des étudiants ici présents la profondeur et la sonorité exacte des mots.

« *Et sous l'oppression du brouillard silencieux
La cloche tinte
Mesurant un temps qui n'est pas notre temps,
Un temps sonné...* »

Il se promenait de droite à gauche, s'arrêtant parfois, puis reprenant d'un débit plus rapide. Je ne sais pas s'il nous voyait, ou si nous étions l'idée d'un auditoire, le champ qui renvoie l'écho mais qui en tant que tel n'existe pas.

« *Par la houle sans hâte, un temps*
Plus ancien que le temps des chronomètres, plus
Ancien
Que le temps calculé par des femmes inquiètes... »

Et je me mis à trembler. M. Burgaud m'avait livré ses secrets dégueulasses, avait vidé sur moi ce temps plus ancien que celui des chronomètres, et désormais il m'appelait, car c'est à moi que ces vers étaient dédiés, je n'en pouvais douter.

« *Qui restent éveillées, supputant l'avenir,*
Cherchant à dévider, à démêler, à débrouiller
Pour les recoudre l'un à l'autre, le passé et l'avenir... »

À moi qu'il ne voyait pas encore, mais dont le regard me cherchait, ne pouvait que me chercher.

« *Entre minuit et l'aube, quand le passé n'est plus qu'un leurre, ...* »

Je serrais mon sac d'une main moite, dont les doigts bleuissaient.

« ... quand l'avenir est sans avenir, avant le quart du matin,
quand le temps arrêté se fait interminable,
et que la houle marine, qui est et qui était dès le commencement, ... »

Il leva la tête, parcourut l'assemblée,
« ... *Tinte...* »

... me vit.

« "La cloche". T.S. Eliot, *The Dry Salvages*. La traduction est de Pierre Leyris », précisa-t-il pour terminer.
　　La cloche tinta, oui. Glaçante. Tout ce temps perdu. Mon mémoire, mes projets de carrière, mes heures de recherche. Écrire sur *le retour*, écrire sur l'écriture, écrire sur l'indicible. Écrire sur ce qu'écrivaient les autres, qui avaient vécu, souffert, rêvé.

58.

J'ouvris la chemise qui contenait mon mémoire. L'écriture était l'unique lieu de quiétude, le seul qui m'éloignait des nuits et des jours, depuis des mois. Le seul lieu de vraie solitude. J'avais dit à Antoine que je ne voulais pas devenir écrivain. C'était faux. Comme tous les étudiants de mon séminaire, comme tous les étudiants de la Sorbonne, comme tous les habitants de Paris, comme tous les habitants du monde peut-être, je voulais écrire. J'en crevais d'écrire. Écrire était ma seule échappatoire. J'écrivais pour fuir, j'écrivais pour annuler. Écrire la guerre l'annulait. Écrire effaçait les autres rumeurs, éloignait les acouphènes. Les mots me façonnaient, me caressaient, m'accueillaient, m'obéissaient et me pansaient. Ils étaient mon unique possibilité de tendresse. Les mots recréeraient Antoine, ils pourraient même créer Agustín, les mots seraient les signes tangibles de sa présence quelque part.

Je pris la première page de mon mémoire, et la glissai dans la machine à écrire, à l'envers, sur le versant demeuré blanc, vierge, nu. En haut, centré, au milieu de la feuille, j'inscrivis :

THÉA

Que faire des émotions violentes, nouvelles, qui s'étaient emmagasinées au fond de moi depuis des semaines et des mois et des années, comme un tas d'ordures qui entamait, lentement, sa décomposition ? Il fallait que je trie, que je range, que je classe. Il fallait que je trouve l'exact endroit où les placer. Mais pensant cela, je frémis. *L'exact endroit.* Il n'y a plus d'endroit exact, me dis-je. Il n'y a plus que des lieux vides, et inaccessibles, à remplir de souvenirs épars. Pour avancer, je devais accepter de ne pas connaître l'endroit exact où j'allais. Assise devant ma machine, le visage faiblement éclairé par la lampe de chevet, je restais immobile, comme si la page blanche pouvait m'apporter une réponse. J'entendis un bruit de canalisation, les toilettes de l'appartement d'à côté. Puis, plus rien. Je sortis la feuille de la machine pour écrire au crayon, afin de préserver le silence nocturne. J'appliquai le crayon sur la feuille.

Les mots jaillirent.

59.

Je l'ai cherché longtemps. J'ai pensé à un moment qu'il était rentré là-bas, mais quelque chose me disait qu'il n'avait pas fait le pas. Qu'il n'avait pas osé. J'avais pris la mesure de sa culpabilité, la mesure aussi de son mensonge. La mesure du mien. J'étais arrivée à la fin de *Théa*. Antoine avait fini par disparaître vraiment tandis que je l'écrivais. Comme sa grand-mère, j'avais visité toutes les morgues et les commissariats. Aucune trace d'un Argentin de vingt-sept ans, du nom d'Agustín, alias Antoine Dominguez. Comment savoir s'il était mort ou vivant ? Et s'il avait fini par vivre dans la rue, comme il me le disait parfois dans ses nuits d'errance ? Cette tentation d'habiter dehors, de rompre, de renoncer. Je cherchais sur le visage des clochards des airs d'Antoine, des souvenirs d'Antoine, des expressions, mais ne les trouvais pas.

Un jour, je lus dans le journal le propos d'une grand-mère de Mai : « Retrouver un enfant, c'est aussi la certitude que ses parents ne reviendront jamais. » J'imaginais dans mes rêves les plus fous partir en Argentine et rencontrer la grand-mère d'Antoine pour l'aider à retrouver son arrière-petite-fille. J'étais persuadée que celle-ci était vivante. Les récits arrivaient peu à peu, d'enfants volés, d'enfants arrachés à des mères qu'on tuait une fois qu'elles avaient accouché, et donnés aux dignitaires du régime. Les Grands-mères de Mai avaient créé la banque nationale de données génétiques, à l'hôpital public Carlos-Durand. Le sang des grands-mères devint l'outil génétique des recherches. Le sang des femmes permettait d'identifier les vivants et les morts. L'identité et le sang. Le sang versé, la disparition et l'effacement, le sang qui retrouve, le sang des femmes, le sang qui coulait entre mes jambes, le sang que nous avions échangé, le sang de mon père, de ma mère, le sang de mon frère, le sang des cinq cents enfants disparus. Nous étions tous devenus des enfants disparus.

60.

Deux ans et quelques mois avaient passé depuis ma dernière rencontre avec Antoine. C'était en avril. Le printemps tardait à s'imposer. Je marchais le long des quais pour dénicher chez les bouquinistes un livre de Blanchot que je ne trouvais pas en librairie. Des bourrasques de vent rafraîchissaient l'air mais maintenaient le ciel bleu. Un temps que je déteste. Un temps à cheval. On passe du chaud au froid, ayant sans cesse l'impression d'être délogé de son corps. Tandis que j'empruntais le pont Alexandre-III, j'eus l'impression qu'à son ombre gisait une silhouette familière. Antoine ? Je me suis immobilisée, j'étais loin. Était-il mort, était-il vivant ? Je n'arrivais plus à avancer ni à reculer. Je l'ai vu bouger pour prendre une bière. J'ai passé mon chemin. Ça ne pouvait pas être lui. Je rêvais. Pourtant ce geste du bras…

Épilogue

La R5 était en bout de course, et sans doute était-ce la dernière fois que je montais dedans. J'étais assise devant, à la place du mort, celle de ma mère. Jusqu'au dernier moment mes parents voulaient m'expliquer quel quartier visiter, quelles plages, quelles routes, quelles forêts, quels immeubles ; entrecoupant leurs conseils de descriptions et de comparatifs de voiture diesel qu'ils pourraient acheter à crédit sans que celui-ci grève leur budget des dix prochaines années.

Mon père s'est garé au terminal E. L'aéroport était loin. Quelle idée de ne pas choisir Orly, qui était si proche de Bourg-la-Reine. Je n'avais pas fait exprès. J'avais pris le vol pour l'Algérie le moins cher. Je devais rester un mois sur place, et j'avais économisé pour rendre le voyage possible. D'autres voitures descendaient des femmes voilées et des enfants, portant dans des sacs Tati des rouleaux de Sopalin, des Tupperware, des sacs de couscous. Je ne comprenais pas pourquoi elles transportaient tout ça. Je me demandais si ces denrées manquaient là-bas. Mon père sourit.

« C'est normal, t'inquiète pas. Quand on part d'aussi loin, on prend l'habitude de voyager en mode survie. » Je me mis à rire. « Pour un vol de trois heures ? Mais qu'est-ce qu'il peut se passer ? — Rien, mais... Si t'avais vu les quais de Marseille... » Il ne termina pas sa phrase. Je mis ma main sur son épaule, et nous nous sommes avancés dans le hall. Ma mère nous suivait. Elle avait perdu des kilos et retrouvé une ligne décente. J'ai fait la queue longtemps avant de pouvoir enregistrer ma lourde valise, empruntée à mes parents. J'entendais parler arabe partout autour de moi. Mon père qui était resté à mes côtés se tourna vers l'homme qui me suivait et s'adressa à lui dans cette langue. J'en fus sidérée. Entendre mon père parler arabe. Cette langue, dans sa bouche, cette langue gutturale, cette langue qui semble ne pouvoir être parlée qu'à quelques décibels de plus, cette langue qui lui appartenait, aussi, me révélait une autre âme. L'âme du jeune homme qu'avait été mon père, du jeune père qu'il avait été d'un autre enfant, un autre enfant qui portait pourtant le même prénom que moi ; l'âme de celui d'avant la tuerie, d'avant les armes, d'avant le sang. C'est vers lui que je partais. Il fallait bien commencer par quelque chose. On commence rarement par ses racines.

Remerciements

À ceux qui ont largement contribué au désir d'écriture :
Fanny Burdino
Didier Le Bret
Noémie de Lapparent

*Cet ouvrage a été composé et mis en pages
par Étianne Composition
à Montrouge.*

Imprimé en France par CPI
en décembre 2016

Dépôt légal : janvier 2017
N° d'édition : 55634/01
N° d'impression : 3019945